- 中国旅游文化系列丛书
- 四川省高水平研究团队“传统文化背景下攀西地区特色文化及应用研究团队（四川省社会科学界联合会文件：川社联〔2017〕43号）”资助项目成果
- 攀枝花学院2014年自编教材（项目编号：JC1409-四川旅游文化）资助项目成果

四川旅游文化

赖启航　蒋秀碧
常慧丽　张炬
编著

西南交通大学出版社
·成　都·

图书在版编目（CIP）数据

四川旅游文化 / 赖启航等编著. —成都：西南交通大学出版社，2020.8（2022.10 重印）
（中国旅游文化系列丛书）
ISBN 978-7-5643-7545-4

Ⅰ. ①四… Ⅱ. ①赖… Ⅲ. ①旅游文化－四川－高等学校－教材 Ⅳ. ①F592.771

中国版本图书馆 CIP 数据核字（2020）第 154507 号

中国旅游文化系列丛书

Sichuan Lüyou Wenhua

四川旅游文化

赖启航　蒋秀碧　常慧丽　张 炬　编著

责任编辑	郑丽娟
助理编辑	吴启威
封面设计	原谋书装
出版发行	西南交通大学出版社 （四川省成都市金牛区二环路北一段 111 号 西南交通大学创新大厦 21 楼）
邮政编码	610031
发行部电话	028-87600564　　028-87600533
网址	http://www.xnjdcbs.com
印刷	四川森林印务有限责任公司
成品尺寸	185 mm × 260 mm
印张	14.5
字数	279 千
版次	2020 年 8 月第 1 版
印次	2022 年 10 月第 2 次
书号	ISBN 978-7-5643-7545-4
定价	49.00 元

作者简介

赖启航，副教授，长期从事旅游管理本科教学，是全国导游考试面试考官、导游考试题库编写专家。在中国旅游出版社、旅游教育出版社等出版有《全国导游资格考试易考通速记宝典》《全国导游资格考试一本通》等10余本导游考试辅导教材，在学习通、知到等高校慕课平台开设有全国导游资格考试培训课程。

序言

四川历史悠久，民俗独特，山奇水美，有“峨眉天下秀，青城天下幽，剑门天下险，九寨天下艳，黄龙天下绝，大佛天下壮”之誉。宋代邵博曾说“天下山水之观在蜀”，德国人李希霍芬也说“四川的山水是中国各省最美的”。

山水之美，古来共赏。孔子“登泰山而小天下”，“周游列国”达 14 年之久；陶渊明“性本爱丘山”；李白“一生好入名山游”；陆游认为“远游无处不销魂”；徐霞客志在四方，游历山水，前后历时 34 年，被推尊为“游圣”。当代大学生普遍追求精神生活，怀有“读万卷书，行万里路”的豪情壮志，“爱生活、爱旅游”已成为大学生的一种时尚潮流。为培养大学生的旅游文化鉴赏能力，提高其旅游文化品位，增进其对四川旅游文化的了解并使其感受四川旅游文化的神奇魅力，我们特编写《四川旅游文化》一书。

本书共 10 章，第 1 章从四川美名天下传、四川的远古传说、四川的历史人物、四川的文人墨客、四川的宗教、四川的少数民族、四川的美食、四川的大熊猫、四川的名山和四川的旅游景点等方面概括介绍了四川旅游，形成对四川旅游文化的整体认知，以帮助大家感知四川旅游文化的博大精深。第 2 章至第 10 章，分别从四川历史旅游文化、四川历史名人旅游文化、四川宗教旅游文化、四川三国旅游文化、四川红色旅游文化、四川少数民族旅游文化、四川饮食旅游文化、四川大熊猫旅游文化和四川山水旅游文化等方面做了介绍，并选取典型景点进行详细介绍。

本书充分考虑专科及本科各层次不同专业学生的需要，弱化理论深度，降低知识难度，做到通俗易懂，突出历史性、文化性、趣味性和实用性，可作为涉旅类院校旅游专业课教材和四川各类院校公共选修课教材，也可作为四川广大导游考生及导游的学习参考用书。

本书系四川省高水平研究团队“传统文化背景下攀西地区特色文化及应用研究团队（四川省社会科学界联合会文件：川社联〔2017〕43 号）”资助项目成果、攀枝花学院 2014 年自编教材（项目编号：JC1409-四川旅游文化）资助项目成果。

由于四川旅游文化内容丰富，限于篇幅，本书仅包含部分内容，不全之处还望海涵。本书参考并引用了大量的相关文献，在此我们对相关作者表达由衷的谢意！因编者学识与水平有限，恳请同行专家、广大读者不吝赐教，批评指正。

编　者

2020年6月

目录

1 四川天下闻名

2 四川历史旅游文化

3 四川三国旅游文化

四川红色旅游文化 4

5 四川历史名人旅游文化

四川宗教旅游文化 6

7 四川少数民族旅游文化

四川饮食旅游文化 8

9 四川大熊猫旅游文化

四川山水旅游文化 10

1 四川
天下闻名

四川古称蜀，素有“天府之国”的美誉。古蜀文明神秘莫测，闪耀中华；四川人杰地灵，风景秀丽，蜀戏、大熊猫、川菜名扬天下。本章将从多方面介绍四川概况，以帮助学生感知四川旅游文化的博大精深。

导游证网课

1.1 四川美名天下传

四川有“天府之国”之称，但“天府之国”最早是指今陕西一带的“关中平原”。《战国策·秦策》曾记载，苏秦游说秦惠王时说：“田肥美，民殷富，战车万乘，奋击百万，沃野千里，蓄积饶多，地势形便，此所谓天府，天下之雄国也。”司马迁在《史记·留侯世家》也记载：“关中左崤函，右陇蜀，沃野千里，此所谓金城千里，天府之国也。”关中地理位置的优越，使其成为兵家必争之地，特别是在东汉末年，关中一带因战争遭到极大的破坏。而四川盆地周边高山林立，北边有秦岭山脉，西边是川西高原，南面是云贵高原，东北有大巴山的天然屏障，较少受到战争的影响。自李冰开凿都江堰后，成都平原便“水旱从人，不知饥馑，时无荒年，天下谓之天府也”。诸葛亮在《隆中对》中也表示：“益州险塞，沃野千里，天府之土。”唐宋时期，成都与扬州“富庶甲天下”，有着“扬一益二”的美名。大诗人李白曾经感叹：“九天开出一成都，万户千门入画图。草树云山如锦绣，秦川得及此间无。”进一步强化和巩固了成都平原“天府之国”的地位。此后“天府之国”便用来特指四川。生活在这里的人们丰衣足食，过着无忧无虑的悠闲生活，民间有“少不入川，老不出蜀”的说法。导演张艺谋曾拍摄有宣传片《成都，一座来了就不想走的城市》，向世人展示了“休闲之都”人们的闲适生活。

作为“天府之国”的四川，在几千年历史中，创造了几十项世界第一和中国第一的历史文化纪录。成都是中国未变城址最长久的城市。李冰在四川修建了世界最早的无坝引水自流灌溉水利工程——都江堰。成都曾在历史上获得过两汉时的“五均”都会、唐宋时的“扬一益二”的美称。秦汉时期，临邛县拥有能够喷出天然气的盐井，蜀人利用它们来煮盐，邛崃是世界上最早开发利用天然气的地方。《华阳国志》记载：“取井火煮之，一斛水得五斛盐。”这是世界上最早有关开发并使用天然气的记载。西汉的文翁石室是全世界唯一的一所连续办学 2 000 多年未有中断、未曾迁址的学校，是我国第一所由地方政府开办的学校。东汉时期的足踏织锦机是当时世界上最先进的织机，成都拥有世界上最早的锦缎丝织品——蜀锦。汉代的蜀地还是当时世界漆工艺的中心。西汉吴理真在蒙顶山开创了世界上最早的茶树种植地，使四川成为世界茶文化的发源地之一。

唐代的四川是世界雕版印刷术的发源地之一。宋代的四川是世界上最早使用纸币交子的地方，交子发行于北宋天圣元年（1023），比美国、法国等西方国家发行纸币要早六七百年。北宋时期的王小波、李顺领导的四川农民起义，是中国历史上第一次提出“均贫富”的响亮口号的起义运动。四川广汉向阳是中国农村改革第一乡，人称“天下第一乡”。

成都在唐宋时就以戏曲之都、音乐之都、绘画之都闻名于世。词曲理论家任半塘在其所著的《唐戏弄》一书中说，唐五代成都有“蜀戏冠天下”之美誉，并指出：“天下所无蜀中有，天下所有蜀中精。”川剧把高腔、弹戏、胡琴、昆曲和灯戏等五大声腔艺术融为一体，其最大的特色是道白和唱腔用四川方言。川剧因其高度的文学性、地方性、艺术性而享誉剧坛。川剧变脸是川剧表演艺术中最为常见、最具影响力的特殊技巧之一，被称为“中华一绝”。川剧也是我国地方戏曲中最大的剧种之一，是一种集歌、舞、剧、杂于一体的综合艺术，被誉为艺苑中的“天府之花”。

四川是中国农家乐的发源地，中国第一家农家乐诞生于成都郫县（今郫都区）农科村。四川绵阳是我国唯一的一座科技城。

四川还是我国资源富集区域，许多资源储藏量在国内居于首位。四川号称“千河之省”，境内可开发水能资源量为1.1亿千瓦，占全国1/4，居第一位。四川有药用植物4 600多种，所产中药材占全国药材总产量的1/3，是全国最大的中药材基地。四川有芳香植物300余种，是全国最大的芳香油产地。四川野生果类植物达100多种，其中以猕猴桃资源最为丰富，居全国之首。在四川的52种矿产资源中，有16种居全国第一位。四川攀西钒、钛资源储量居世界第一位，被誉为“钒钛王国”。四川芒硝、萤石、天然气、硫铁矿资源居全国第一。四川省达州普光气田是中国目前发现的最大规模的海相整装高含硫气田。四川水能资源理论蕴藏量达1.45亿千瓦，技术可开发量为1.2亿千瓦，约占全国的1/4。目前，四川已成为中国最大的清洁能源基地。四川生猪出栏数均为全国第一位，猪肉外调约占全国的1/3，有“川猪安天下”之说。

1.2　四川的远古传说

在中国的远古传说中，黄帝是中华民族的祖先，黄帝元妃嫘祖是中华民族伟大的母亲，被誉为“人文女祖”。据专家考证，嫘祖出生于今天的四川省盐亭县，当地有蚕丝山、丝织坪，嫘祖穴、王凤岩等地名。华夏始祖黄帝为其子昌意娶蜀山氏之女为妻，蜀山氏女生子高阳，他便是名扬中华、迹遍海内的颛顼帝。四川攀枝花米易县是颛顼出生地，被命名为“中国颛顼文化之乡”。中国上古神话中的创世女神女娲，是抟土造人的女神和补天救世的英雄。四川雅安被称为“雨城”，传说是女娲在补天之时，在雅安漏掉了一块的缘故。尧舜时代，洪水一度给中华民族的生存造成巨大威胁，大禹挺身而出，治水的地域遍及九州岛，其“三过家门而不入”的故事妇孺皆知。上古文献皆言大禹生于西川石纽，其地在汶川至北川一带。据传彭祖帝是颛顼之孙，活了800多岁，是中国最长寿的人，而彭祖出生于四川眉山彭山。如今眉山市境内仍保存有彭祖墓园、彭祖墓、彭祖祠、彭祖仙室，室内有石雕的寿星彭祖肖像，室外陈列八卦图案。

1.3 四川的历史人物

1.3.1 四川的英雄豪杰

历史上的四川人骁勇善战，名冠中华，自古有“巴出将，蜀出相”“无川不成军”的说法。

商周时期，在武王灭商过程中，蜀军立下了汗马功劳。《华阳国志·巴志》中记载：“周武王伐纣，实得巴蜀之师，著乎《尚书》。巴师勇锐，歌舞以凌，殷人前徒倒戈。”

楚汉战争中，一支由巴蜀人组成的军队，屡立战功，其首领范目三次封侯。西充人纪信在荥阳城危时假扮刘邦，舍身就义。

在西晋统一全国的过程中，王濬在四川组建的舰队在灭吴战争中留下了丰功伟绩。唐朝诗人刘禹锡专门写有《西塞山怀古》一诗歌颂道：“王濬楼船下益州，金陵王气黯然收。千寻铁锁沉江底，一片降幡出石头。”

在元军灭亡南宋的过程中，四川军民在余玠率领下，使蒙哥毙命于钓鱼城下。合川钓鱼城也因此而被各国史学家称为“东方的麦加城”“上帝折鞭处”。明代人邹智说：“向使无钓鱼城，则无蜀久矣；无蜀，则无江南久矣。宋之宗社，岂待崖山而后亡哉。”

明末，清军相继攻伐四川，四川军民誓死不降，从600多万人打到了几十万人口。明灭亡后，誓死抵抗了清10多年，在清军和张献忠的共同屠戮下，四川人口几乎灭绝，才有后来的“湖广填四川”。

四川人岳钟琪是清代唯一的汉人大将军，被雍正、乾隆分别誉为“当代第一名将”和“三朝武臣巨擘”。在爱国救亡的戊戌变法中牺牲的“戊戌六君子”中，杨锐、刘光第皆为四川人。清末四川保路运动为辛亥革命首役武昌起义奠定了基础，正如孙中山所说：“若没有四川保路同志会的起义，武昌革命或者要迟一年半载的。”朱德在《辛亥革命杂咏》组诗中写道：“群众争修铁路权，志同道合会全川。排山倒海人民力，引起中华革命先。”孙中山追赠在辛亥革命中牺牲的邹容、俞培伦和彭家珍为大将军，这就是后世人们广为传颂的“辛亥革命四川三大将军”。

红军长征在四川的历史，是整个红军长征史中浓墨重彩的篇章。据近年不完全统计，红军长征在川期间，全省各族儿女参加红军者达 10 多万人，参加运输、搭建桥梁和修路等人数达 28 万以上，为红军提供粮食 7 000 余万千克，牛羊肉 30 余万千克，各类牲畜近 8 万头（只、匹），衣被鞋帽 57 万余件（套、双）。

在抗日战争期间，人力方面：14 年间，全国征募入伍的青壮年 1 400 余万人，其中四川子弟 300 余万人，占总数的 20%以上，为各省之首。中国军人战死、负伤、失踪的达 320 多万人，其中四川军人 64 万多人，占总数的 20%。物力方面：四川 14 年来供给抗战的粮食总额在 8 000 万石以上，占全国总征粮额的 1/3；财力方面：根据国民党官方不确切的统计，抗战中总支出为 14 640 余亿元（法币），而四川负担为 4 400 亿元左右，约为 1/3。四川数百万民工被征用。川军统帅刘湘抱病出川，最终病逝在武汉。饶国华、王铭章、李家钰三位将军在阵地失守后自杀殉国，赵渭滨、赵一曼等一大批仁人志士也献出了宝贵的生命。四川人慷慨接纳了 1 000 多万外省入川的难民。对于这段历史，李宗仁将军曾说：“八年抗战，川军之功，殊不可没。”抗战胜利后，一篇《感谢四川人民》的社论赞扬“四川人民对于正面战场，是尽了最大最重要的责任的”。

在整个解放战争中，刘伯承和邓小平率领晋冀鲁豫野战军、中原野战军和第二野战军逐鹿中原，千里挺进大别山，百万雄师过大江，奋战南京、上海、杭州，进军大西南。新中国开国十大元帅中，朱德、聂荣臻、陈毅和刘伯承是四川人。大将罗瑞卿、上将陈伯钧、上将张爱萍也是四川人。在抗美援朝战争中，四川是牺牲人数最多的省份，阵亡 3 万多人，涌现出在烈火中永生的邱少云、舍身堵枪眼的黄继光等著名英雄。在 1962 年对印反击战、1979 年对越自卫反击战中，四川几乎每个县都阵亡了上百人。可以说，缺少川人的中国战争史，就不是一部完整的战争史。

邓小平是我国改革开放的总设计师，生于四川，他所倡导的“改革开放”及“一国两制”政策理念，改变了 20 世纪 80 年代后的中国，也影响了世界，他是中国人心目中的英雄。

1.3.2　四川的才女美人

独有的巴蜀文化，良好的人文环境，使得四川女性聪慧而漂亮。冯梦龙在“三言”

(《喻世明言》《警世通言》和《醒世恒言》)里曾多次说“蜀女自古多才”。何光远在其《鉴诫录》中也说:“吴越饶营妓,燕赵多美姝,宋产歌姬,蜀出才妇,余韵流风,绵延不绝。”

汉代卓文君被称为中国古代四大才女之一、蜀中四大才女之一,其《白头吟》诗中的“愿得一心人,白头不相离”堪称经典佳句。孟郊曾有诗云:“欲别牵郎衣,郎今到何处?不恨归来迟,莫向临邛去。”薛涛与鱼玄机、李冶、刘采春并称唐代四大女诗人,与卓文君、花蕊夫人、黄娥并称蜀中四大才女,流传至今的诗作有90余首。有人曾写诗赞誉她说:“万里桥边女校书,枇杷花下闭门居。扫眉才子知多少,管领春风总不如。”

五代词人花蕊夫人为后蜀主孟昶的妃子,《全唐诗》里收录了她的《宫词》150多首。五代时的黄崇嘏,曾女扮男装考上状元,其故事被写入明代冯梦龙的话本小说《喻世名言》和凌濛初的《二刻拍案惊奇》中。近代以来,文人墨客更是从黄崇嘏的事迹中升华出《女驸马》《女状元》的故事,使其更具传奇性。

北宋真宗赵恒的皇后刘娥为宋朝第一位摄政的太后,功绩赫赫,后世常将她与汉之吕后、唐之武后并称,史书称其“有吕武之才,无吕武之恶”。明末的女将军秦良玉战功显赫,是唯一被单独载入正史将相列传、凭战功封侯的女将军。

及至近代,四川不但出了黄稚荃、琼瑶、韩素音等文学才女,在其他方面也是人才辈出。成都还被冠以中国“红粉第一城”的美誉,有“成都美女甲天下”的说法。

1.4 四川的文人墨客

四川人杰地灵,从古至今涌现出的文化名人数不胜数。千百年来,四川出才子是不争的事实,有“天下文章出四川”之说。自文翁兴学起,汉代巴蜀文化逐渐兴盛,引人注目。据杨世明《历代巴蜀文学家名录》统计,从汉代至清末,巴蜀共涌现了409位文学家。

西汉四大赋家,巴蜀独占其三——司马相如、扬雄和王褒。司马相如是四川古代文化史上一位著名的文学家,汉武帝在读其《子虚赋》后惊叹:“朕独不得与此人同时哉。”鲁迅在《汉文学史纲要》中说:“武帝时文人,赋莫若司马相如,文莫若司马迁。”扬雄是中国古代著名的文学家、哲学家、历史学家和语言学家,被誉为“汉代的孔子”,堪称百科全书式的一流人物,其语言学著作《方言》是我国也是全世界第一部记录与研究方言的名著。

西晋陈寿的《三国志》与《史记》《汉书》《后汉书》并称“前四史”，被誉为良史。李密的《陈情表》与诸葛亮的《出师表》齐名，有“读诸葛亮《出师表》不流泪不忠，读李密《陈情表》不流泪者不孝”的说法。

“自古诗人例到蜀”“自古词人多入蜀”。蜀地在唐宋时期迎来了对其文化影响甚巨的“移民潮”，成都成了文人骚客的流寓之地。唐代的王勃、卢照邻、高适、李白、杜甫、岑参、白居易、刘禹锡、元稹、薛涛、李商隐、韦庄、温庭筠、罗隐以及画圣吴道子都到过四川。其中，杜甫在四川期间曾写诗 400 余首，有多半作于成都的草堂。

入宋以后，巴蜀文化继续焕发光彩，在全国的地位举足轻重。“唐宋八大家”中宋代占六位，其中苏洵、苏轼、苏辙皆出自四川，独有半壁天下。黄庭坚、陆游、范成大等都在四川留下了杰出的诗画大作。

明朝状元杨升庵，著作等身，字数逾一千万。清人毛宗岗父子在修订《三国演义》时，开篇词便用了明代文学家杨升庵的《临江仙》。清代李调元是编撰川剧剧本第一人，家有万卷楼，为“西川藏书第一家”。

郭沫若、巴金、李劼人、李宗吾、沙汀、艾芜、魏明伦、流沙河、阿来等也都是四川人。郭沫若是现代少有的全能型文人和多产作家。巴金被鲁迅称为“一个有热情的有进步思想的作家，在屈指可数的好作家之列的作家”。李宗吾自号“厚黑教主”，被誉为“影响中国20世纪的20位奇才怪杰之一”。李劼人是新文学长篇历史小说的“开山祖师”，郭沫若称李劼人是“中国的佐拉”，《大波》是“小说的近代《华阳国志》”。更有文学批评家将李劼人的《死水微澜》称作中国现代小说史上“最精致、最完美的长篇”。魏明伦被誉为“巴蜀鬼才”，是国内目前唯一健在的拥有个人文学馆的戏剧家。流沙河的短文集《Y 先生语录》堪称一绝，真所谓嬉笑怒骂皆成文章。阿来是四川文学史上首位获得茅盾文学奖和鲁迅文学奖的“双冠王”。

1.5　四川的宗教

四川宗教文化源远流长，历史悠久。从较多东汉墓葬出土文物中可以证实，佛教传入四川地区最早可追溯到东汉时期，距今已有近 2 000 年历史。四川还是道教的发源地，自东汉末年张道陵在鹤鸣山创立五斗米道以来，距今已有近 1 900 年的历史。天主教在唐代被称为景教，在 8 世纪时传入四川，有 1 200 多年的历史。伊斯兰教传入四川地区始于唐僖宗入蜀，大规模传入在元明时期，也有 1 100 多年历史。

四川宗教文化极具神秘性，旅游吸引力大。道教中各种天地人鬼的理念是原始鬼魂崇拜、祖先崇拜的发展；道教的神袛谱系，也和原始宗教神袛一脉相连；道教的祈咒、符箓，传承了原始巫术的各种技法；道教的各种仪式和法器，也直接来自原始祭仪和祭器。八卦、太极图、九宫图、符箓、阵法、炼丹、吐纳、导引、辟谷、隐遁以及道教音乐、道教饮食等宗教民俗事物带有浓厚的神秘色彩。四川省内少数民族较多，各少数民族有自己的原始宗教信仰。四川佛教文化中，乐山大佛、峨眉山的佛光、青城山的圣灯等都具有神秘的传奇色彩。

1.6 四川的少数民族

四川是一个多民族共同生活的大省，其中世居的少数民族有 14 个，按人口多少依次是彝族、藏族、苗族、羌族、回族、土家族、蒙古族、傈僳族、满族、纳西族、白族、布依族、傣族、壮族。四川有全国最大的彝族聚居区、第二大藏族聚居区和唯一的羌族聚居区。凉山彝族的转转酒、砣砣肉、瓦板式民居、查尔瓦等男女披风服饰、英雄结和天菩萨的头饰、爨文、毕摩文化、天文、历法等，极具民族特色。凉山彝族火把节被列入中国首批公布的非物质文化遗产名录，是中国十大民俗节日和四川十大名节之一，已被联合国教科文组织列入“2010 年世界非物质文化遗产审批项目”，是四川文化旅游的重要项目。

四川藏族主要分布在甘孜、阿坝两州和凉山州的木里县。藏族的糌粑、酥油茶、青稞酒、藏碉民居、锅庄舞和弦子舞、唐卡卷轴画、藏戏、藏医药，都各具特色。居住在平武县和九寨沟县的白马藏人有自己特殊的服饰和婚葬习俗，跳“十二相”是白马藏人每年最重要的活动，是四川文化旅游的特殊旅游项目。

羌族是我国最古老的民族，四川西北部保留了全国唯一一块羌族聚居区，其最具特色的是留存至今的碉楼、栈道、溜索等建筑形式及白石崇拜等习俗。其民族著名节日有羌历年、祭山会、牛王会，娱乐活动有莎朗舞、爬天杆、射兽馍，其他如挑表刺绣、云云鞋、喝咂酒等，都是羌族文化的独特风情。

川南、川西南的苗族有自己的地区特色，蜡染、挑花、刺绣、糯米糍粑、油菜汤、荞面、泡酸菜、叉叉房、穿架房、吊脚楼、风雨廊桥、背桶、牛角打杆、三窝村、接龙舞、花山舞都是四川苗族衣食住行等方面的文化特色。

川滇交界处的泸沽湖是纳西族摩梭人的聚居区，摩梭人是中国唯一仍保留母系氏族社会的人群，实行“男不娶，女不嫁”的“走婚”制度，保留着古老的母系大家庭和走婚制习俗，被称为“人类母系社会的活化石”。

1.7　四川的美食

川菜属中国四大菜系之一，在国际上享有“食在中国，味在四川”的美誉。川菜有“一菜一格，百菜百味”之说。川菜也是我国最有特色的菜系之一，鱼香肉丝、宫保鸡丁、夫妻肺片、麻婆豆腐、回锅肉、东坡肘子、开水白菜等为川菜七大名菜。四川火锅、串串香、麻辣烫闻名全国。四川小吃历史悠久，品种繁多，从各色小面到抄手、包饺，从腌卤佳肴到凉拌冷食，从锅煎蜜饯到糕点汤圆，风味独特，以其独有的制作工艺和有趣的典故享有盛名。成都被联合国教科文组织授予“世界美食之都”的荣誉称号。成都小吃品种更是数以千计，遍布大街小巷，著名的美食街有：锦里小吃一条街、春熙路小吃街、双楠美食区、玉林—中华园美食区、草堂餐饮娱乐圈、科华路—领事馆路美食街、人民南路南延线休闲餐饮一条街等。

四川酒文化源远流长，四川白酒是中国美酒的一朵奇葩，自古就有“天府之国多佳酿、四川自古飘酒香”的说法。唐代诗人杜甫诗中有“蜀酒浓无敌”，李商隐诗中有“美酒成都堪送老”。据记载，成都酿酒有 3 000 多年的历史，有世界上最早的白酒酒坊。据史料记载，唐、宋、元、明、清以至近代，成都酿酒业都为全国之冠。泸州老窖、五粮液、剑南春、全兴、沱牌、郎酒六种白酒并称为川酒六朵金花。进入 21 世纪，江口醇、叙府、小角楼等“十朵小金花”享誉全国，成为白酒业的新生力量。在新时期，四川邛崃市获得“中国最大白酒原酒生产基地”称号。四川也是全国白酒销售收入、利润和出口量最多的省份。

四川茶文化历史悠久。根据现存世界上关于茶叶的最早记载——王褒的《僮约》和“中国植茶始祖”吴理真在蒙顶山改良和栽种野生茶树的传说，可以证明四川极有可能是茶树种植和茶叶制造的起源地。迄今为止，能够证明的最早开始人工茶树种植的地方是四川的蒙顶山，蒙顶山因此成为“世界茶文化圣山”和“茶文明发祥地”，享有“扬子江中水，蒙山顶上茶”的美誉。蒙顶山茶从唐玄宗天宝元年（742）开始被列为贡品，岁岁进贡，年年送京。白居易对蒙顶山茶情有独钟，有“琴里知闻唯绿水，茶中故旧是蒙山”的评价。四川是产茶大省，茶叶品种多达几十种，名茶众多。著名的有蒙顶山茶、峨眉山竹叶青、宜宾红茶、峨眉毛峰、青城雪芽、文君绿茶、巴山雀舌等。四川人爱喝茶、泡茶馆，而成都茶馆众多，可谓中国之最、世界之最，有“天下茶馆数中国，中国茶馆数四川，成都茶馆冠天下”之说。

1.8　四川的大熊猫

大熊猫已在地球上生存了至少 800 万年，被誉为“活化石”。但基于现代科学意义上的“发现”则是在 1869 年，法国博物学家阿尔芒·戴维在四川雅安宝兴发现了大熊猫。从此，黑白两色的大熊猫进入人们的视野，其圆圆的脸颊、大大的黑眼圈、胖胖的身体、毛茸茸的外形，看起来憨态可掬，在全球各地广受欢迎，人们将其视为“中国国宝、世界珍奇”。一项对美国、英国、澳大利亚、印度、马来西亚和南非六个国家的数千名受众进行的调查，让受调查者在长城、兵马俑、故宫、大熊猫、龙等 23 个中国元素中选择，结果有 65%的人选择了大熊猫。中国是世界上唯一拥有大熊猫资源的国家，四川是最早的大熊猫发现地，也是现有最大的大熊猫原生栖息地，是拥有大熊猫资源最多的地区，世界上 85%以上的野生大熊猫生活在四川，故四川被称为“熊猫的故乡”。大熊猫的头上罩有“吉祥物”“世界动物明星”“友谊天使”“和平象征”等众多的光环，成为生物多样性保护的旗舰物种、全世界环境保护运动通用标志，中国野生动物保护协会、世界自然基金会等均以其作为会徽。大熊猫曾多次作为中国的友好使者出使世界各地，在世界与中国之间架起了一座座友好的桥梁。从 20 世纪 50 年代开始，先后有苏联、朝鲜、美国、英国、法国、德国、日本、西班牙及墨西哥等九个国家接受过中国赠予的 24 只大熊猫。2006 年，四川大熊猫栖息地被列入世界自然遗产。四川卧龙中华大熊猫苑拥有全世界最大的圈养大熊猫种群，被誉为“全球最佳观赏大熊猫的地方”。

1.9　四川的名山

在四川的各大名山中，瓦屋山是女娲成圣前修行的道场，被称作“娲屋山”，也是古蜀国开国国王蚕丛青衣神的葬身之所。据有关史书记载：“东汉顺帝时，张道陵在大邑县境鹤鸣山创立五斗米道（亦称天师道）。”鹤鸣山因此成为举世公认的中国道教发源地、世界道教的朝圣地，被称为“道国仙都”“道教祖庭”。青城山是中国四大道教名山之首，也是中国道教发祥地之一。相传轩辕黄帝时有宁封子在青城山修道，黄帝筑坛拜其为“五岳丈人”，故后世又称青城山为丈人山。东汉顺帝初年，张道陵最早从鹤鸣山来到青城山结茅传道，并羽化山中。青城山与湖北武当山、江西龙虎山、安徽齐云山、陕西景福山合称“五大仙山”。绵阳梓潼七曲山修建有纪念梓潼神张亚子的祠，后张亚子被尊奉为文昌帝君，七曲山大庙因此成为文神文昌帝君的祖庙，是全国文昌帝君祭祀的发祥地。峨眉山素有“峨眉天下秀”之美誉，是普贤菩萨的道场，是中国“四大佛教名山”之一，被称为“仙山佛国”。唐代诗人李白曾曰：“蜀国多仙山，峨眉邈难匹。”此外，贡嘎山是四川省最高的山峰，海拔 7 556 米，是一座藏传佛教神山，被誉为“蜀山之王”。四姑娘山根据当地藏民的传说，为四个美丽的姑娘所化，因而得名。甘孜州稻城三神山——仙乃日、央迈勇、夏诺多吉是守护亚丁藏民的守护神山，北峰仙乃日（སྤྱན་རས་གཟིགས）意为“观世音菩萨”，南峰央迈勇（འཇམ་པའི་དབྱངས）意为“文殊菩萨”，东峰夏诺多吉（ཕྱག་ན་རྡོ་རྗེ）意为“金刚手菩萨”。

1.10　四川的旅游景点

四川的旅游景点数量较多。在我国的 55 处世界遗产中，四川有 5 处，即九寨沟、黄龙、峨眉山-乐山大佛、青城山-都江堰、大熊猫栖息地。被列入世界“人与生物圈保护网络”的保护区有 4 处（九寨沟、黄龙、卧龙、稻城亚丁）；“中国旅游胜地 40 佳”有 5 处（峨眉山、九寨沟-黄龙、蜀南竹海、乐山大佛、自贡恐龙博物馆）。截至 2019 年年底，四川有国家级风景名胜区 15 处，国家 5A 级景区 12 处，国家级湿地公园 29 处，国家级森林公园 44 处，世界级地质公园 3 处，国家级地质公园 18 处，国家历史文化名城 8 座，全国重点文物保护单位 230 处，国家级非物质文化遗产名录 139 项。其中，很多是中国之最甚至是世界之最，如都江堰水利工程以其“全世界历时最悠久、设计最科学、布局最合理、经济效益最发达、自流灌溉面积最广”享誉中外，被赞为中国水利工程史上的伟大奇迹，至今仍是世界水利工程的最佳作品，被誉为世界水利文化的鼻祖，被列入世界文化遗产、世界自然遗产、世界灌溉工程遗产名录；九寨沟诺日朗瀑布是中国最宽的瀑布；黄龙钙华彩池是世界规模最大的钙华彩池群；乐山大佛是中国最大的一尊摩崖石刻造像，被称为“天下第一大佛”，人称“山是一尊佛，佛是一座山”；青城山层峦叠嶂，险峻突兀，共三十六峰，一百零八景，被称为“天下第一幽”；四川兴文的“天坑”，长 650 米，宽 480 米，深 208 米，是我国最早发现和研究天坑的地方，亦被称为“天下第一漏斗”。成都武侯祠是中国唯一的君臣合祀祠庙，是中国规模最大的诸葛亮纪念地，也是中国影响最大的三国遗迹博物馆，享有“三国圣地”的美誉；杜甫草堂是中国最重要的诗圣杜甫的纪念地；中国大熊猫博物馆是世界上修建最早、规模最大的大熊猫博物馆；自贡恐龙博物馆是世界闻名的恐龙博物馆，也是我国第一座专业性恐龙博物馆，与美国国立恐龙公园、加拿大恐龙公园并称为世界三大恐龙博物馆；蜀南竹海是中国最大的竹林景区；安岳卧佛是中国最大的唐代全身石刻卧佛造像；建川博物馆是中国建设规模最大、收藏内容最丰富的民间博物馆；昭化古城是迄今为止国内保存最好的三国古城，嘉陵江、白龙江交汇于此，水系宛成，太极天成，有“天下第一山水太极”自然奇观之美誉。

宋代文人邵博在《清音亭记》中也说：“天下山水之观在蜀。”德国人李希霍芬遍游中国后，在点评名山胜水时发了许多议论，他说：“四川的山水是中国各省中最美的。”

2 四川历史旅游文化

四川历史悠久，文化厚重，有着独具特色的地域文化，在中国文化中占据重要地位。本章主要介绍先秦时期古蜀文化的相关传说，三星堆、金沙遗址旅游文化，以及封建社会时期的大事件。以此来丰富四川历史旅游文化的内涵，为学生了解四川历史文化旅游资源奠定坚实的基础。

蜀在历史记载中，既作种族部落名，又作为地名。有关蜀的含义，自古以来众说纷纭，莫衷一是。一般人认为“蜀”就是蚕，甚至与蜀古代传说中的帝王蚕丛联系起来，认为蜀国的得名就是由于最初养蚕的缘故。也有人认为所谓“蜀”，就是指叟或氐而言，指古代氐羌民族。而古蜀史的开端可从与黄帝同时的蜀山氏算起，古蜀地区以黄帝时代为开端进入国家与文明的起源时代。公元前316年，古蜀国为秦国所灭，古蜀国的政治史从此结束。此后，蜀文化融入中华汉文化之中。

导游证网课

2.1 先秦时期

古蜀文化主要是我国先秦时期（大约从公元前4500年—公元前4000年的新石器时代晚期到公元前316年左右）存在于成都平原的一种古文化形态，它以农耕文明及高度发达的青铜文明为代表，包括流传下来的神话传说和留存的古遗址、遗迹、遗物等，它是厚重的巴蜀文化的重要组成部分。长期以来，辉煌灿烂的古蜀文化主要存在于传说之中，如有关黄帝正妃嫘祖、黄帝之孙高阳氏颛顼、治水英雄大禹以及蚕丛、柏灌、鱼凫、杜宇、开明等古蜀五祖的传说。可是到了当代，随着三星堆、金沙遗址、十二桥商周建筑遗址、战国早期开明王族船棺葬等的大规模发掘，大量造型独特、极富文化魅力的青铜器出土。此外，精美的太阳神鸟金饰、工艺高超的玉器、成吨的象牙震惊了世界。古蜀文化的灿烂辉煌、古蜀文化的神奇独特、古蜀文化的神秘传奇，使四川成为世人向往的旅游文化资源富集地。

2.1.1 古蜀传说

2.1.1.1 嫘祖文化

据中国上古时代流传下来的各种文献记载，约在公元前3000年，华夏始祖黄帝娶妻嫘祖。《史记·五帝本纪》记载："黄帝居轩辕之丘，而娶于西陵之女，是为嫘祖。"嫘祖为黄帝正妃，是中华人文女祖。她是中国丝绸和丝织技艺之祖，发明了植桑养蚕、缫丝制衣技术，使人类结束了靠兽皮、树叶遮身蔽体的蛮荒时代，佐黄帝"垂衣裳而治天下"，开创了中华农耕文明。嫘祖追随黄帝转战南北，足迹遍及华夏大地。她劝农桑、传制衣、兴嫁娶，母仪天下，功德卓著。嫘祖被尊为"中华蚕神""万邦之母""民族之母""人文女祖"。嫘祖终身为教导和推广蚕桑，奔走劳碌，老来逝于南巡的衡山道，体现了毕生为民谋福利的牺牲精神与奉献精神。嫘祖被称为"先蚕"，祀为蚕神。由于她巡行全国教民蚕桑而逝于道上，又被人们祀为"道神""行神""祖神"，即保佑出行平安之神。

"嫘祖故里"在四川省绵阳盐亭县。自古以来，蚕桑业就是盐亭人民的经济支柱产业。人们喜欢养蚕之前向"蚕神"嫘祖挂红、放炮、上香许愿，祭祀蚕神嫘祖，也就成了盐亭人民世代相传的历史习惯，从而形成了独特的嫘祖文化。据考证，1949年前，盐亭城乡丝姑庙、蚕神庙达130多座。为了祭祀嫘祖，当地重建了嫘祖陵。嫘祖陵为八卦形，以山为陵，外露三方，内藏五方。陵墓边长为24.95米，取意为"九五之尊"，陵直径为 60 米，高 190 米，属女中第一陵。陵前碑亭前的香炉也是目前全国最具特色的石制香炉，长 7 米，宽 1.5 米，高 2.5 米，属龙凤石浮雕香炉。当地主要的祭祀活动有：正月初八日的蚕日、二月初十的嫘祖寿诞，俗称“西陵祭”。嫘祖祭祀现发展成为庙会活动，每逢庙会，人们舞蚕龙、耍狮子，热闹空前。

2.1.1.2 颛顼文化

黄帝元妃嫘祖生有玄嚣和昌意两个儿子，后来昌意娶蜀山氏之女为妻，蜀山氏女生子高阳，他便是名扬中华、迹遍海内的颛顼帝。《史记·五帝本纪》载，颛顼“静渊以有谋（对事物善于作冷静而深入的思考），疏通而知事（对难题善于抓住要领来弄通），养材以任地（充分发挥地力，养护一切资源），载时以象天（认真观察天象，确定岁时季节），依鬼神以制义（利用鬼神信仰，推行道德规范），治气以教化（阐扬气的学说，耐心教育群众），絜诚以祭祀（祭祀时必须诚心诚意）”。这说明颛顼是位性格沉静、有识有谋的人，他能根据地域条件的不同发展生产，还会观测天象，按日月运行规律而定四时，后世便把当时的历法称为“颛顼历”。他还制定了一些礼仪制度来教化人民，按时祭祀祖先和天地鬼神。颛顼的重大功绩在于他对原始宗教进行了改革，他命重为南正，专管天地鬼神之事；命黎为火正，专管人间之事。

颛顼生于若水，有专家考证，四川攀枝花米易县是颛顼的诞生之地。米易因此被命名为“中国颛顼故里”“中国颛顼文化之乡”，当地正在着力打造颛顼文化旅游。

2.1.1.3 大禹文化

大禹传说为颛顼帝的曾孙。古文献记载，在距今 4 000 多年前的洪荒时代，当时中华大地的统治者尧安排了鲧去治水。但是鲧花费数年功力，并没有将水治好，于是舜杀了鲧，又命鲧的儿子禹去治水。大禹治理天下洪水，“三过家门而不入”，因治水患有功，受舜禅让继帝位。大禹曾铸造九鼎，在鼎上铸着各州的山川名物、异兽。九鼎象征着九州，九鼎继而成为“天命”之所在，是王权至高无上、国家统一昌盛的象征。《左传·襄公四年》中说：“芒芒禹迹，画为九州，经启九道。民有寝庙，兽有茂草，各有攸处，德用不扰。”这句话肯定了大禹勘察天下、划定九州的巨大历史贡献。

位于四川绵阳北川县（古称石泉县）石纽山麓的禹穴，相传为大禹降生处。在北川，唐代以前，石纽山麓建有禹庙，每年六月六日大禹诞辰，人们即于禹庙前举行祭祀活动。1935 年，禹庙被烧毁，庙祭移于禹穴沟。禹庙碑亭内立有明嘉靖四十年（1561）刻建的大禹功德碑。1991 年，当地修建了全国第一个大禹纪念馆。1992 年，国家主席杨尚昆为北川县题写了“大禹故里”四个大字。《汶川县旅游发展总体规划》称，相传大禹于公元前 2297 年农历六月初六诞生在绵池镇石纽山刳儿坪，在汶川留有刳儿坪、涂禹山、禹王宫、禹王庙、禹穴、洗儿池、血红草、圣母祠、禹迹石纹、圣母塔、禹碑岭等古迹。

2.1.1.4 彭祖文化

彭祖姓篯名铿，是帝颛顼的孙子。传说彭祖至殷朝末年已 767 岁，一直活了 800 余岁，是中国历史上最长寿的人物。祝寿辞中常见“福如王母三千岁，寿比彭祖八百春”的说法。对此，有学者解释道，上古用干支记日法，一个甲子就是 60 日，如果按 767 个甲子计算，彭祖即活了 126 岁。在古代能活这么大岁数，依然为长寿的象征。彭祖能够获得高寿，在于他比较完整、系统地研究长寿和养生，实为中华长寿和养生文化之滥觞。

传说彭祖晚年入蜀，定居彭山县（今彭山区）象耳山，以彭为氏，卒后葬于彭亡山。彭亡山即今天眉山市彭祖山，古亦称彭女山。彭祖作为东方寿星的象征，在中国民间的地位崇高，拥有无数的崇拜者。他留下的主要遗迹有彭祖墓园、彭祖墓、彭祖祠、彭祖仙室，室内有石雕的寿星彭祖肖像，室外陈列八卦图案。

2.1.1.5 五代蜀王

考古发掘和口头传说证明，最迟到商代，成都平原已经进入奴隶社会。商周时期，四川地区建立了巴国和蜀国两个国家。巴国在四川盆地东部地区，以古巴族为中心。蜀国在今四川中部地区，以古蜀族为中心，故四川地区古称“巴蜀”。

根据四川古史传说和文献记载，古蜀王国大约始创于夏商之际，灭亡于战国晚期的公元前 316 年，前后时间跨度达 1 500 ~ 1 600 年之久。古蜀国时期，著名的五代蜀王有蚕丛、柏灌、鱼凫、杜宇和开明。

据史籍记载，古蜀国第一代王是教会蜀人“种桑养蚕”的蚕丛，即蚕丛氏，是四川古代先民中最为重要的族群之一，相传也就是蜀山氏。“蜀”字在甲骨文中为象形字，俨然如一只身体蜷曲、长着大眼睛的蚕，很可能与蚕丛有关。

第二代王名叫柏灌，又称柏濩。在四川温江寿安乡长青村境内有一处柏灌王墓，这个地方当地人叫八卦山（“八卦”与“柏灌”讹音），当地自古有柏灌王和他的女儿百花公主的故事。据说那时候的蜀地天灾不断，百姓生活困苦，柏灌王和百花公主虽身份尊贵，但丝毫没有王族架子，无偿将王室生产物资分给百姓，并教民众农耕，帮助他们从事生产，存粮应对天灾。这些善举在当地广为流传，他们也因此为后世所敬仰。

第三代蜀王名叫鱼凫，在今天温江区万春、柳城一带建都。鱼凫王一生教民捕鱼、征战拓土，在湔江上游得道升天。

第四代蜀王是西周时期的杜宇，人称望帝。杜宇就是杜鹃鸟，这是一个以鸟为族名的部族。望帝杜宇教民务农，他在蜀地首创了按农事季节耕种的制度，成都平原的很多百姓因此开始了农耕定居的生活，杜宇也被后代奉为农神。杜宇晚年时面临着岷江水患的难题，他任用了善于治水的荆人鳖灵。后杜宇把王位禅让给了治水有功的鳖灵，退而隐居西山。一说因其通于其相之妻，惭而亡去，死后化作杜鹃鸟。另一说每年春耕时节，望帝思念他的子民，化身为鸟，飞到国都啼叫，以提醒他的子民不忘农时。而川中人民，也没有忘记他们的君主，把这种鸟叫作“杜鹃”，以表达对望帝杜宇的怀念。“杜鹃啼血、子规啼血”等指杜鹃鸟的哀鸣，并表哀怨、愁思之意，也由此而来。

第五代蜀王是鳖灵，号开明，后人称其为丛帝。鳖灵生平最大的功绩是开玉垒山治水，他是李冰之前岷江流域的最初治理者，其功绩堪比“大禹治水”。因望、丛二帝对人民贡献较大，后人在现在的成都市郫都区西南部修建有望丛祠。望丛祠是中国西南地区唯一的一祠祭二主、凭吊蜀人先贤的最大的帝王陵冢。“端午祭屈原，岷阳朝杜主”，蜀人闻杜鹃而思望帝。每年农历五月十五（大端阳）举行的纪念望丛二帝的望丛赛歌会，更是汉民族唯一保留下来的赛歌形式，现为省级非物质文化遗产。

开明王朝是古蜀最后一个王朝。开明王朝最初定都于郫。常璩《华阳国志·蜀志》有“开明王自梦郭移，乃徙治成都”的记载，在开明王五世（一说九世）的时候“正式迁都今成都”，取周文王迁岐“一年成邑，三年成都”的说法，成都由此得名。专家认为，金沙遗址应为古蜀开明王朝迁都成都后兴建的中心都邑，是成都城市文明的源头和胚胎。

到开明王朝的末期，古蜀王开明十二世骄奢淫逸，在成都大兴土木，建造了七宝楼。当时，开明十二世宠爱武都（今绵竹县北 15 千米处）一美貌女子，就纳其为妃。没有多久，王妃因不习水土病死了。蜀王非常悲痛，就派五丁力士到王妃的家乡武都去担土来成都安葬王妃。墓冢占地数亩，高 7 丈，冢顶有一直径 1 丈，高 5 尺[①]的石镜，这就是现在成都城西北的武担山，具体位置在成都市区西北角北较场。另外，武担山还是三国时期蜀汉昭烈帝刘备登基的地方，因此武担山广为人知，自古以来就是文人骚客歌咏的对象。名列“初唐四杰”的大诗人王勃作《晚秋游武担山寺序》，极写武担山之秀丽

① 1 亩≈667 平方米，1 丈≈3.33 米，1 尺≈0.33 米。

景象，被传为佳作；诗圣杜甫在游览武担山时也曾以“石镜”为题咏诗，有“独有伤心石，埋轮月宇间”之句，睹物生情溢于言表。而晚唐才女薛涛在西川节度使段文昌邀她共游武担山寺时婉拒，并叹命运凄苦，亦吟诗曰：“依心犹道青春在，羞看飞蓬石镜中。”此外，宋朝的欧阳修、陆游，清朝的赵熙等文学家都曾对武担山及其典故进行题咏。

此外，古蜀道的金牛道和五丁开山的故事也与开明十二世有关。金牛古道又名石牛道，是 2 000 多年前巴蜀地区通往中原的一条重要道路。关于金牛古道，有两个传说。其一是蜀王在王妃去世后，为转换心情而外出狩猎，在褒谷与秦惠王相遇。秦惠王送了一筐黄金给蜀王作为礼品，但蜀王送给秦惠王的珍玩竟变成了泥土，秦惠王因而大怒。而秦国的大臣却向秦惠王表示祝贺，说这些泥土象征国土，是老天要把蜀的国土送给秦王。秦惠王转怒为喜，于是开始考虑怎样吞并蜀国。但关山万里，道路险阻，为了开辟进攻蜀国的道路，秦惠王想了一条巧计。秦惠王命人造了五头石牛送给蜀王，并将金子预先放在石牛屁股下，向蜀使者谎称石牛能日粪千金。于是，贪财的蜀王命五丁力士开路，去迎石牛归蜀。经过千辛万苦，道路修通了，但蜀王迎来的并不是能日粪千金的石牛，于是石牛被弃置于成都西边的金牛坝。后来人们把这条路称为“金牛道”或“石牛道”，成都的金牛区名、金牛坝名，也源于金牛古道的典故。金牛坝有一尊铜铸的长 5 米、高 3 米的强劲猛悍的金牛，就是根据这个传说铸造的。在剑门关景区的五丁开山的石雕像也源于此传说。

第二个传说是：虽然入蜀的道路修通了，但秦国惧怕五丁力士。秦惠王知道蜀王好色，答应送给蜀王五个美女，蜀王派五丁力士去接人。回到梓潼（今四川剑阁之南）的时候，五丁力士看见一条大蛇进入山穴中，一位力士抓住了它的尾巴，其余四人也来相助，用力往外拽。不多时，山崩地裂，五丁力士和美女都被压死。山分为五岭，入蜀之路修通。这便是李白《蜀道难》中“地崩山摧壮士死，然后天梯石栈相钩连”一句的来历。

入蜀的道路开通后，开明王朝的内讧又给秦国以可乘之机。原来，蜀王开明十二世封其弟于汉中，号苴侯。蜀王疑其弟怀不轨之心，又得报苴侯私下同与蜀国有仇的巴王交好，蜀王震怒，亲率大军伐苴侯，占领葭萌。苴侯落败投靠巴国，巴国也面临蜀国攻击，遂向秦国求救，于是引来秦国虎狼之师。在公元前 316 年，秦国趁蜀国和巴国发生战争之机，派张仪、司马错率军一举灭掉了蜀国和巴国，古蜀国历史就此结束。从古蜀国开明王朝的覆灭中可以看出，到开明王朝的末期，统治者安于享乐，满足于天府之国的小康生活，完全丧失了开拓进取之心，不知外界翻天覆地的变化。这一时期，秦国实力迅速增长，远超蜀国，并且在与各国的战争中处于上风。而蜀王还沉溺于自我满足之中，不把秦国放在眼里。再加上开明十二世好色，荒废朝政，最终导致了古蜀国的灭亡。

2.1.2 三星堆旅游文化

2.1.2.1 三星堆的概况

1929 年春天，在距四川成都市 40 千米的广汉市鸭子河边上的小乡村里，农民燕道诚在挖堰沟时，发掘出一坑精美玉石器，包括玉璋、玉圭、玉琮、玉斧和类似玉的石璧，总计有 400 多件。之后，燕道诚陆续将部分文物拿到成都少城路的古玩市场出售。燕道诚还把一个玉瑗送给当地驻军的陶宗凯旅长，陶旅长请人一鉴定，才知道是稀世珍宝。于是他带了一个连的人去挖掘，却一无所获，但广汉三星有宝的消息不胫而走。燕道诚除了将玉器送人外，还将四件玉器卖给了成都著名的金石鉴赏家龚熙台。龚熙台研究后，在成都东方美术专科学校校刊的创刊号上发表了一篇名为《古玉考》的文章。这样一来，越来越多的人知道了三星堆里有宝藏，许多人纷至沓来，到处寻宝。

为了保护国宝，当时广汉县（今广汉市）的县长罗雨苍，马上派人与当地驻军取得联系，采取措施保护文物遗址，禁止私人乱挖乱掘。1934 年 3 月初，罗雨苍正式邀请华西大学博物馆馆长林名均和美籍教授葛维汉率科学发掘队前来发掘。这也是中国历史上对三星堆进行的第一次较为正式的科考发掘。一共出土文物 600 多件，包括玉器、石器和陶器等。这次发掘虽然只持续了 4 年，就因 1937 年开始的日本侵华战争而中断了，但它从此揭开了川西平原考古的序幕。

从 1970 年开始，有人在三星堆和月亮湾一带古遗址搭建起砖瓦工厂，致使大片的遗址遭受破坏。1980 年 5 月，四川省考古队对三星堆遗址进行了最大规模的抢救性发掘，发掘出一座距今 4 800 多年的古城。这座古城面积约有 12 平方千米，里面出土了 82 件大小不等、造型各异的青铜人像以及人头像、面具，1 700 多件玉器、漆器、陶器，80 根大象牙，4 600 多枚海贝和铜贝等文物。

三星堆出土的文物，历史悠久，工艺精湛，造型奇特。有的文物创造和打破了许多中国纪录、世界纪录，有多项纪录入选中国世界纪录协会的中国之最、世界之最。它是世界上一次性出土青铜人头像、面具最多的地方，达 50 多件；有世界上最早、树株最高的青铜神树，高 384 厘米；有世界上最早的金杖，长 142 厘米，直径为 2.3 厘米，重 700 多克；有世界上最大、最完整的青铜大立人像，通高 262 厘米，重逾 180 千克，被称为铜像之王；有世界上最大的青铜纵目人像，高 64.5 厘米，两耳间相距 138.5 厘米。三星堆古遗址的发掘轰动了全世界，被誉为“20 世纪世界考古的最重要发现”、世界“第九大奇迹”。张爱萍将军为其亲笔题词：“沉睡数千年，一醒惊天下。”

三星堆古遗址分布面积 12 平方千米。据考证，这里曾经是古蜀国的国都所在地，它是迄今为止在西南地区发现的范围最大、延续时间最长、文化内涵最丰富的古城、古国、古蜀文化遗址。三星堆文化从距今 5 000 年前到 2 800 年前，延续了 2 000 多年。其中最繁荣的时期是大约距今 4 000 年前至 3 200 年前这段时期，相当于中原地区的夏商时代，一般认为这一时期属于古蜀史传说中的鱼凫王时期。其由盛转衰时期在距今 3 200 年前至 2 800 年前左右，大致相当于商末周初。三星堆文化是古蜀文化鼎盛时期的代表。三星堆遗址的发现，将古蜀历史的渊源从春秋战国时期向前推进了约 2 000 年，雄辩地证明了巴蜀并不是蛮荒之地，而是长江文化的发源地，也是华夏文化的发祥地之一，中华文明的起源是多元一体的。

2.1.2.2　三星堆的国宝

1. 三星堆的青铜立人像

在三星堆出土的文物中，最引人注目的是一尊大型青铜立人雕像。它全高 262 厘米，基座高 90 厘米，自身高 172 厘米，重达 180 千克。这尊青铜立人雕像是目前所知的世界上最早采用范铸法铸造的大型青铜立人造像。因此，人们称誉三星堆青铜立人雕像是中国青铜时代的雕像之王，甚至是人类青铜时代的雕像之王。据说，它在英国展出时，曾有人愿意出 10 亿英镑的天价购买它。

青铜立人像头上戴着一顶高 17.7 厘米的形同花瓣的华冠，它右臂上举，左臂平抬，双手夸张地握成环形，赤足戴脚镯，立于双层方座之上，给人以雍容华贵、生动精美之感。其面相端庄，粗眉大眼，高鼻阔嘴，方颐大耳，双手特别硕大。其身着一层薄薄的衣服，最里层长到小腿，背后下摆开叉，像燕尾服；第二层长到膝盖；最外层只到肚脐以下，三层衣服上都刻有精美的花纹，显得庄重威严、独具匠心。雕像衣饰特征为“左衽”，前襟向左掩。我国古代中原地区的衣饰特征是“右衽”，即前襟向右掩；“左衽”多是中原地区以外的人民的服饰特征。雕像各部位完全契合真人比例，具有浓郁的写实风格。

关于这件青铜立人像原型的身份，考古界众说纷纭，仁者见仁，智者见智。有人认为，这件青铜立人像可能是位巫师。古代人普遍都信仰神灵，与神灵沟通的人是巫师，巫师会人神相通，告诉信仰者吉凶祸福，因而巫师在百姓中的威信极高，很受人尊重。也有人认为，青铜立人像可能是位王者。三星堆所在的古蜀国经济发达、技术进步、国力雄厚，光靠巫师是不可能推动历史车轮前进的。这个青铜立人像代表的可能是一位睿智英明、受万民拥戴的王者。还有人认为，这是蜀人供奉的祖神偶像，是已经死去的曾经为部族立下汗马功劳的某代祖先。铜人的体态身高都是模仿此人生前样子制作的。

从用途来看，这件青铜立人像应该是古代祭祀用品，是用来祈福的。它那双握成环状的大手里，原来应该持有物品，可能是牙璋或瑞草等祭祀用品。

2. 三星堆的青铜人面具

三星堆两坑共出土了50多件人面具，这些人面具耳朵上有穿孔，可能是用来佩戴耳环的。其中，最令人惊奇的是那面巨大的青铜纵目人面具。其造型之奇特，在世界上也属首见；其面目之怪异，形状之巨大，铸造之精美，在世界文物考古史上堪称空前。据文物鉴定报告，这件纵目面具阔眉大眼，眉尖上挑，眉宽6.5~7厘米。其双眼斜长，眼球极度夸张，直径为13.5厘米，眼睛呈柱状突出16.5厘米，前端略呈菱形，中部还有一圈镯似的箍，宽2.8厘米，眼球中空。鹰钩鼻，大嘴，两嘴角上翘接近耳根，双耳极大，耳尖向斜上方伸出，似桃尖，额中部有一个10.4厘米×5.8厘米的方孔，通宽138厘米，通高65厘米。

对于这个纵目面具，学者们做出了多种解释。第一种认为这是古代民间传说中“千里眼顺风耳”神灵的再现，用夸张的眼球和伸长的大耳表示其有超常的视力和听力。第二种则认为它是蜀国第一代蜀王蚕丛。《华阳国志·蜀志》记载：“蜀侯蚕丛，其目纵，始称王。”第三种则认为，人像纵目，突出双眼，其含义与中原甲骨文的“蜀”字突出“目”字的意义相同，反映了“蜀”字的字根之所在。

3. 三星堆的青铜神树

三星堆的二号祭祀坑中共出土了大大小小8棵青铜神树。其中，最大的青铜大树通高4米，这是目前在世界范围内发现形体最大的古代单件青铜器。青铜树枝分为三层，每层三条，均呈弯曲下垂状。每根青铜树枝之上都结有果实，树枝上共结有12颗果实；其中9颗果实上各立一只大鸟，它们展翅欲飞，似向天鸣。青铜树干一侧，另有一条巨龙，其盘旋而下，前爪已落到地上，后尾还翘在树端。巨龙方首，身躯细长，龙身上塑有兽爪和人手。大树底部有圆环形底盘式基座，其上刻绘有繁缛的云气纹。树座之下又有三个跪拜的人像，背朝树干，面向前方，虔诚而庄重，更加突出了铜树的神圣感。

关于青铜神树的用途，学界主要有两种观点：一是神树说。在先秦传说中，古人认为天和地是相连的，有天梯连接其中，主要的天梯为高山，其次为神树。古蜀先民认为自己居住的成都平原是天地之中心，神树就是天梯，由此可以上天通神。学者们认为，

“青铜神树”体现的是“十日神话”和“金乌负日”等太阳神崇拜和神话传说，它既是古人太阳崇拜的产物，又是古人心目中的“登天之梯”，同时也是代表古人宇宙观念的宇宙树。二是财树说。在汉代前后，四川居民比较信奉摇钱树，认为它是财富的来源，是财神。人们信奉财神，也就信奉神树。因此，在许多的汉代古墓葬和遗址中，经常出土象征财富的神树。这种神树多为青铜制成，其形状与三星堆遗址中出土的铜树颇为相似。因此，三星堆居民的神树，应当是摇钱树，或是财神的象征。

4. 三星堆的纯金权杖

三星堆遗址中出土金器 100 多件，它们大多属金银的合金。其中，金的含金量达到 85%左右以上，银的含量为 15%左右，显示了当时高度发达的冶金水平。其中最具代表性的是一根用较厚的纯金皮包卷而成的金皮木芯杖。杖长 142 厘米，直径为 2.3 厘米，净重 500 克。杖的上端有一段长 46 厘米的平雕纹饰图案，分为 3 组：最下一组刻有两个前后对称、头戴五齿高冠、耳垂系三角形耳坠的人头。上面两组图案相同，下方为两背相对的鸟，上方为两背相对的鱼，鸟的颈部和鱼的头部压有一支羽箭。图案的意义，有人认为是在神人的护佑下，箭将鱼射中，鸟又将箭杆带鱼驮负着归来。也有人认为该图案可能表现的是以鱼和鸟为祖神崇拜的两个部族结盟，建立了三星堆古蜀国，渔猎曾作为当时的经济生活手段。这是我国考古史上首次出现金杖。至于金杖的性质，学者们一般认为，金杖集神权、王权于一体，既代表至高无上的权威，同时又是大巫师手中的魔杖、法杖，是政教合一体制下的“王者之器”。这根金杖是古蜀国国王的权杖。

2.1.3 金沙遗址旅游文化

2.1.3.1 金沙遗址概况

2001 年 2 月 8 日，中房集团成都房地产开发总公司在金沙村施工时意外发现了大量的玉石器、铜器和象牙，由此揭开了沉睡 3 000 多年的金沙文明的神秘面纱。经过考古发掘，金沙遗址已发现的重要遗迹有大型建筑基址、祭祀区、一般居住址、大型墓地等，出土有 300 多件金器、2 000 多件玉器，以及大量铜器、石器、漆器等珍贵文物，还有数以万计的陶片、数以吨计的象牙以及数以千计的野猪獠牙和鹿角，堪称世界范围内出土金器、玉器、象牙最丰富、最密集的遗址。还有迄今为止四川发现的年代最早、最完整的彩色木雕人头像。它是中国进入 21 世纪初第一个重大考古发现，被评选为“2001 年全国十大考古发现”。

金沙遗址的发现，不仅将成都市的建城史从距今 2 300 年前提前到距今 3 000 年前左右，还对研究蜀文化起源、发展、衰亡有着重大意义，特别是为破解三星堆文明突然消亡之谜找到了有力证据。金沙遗址的时代约在商代晚期至西周早期，晚于三星堆遗址，两者之间有着密切的内在联系。学者们认为，自广汉三星堆之后，古蜀国的政治、文化中心向南迁移到了成都，古蜀文化至此转入一个新的发展阶段。金沙遗址复活了一段失落的历史，再现了古代蜀国的辉煌，并与成都平原的史前城址群、三星堆遗址、战国船棺墓葬共同构建了古蜀文明发展演进的四个阶段，共同证明了成都平原是长江上游文明起源的中心，是华夏文明重要的有机组成部分，为中华古代文明起源“多元一体”学说的确立提供了重要佐证。

2.1.3.2 金沙遗址的国宝

1. 太阳神鸟金饰

金沙遗址出土黄金器物 300 余件，其中有黄金面罩、射鱼纹金带、鸟首鱼纹金带、太阳神鸟金饰、蛙形金箔、鱼形金箔、金盒、喇叭形金器等，是全国范围出土金器数量最大、种类最多的先秦时期遗址。在这些文物中，最著名的是作镇馆之宝的太阳神鸟金饰，可以说是精美绝伦。它是一件圆环形的金箔，外径为 12.5 厘米，内径为 5.29 厘米，厚 0.02 厘米，重 20 克。金饰的中心镂空出十二道顺时针放射的光芒，代表人类赖以生存的太阳，环绕着太阳的是四只等距离分布、逆向飞翔的凤鸟。四只凤鸟引颈伸腿、首尾相接，围绕着十二道内敛的太阳金饰循环往复，生生不息地飞翔。这是一个相当精美的图案，整个图案展示了古蜀先民超高的工艺水平。

专家认为，对金饰上的图案可有两种解释：一是《山海经·大荒经》中的“帝俊生中容……使四鸟”等有关太阳神帝俊的记载，旋转的火球是太阳神，围绕着它的四只鸟是中国古代神话中太阳神的四个使者，并寓意东、西、南、北四个方向。二是旋转的火球是太阳，四只鸟是托负太阳在天上运行的神鸟，该图案所表现的就是金乌负日这一中国古代神话传说。太阳神鸟金饰可以说是中国古代太阳崇拜和太阳神话的最好实物记录，表达了远古先民对太阳孜孜不倦的追求，对光明不间断的向往。这和三星堆文化中众多“青铜鸟”“圆日形器”和有着 9 只鸟的“青铜神树”所表现的“崇鸟崇日”习俗是一脉相承的。

经过测量，金饰的含金量竟然高达 94.2%，是先用自然砂金热锻成为圆形，然后经过反复锤炼，最后根据相应纹饰的模具进行刻画和切割。这表明，古蜀部族是中国最早开采和使用黄金的部落之一，早在 3 000 多年前，他们就掌握了砂金加工技术。

2005 年 8 月，中国国家文物局确定将“太阳神鸟”金饰图案作为中国文化遗产标志，它是继青铜器“马踏飞燕”成为国家旅游标志之后，又一件成为国家文化标志的珍贵文物。“太阳神鸟”图案当选中国文化遗产标志，主要有四大理由：

一是“太阳神鸟”图案寓意深远，构图严谨，线条流畅，极富美感，是古代人民“天人合一”的哲学思想、丰富的想象力、非凡的艺术创造力和精湛的工艺水平的完美结合。其造型精练、简洁、极具徽识特征。

二是“太阳神鸟”图案是中华先民崇拜太阳艺术表现形式的杰出代表之作，以此作为中国文化遗产的标志体现了中华民族传统文化强烈的凝聚力和向心力，表现了中华民族自强不息、昂扬向上的精神风貌。

三是太阳神鸟金饰 2001 年出土于成都金沙遗址，是 21 世纪我国考古第一个重大发现，代表了中国文物保护工作的成果。“太阳神鸟”图案所表达的追求光明、团结奋进、和谐包容的精神寓意，可以激发人们保护祖国文化遗产的强烈责任心。

四是“太阳神鸟”图案中向四周喷射出十二道光芒的太阳呈现出强烈的动感，象征着光明、生命和永恒。十二道太阳光芒与四鸟的“十二”与“四”是中国文化经常使用的数字，诸如十二个月、十二生肖、四季、四方等，表达了先民们对自然规律的深刻认识。环绕太阳飞翔的四只神鸟，反映了先民们对美好生活的向往，体现了自由、美好、团结向上的寓意。而整体完美的圆形图案寓意民族团结、和谐包容，圆形的围合也体现了保护的概念。

“太阳神鸟”图案表达了华夏先民向往太阳、崇尚光明的千年飞天梦，体现了中华民族自强不息、奋发向上的精神风貌。2005 年 10 月 12 日，蜀绣“太阳神鸟”搭乘“神舟六号”飞船遨游太空，象征着中华民族像太阳神鸟一样遨游太空，终于实现了自己的千年飞天梦。此外，太阳神鸟金饰也在世博会、西部论坛、非物质文化遗产及各类国内外展览和杂志上频频亮相，“飞”遍了祖国的大江南北。

2. 金沙“玉琮王”

考古界公认，玉琮与玉璧、玉璋、玉璜、玉圭、玉琥是古代的六种最重要的玉礼器，古称“六瑞”。《周礼》记载：“以玉作六器，以礼天地四方。以苍璧礼天，以黄琮礼地，以青圭礼东方，以赤璋礼南方，以白琥礼西方，以玄璜礼北方。”自汉代起，历代王朝都制定了以玉璧、玉琮礼天地的制度，一直延续到清代。古有“天圆地方”之说，故玉琮的形制是内圆外方，表示天和地，中间的穿孔表示天地之间的沟通。玉琮的孔中穿过的棍子就是天地的柱子，即天梯。古代的巫师通过天梯即可与天地沟通。因此，古人认为通过玉琮可以达到与天地沟通的目的。玉琮是中国古代象征着“天圆地方”“四面八方”的世界观和“贯通天地”的通天行为的象征物。玉琮不仅是祭祀土地的礼器，同时也是一种权力和身份的象征。古代祭祀仪式和祭祀工具是由少数上层阶级和有身份的人所掌握的，一般都是巫师。他们在社会中具有崇高的地位。

金沙遗址已出土玉器 2 000 多件，是迄今为止我国出土玉器最多的遗址之一。金沙玉器数量多、品种齐，主要有琮、璧、璋、圭、戈、矛、剑、钺、戚、斧、凿、锛、神人面像、贝形佩饰、镯、环、绿松石珠、管、片等，几乎包括了商周时期所有玉器种类。金沙还出土了不少特殊玉器，如玉剑鞘、玉眼睛、玉人面等，这些特殊玉器在全国还是首次发现。这些玉器不仅数量多，种类丰富，而且制作工艺十分高超。

金沙遗址共出土有 24 个玉琮。其中最大的一件堪称“国宝”的玉琮，重达 3 918 克，高约 22 厘米，被称为“玉琮王”。它呈翠绿色，质地晶莹剔透。全器上大下小，外方内圆，中间有孔。全器分十节，每节的每一角上都有一个简化的人面纹，由两条平行的长方形凸棱表示羽冠，一大一小两个圆圈和两个小三角形表示眼睛。眼睛的下方凸起的短横表示鼻子，其上有细琢而成的卷云纹。全器上共雕刻出 40 个人面，每一个人面均雕刻出冠饰、眼睛和嘴，冠饰和嘴上还雕刻有比发丝还细的微雕。在玉琮一面的上端还阴刻有一人形图案，人体肥胖，头戴长长的冠饰，双臂平举，双腿叉开，仿佛正在舞蹈，长袖上还有一上卷的羽毛形装饰。他像是一个正在虔诚祭拜的人，生动地重现了当时的祭祀场面。这个祭祀的人，可能是金沙人崇拜的祖先，或者是带领金沙人祈福驱邪的大巫师。

3. 金沙象牙

金沙遗址发掘出象牙 1 000 多根，是世界上同一时期中出土象牙最为密集的地方。有的长达 150 厘米，这更是中国考古史乃至世界考古史上的奇观，堪称古代世界人类象牙文化之最。那么，这些象牙来自何地呢？它只能来自成都平原，理由有四：

第一，古文献有记载。《山海经・中山经》说岷山地区“其兽多犀、象”。《山海经・海内南经》也说“巴蛇吞象，三岁而出其骨”。《国语・楚语》中有“巴浦之犀、犛、兕、象，其可尽乎”的记载，这些表明成都平原是有象的。

第二，考古学方面的证据。考古学表明，在距今 20 000 年到 3 000 年前，在黄河中下游地区和整个长江流域基本上都发现了象牙的化石、大象的骨头，或象牙加工成的器物。比如，1935 年，殷墟第 12 次发掘时，曾经“发掘象坑两个，一坑为小象，一坑为大象，象背后埋 1 人，俯身”。1978 年，殷墟王陵东区又发现一个殉葬象坑，象身上佩有一只铜铃，显然是一只已经驯化的幼象。1975 年到 1976 年，在河南殷墟的妇好墓中出土了 3 件保存完好的象牙杯。在三星堆遗址中也出土了六七十根象牙。

第三，殷墟甲骨文的相关记载。在罗振玉的《殷墟书契前编》中著录的甲骨上有关于“来象”、商王狩猎“获象七”的记载，在《吕氏春秋》中也记载有“商人服象，为虐于东夷。周公遂以师逐之，至于江南。乃为《三象》，以嘉其德”。这说明殷代河南实为产象之区。《说文解字注》解释说：“豫，象之大者。”有人说“豫”字原本是象、邑二字的合文，意思是大象之邑，是象的家乡。也有人说“豫”是一个象形字，体现出以手牵象的形态，就是一个人牵着一头大象。著名史学家徐中舒认为，河南之地古称豫州，以盛产大象而得名。这些说明河南原来有很多大象。河南的纬度比四川高，气温比四川低一些，既然河南都有大象，四川的成都平原也应该有大象。

第四，成都平原曾有适合大象生存的环境。由于气候变迁，黄河、长江流域变得不适合象群生活。我国著名气象学家竺可桢先生研究，旧石器时代末期，中原地区的年平均气温比目前高出约 7 °C ~ 8 °C，当时西安和安阳地区有十分丰富的亚热带植物种类和动物种类。距今 5 000 年前到距今 3 100 年前，是中国的温和气候时代，年平均气温比现在高出 2 °C 左右。因此，3 000 年前，成都平原的温度要比现在高。在金沙遗址里出土有一些珍贵的乌木，发现了体量巨大的古树根遗迹，还有一些象的臼齿，以及犀牛、猪獾、黑熊、牛、马等动物的牙齿，和两个较为完整的大象的下颌骨等，这些情况都反映出金沙文明时期的成都平原，可能到处是茂密高大的森林，成群的动物生活其间，这样的生存环境应该适合野生大象的生存。

综上所述，成都平原或者成都平原附近，在之前是有大象存在并广泛分布的。金沙遗址的象牙应该来源于本地。

既然黄河中上游和长江流域的古蜀均有大象，那么，中原、华南及巴蜀大地生息繁衍的大象又是如何绝迹的呢？如今在我国只剩云南西双版纳一带为大象栖息地，而且数量也很有限。究其原因是多方面的：

第一，青藏高原地壳运动的作用，青海地区的地面迅速上升，使黄河呈间歇性下切入海之势，陇原地区的生态急剧变化，象群失去了生存的环境，于是很快绝迹。今天我们在青海地区发现的古象化石特别多，与这一段沧桑历史有关。第二，气候的改变。第三，人为的驱赶。第四，人类的猎杀。象肉可吃，象皮可做鼓，象毛可做手镯，象牙用途相当广泛。古蜀人将象牙用于宗教仪式、祭祀活动。特别是在魏晋以后，在一些豪门奢侈之风的影响下，大象成了牺牲品。第五，人类大规模开发自然，大片的森林被砍伐，生态进一步遭到破坏，使象的生存之地日益狭小。

2.2　战国、秦汉时期

2.2.1　龟城传说

大约在公元前 4 世纪，开明九世把都城从广都迁往成都。在开明十二世时，秦国趁巴、蜀发生战争，一举攻占巴国和蜀国。公元前 311 年，秦王朝的蜀郡守张仪主持修建了成都城墙，这就是文献上有明确记载的成都最早的城墙。在古代典籍《搜神记》中记载：传说秦统一巴蜀之后，张仪主持在成都筑城，可是城墙屡筑屡垮。正当他为修筑城墙而烦闷时，有一只大龟浮出江面，见人不惊，慢慢爬行，步伐稳健。人们以为是灵瑞出现，请张仪去看。张仪遂从龟的形状上得到启迪：建城不一定都四四方方的，也可以按照龟的形状，建成圆形。于是，他就照着龟画出城墙，重新勘察，依盆地地形而建，终于把城修筑完好。所以成都又叫“龟城”。实际上是因为古代成都地势低洼潮湿，要按照我国传统的方方正正、正南正北的建筑规划建设，需要大量地取土填埋，工程量浩大。因此放弃原有的规划图，因地制宜，依地形选择较好的地基来修，结果城墙就像龟的形状，所以成都就得了“龟城”的别称。关于“龟城”，在古人的诗文作品中也很常见，如唐代诗人戎昱在《成都暮雨秋》一诗中有“九月龟城暮，愁人闭草堂”之句；宋朝诗人薛季宣《张村》一诗也有“青城足跻攀，那染龟城尘”等名句。清代诗人王渔洋《金方伯邀游浣花溪》有“人烟过蚕市，新月上龟城”。

2.2.2　李冰修建都江堰

到秦昭王（前 325—前 251）时，秦昭王任命李冰为蜀郡守。蜀郡就是今天四川成都一带。在古代，四川成都平原一带每年都要发大水，有“泽国”之称，水患严重威胁着老百姓的生产和生活。李冰访察水脉，发现发源于成都平原北部岷山的岷江两岸山高谷深，水流湍急；水流到当地灌县（今都江堰市）附近，一马平川，水势浩大，往往冲决堤岸，泛滥成灾；从上游带来的大量泥沙也容易淤积在这里，抬高河床，加剧水患；特别是在灌县城西南面，有一座玉垒山，阻碍江水东流，每年夏秋洪水季节，常造成东旱西涝。根据这些观察，李冰便开始着手进行大规模的治水工作。他带领民工在玉垒山凿开了一个 20 米宽的口子“宝瓶口”。然后在江心修建“鱼嘴”，把岷江分为外江和内江。为了进一步控制流入宝瓶口的水量，李冰在鱼嘴分水堰的尾部，又修建了分洪用的平水槽和“飞沙堰”溢洪道。当内江水位过高的时候，洪水就经由平水槽漫过飞沙堰流入外江，可充分保障灌区免遭水淹。同时，由于流入外江的水流的漩涡作用，还有效地冲刷了沉积在宝瓶口前后的泥沙。李冰还亲自规划、修建许多大小沟渠直接连接宝瓶口，组成了一个纵横交错的扇形水网，这是都江堰的主体工程。李冰因地制宜、因势利导修建的都江堰水利工程，使巴蜀成为沃野千里的“天府之国”“天下粮仓”，成为大一统王朝的重要支柱与发展引擎。都江堰是全世界至今为止年代最久、唯一留存、以无坝引水为特征的宏大水利工程，2 000 多年来一直发挥着巨大的作用，确保了当地的灌溉生产。都江堰附近景色秀丽，文物古迹众多，主要有伏龙观、二王庙、安澜索桥、玉垒关、离堆公园、玉垒山公园、玉女峰、灵岩寺、普照寺、翠月湖等。

2.2.3　锦官城

西汉建国后，鉴于蜀地是“帝业所兴”，又是汉王朝重要的粮食和兵源基地，所以“不封藩王”，划为“天子自有”之地，为中央直辖。公元前 106 年，汉武帝置十三州部刺史，在四川置益州部。由于秦汉之际的连年战争均在四川以外进行，因此四川政治稳定，社会经济健康快速地发展。成都的织锦业当时已十分发达，成都出土的汉代“画像砖”上的“足踏织锦机”，是当时世界上最先进的织机，比欧洲“脚踏织机”的发明早了几百年。先进的织锦生产技术使成都成为全国和世界丝织业的中心。“女工之业，覆衣天下。”德国历史学家赫尔曼更是将成都誉为“一座织布机上的城市”，因此蜀锦很有名气，成为中国丝绸锦缎之代名词。西汉扬雄《蜀都赋》称，蜀地“黄润细布，一筒数金”，意思是蜀地的丝绸以黄色的品质尤佳。《史记》多次提到“蜀布”等“蜀物”，其实就是蜀地生产的丝绸。汉廷为便于管理成都地区的织锦业，设有锦官，在城西南筑有锦官城。西汉时，成都因丝绸而得名锦城、锦官城。在全世界成千上万的城市中只有 3 个城市以“丝绸”命名，而成都就是其中之一。锦官城旧址在今百花潭公园一带，东南侧现存锦官桥等地名。在锦官城附近，有织锦工人集中居住的地方，称为“锦里”；有锦缎等丝织品交易的市场，称为“锦市”。外地人坐着大船到成都，在城南九眼桥码头下船，就住在离船码头不远的驿站里，被称为“锦官驿”。

2.2.4　文翁兴学

文翁是西汉庐江舒县（今安徽庐江）人，是西汉著名的教育家。西汉景帝年间（前 143

—前 141），文翁出任蜀郡太守。鉴于蜀地偏僻，有蛮夷风，他想要激励后进，改变蜀地文化不发达的现状，于是他在今天成都南门文庙街口，建立了“文翁石室”。为了防火，文翁还修筑了石室藏书，故又称“石室书院”。在此期间，他派遣张叔等 18 人进入京师太学，学成归来后委以重任。他还免除了学生的徭役，使其能集中精力学习知识。对于品学兼优的学生，则委以郡、县吏的重任。这一举措不仅培养了一批吏材，如张叔，汉武帝时征为博士，官至侍中、扬州刺史；而且推动了邻近属县的兴学，促进了四川文化的发展。蜀地此后还出现了司马相如、扬雄等知名才学之士。从此蜀地学风大盛，可与齐鲁地区相媲美。

文翁石室在从汉至今的 2 100 多年的历史长河中，几乎没有中断过办学。东汉兴平元年（194），石室校舍毁于火灾。太守高联重新修复校舍，并增筑石室及周公礼殿。晋武帝太康年间（280—289），太守张牧在周公礼殿的四面墙壁上绘制上古以来君臣及孔子与门徒 72 贤人的画像，是为四川最早的庙堂壁画。唐玄宗开元年间（713—741），尊奉孔子为文宣王，改周公礼殿为文宣王殿，民间称之为“文庙”，这便是四川最早的文庙。明朝末年（1644），文庙毁于战火。清康熙十三年（1674），四川按察史刘德芳在石室遗址上兴建锦江书院。光绪三十年（1904），书院改名为成都府中学堂；民国年间改名为联立中学；1936 年改名为石室中学；1952 年改名为成都市第四中学；1983 年恢复校名为石室中学。北京大学季羡林教授为石室中学题词：“古今一校，扬辉千秋。”

文翁石室是中国第一所由地方政府开办的学校，开中国地方官办学校的先河。文翁堪称中国历史上的“第一位校长”。《中国大百科全书》教育卷中，列选了中国古代教育家 29 人，认为文翁是“汉代郡县学的发轫者”。在巴蜀大地上，李冰总结出“深淘滩，低作堰”的治水科学原理；文翁兴学，总结出“师资高，学风严”的教育原理。后世将文翁兴学促进蜀地文化发展的功绩与李冰父子修筑都江堰水利工程的辉煌业绩相提并论，文翁兴学与李冰治水同为秦汉时代四川的两项造福后人、彪炳史册的不朽业绩。为纪念文翁办学兴川的历史功绩，至今在石室中学附近还保留有石室巷、文庙前街、文庙后街、文庙西街等街道名称。

2.2.5 道教的创立

道教是中国本土宗教。据有关史书记载：东汉顺帝汉安元年（142）时，沛国丰（今江苏丰县）人张道陵于大邑县境鹤鸣山倡导五斗米道（又称天师道），奉老子李耳为教主，以《道德经》为主要经典，这标志着道教的正式创立。143 年，张道陵到达青城山，在此结茅传道，并羽化山中。因此，鹤鸣山成为举世公认的中国道教发源地、世界道教的朝圣地，被称为“道国仙都”“道教祖庭”。青城山为道教天师道圣地，中国四大道教名山之一、五大仙山之一、中国道教发祥地之一。

2.3 三国两晋南北朝时期

2.3.1 三国鼎立

东汉末年，刘焉刘璋父子割据益州。220 年，曹丕篡汉称帝，国号“魏”，史称曹魏。221 年，占据四川的刘备在成都称帝，国号“汉”，史称蜀汉（221—263）。229 年，孙权称帝，国号“吴”，史称东吴。至此正式形成魏、蜀、吴三国鼎立的局面。蜀汉丞相诸葛亮励精图治，使蜀国社会经济得到很大发展。在三国鼎立形成后的数十年内，蜀汉诸葛亮、姜维多次率军北伐曹魏，但始终未能改变三足鼎立的格局。诸葛亮死后，蜀汉后主刘禅任用宦官，让其专擅朝政，蜀汉政治日渐腐败。263 年，魏国司马昭发动魏灭蜀之战，蜀国被魏国所灭。不久，司马炎建立晋朝，史称西晋。279 年，晋武帝司马炎发兵攻打东吴，并于 280 年攻陷东吴，统一中国，至此三国时期结束。

在我国历史长河中，三国时期虽较为短暂，但“三国文化”却特别引人瞩目。三国文化是中华文明在全世界宣传最持久、影响最深远、普及最广泛、最能为各国人民接受的分支文化之一。四川是三国文化的中心地区，是三国文化旅游资源最丰富、知名度最高、开发价值最大的地区之一，形成了“以成都为中心的六大地区”的三国文化旅游空间格局。

2.3.2 成汉政权

西晋建立后，由于统治阶级内部争权夺利，不久就爆发了“八王之乱”，严重动摇了西晋的统治。西晋中后期，关陇地区天灾不断，饥荒遍野。西晋出现了大规模的流民运动，一大批流民进入西南的梁、益二郡。以李特为首的巴氐流民不堪忍受西晋政府的残暴统治，于 301 年在绵竹聚合流民 7 000 人起义进攻成都，屡败晋朝军队，占领了四川大片地方，自称益州牧。不久，李特战死，他的儿子李雄率兵攻占成都，306 年称帝，国号“成”。338 年，李雄的堂弟李寿称帝后将国号改为“汉”，史书称为“成汉”。347 年，成汉政权为东晋桓温所灭。

2.4 隋唐五代时期

2.4.1 扬一益二

隋唐五代时期，四川经济迅速发展、手工业兴盛，蜀锦、蜀纸和蜀茶均名冠天下，商业繁荣，成都“水陆所凑，货殖所萃”，是全国最繁华的商业大都会之一。四川还是我国和全世界最早发明与使用雕版印刷的中心，发明了世界最早的取代金属货币的“交子”。由于经济的繁荣，四川成为唐王朝财赋的主要供应地区，“时号扬、益，俱为重藩，左右皇都”，时称“扬一益二”，“号为天下繁侈”，成为经济稳定的天府之国。

2.4.2 唐皇幸蜀

四川因繁华富庶，再加上山势险峻，有易守难攻的地形，成为皇帝避难首选之地。755 年，范阳节度使安禄山及部将史思明发动叛乱，史称“安史之乱”。756 年，叛军攻破潼关，直迫长安，唐玄宗逃往四川，经今广元昭化、剑阁、绵阳，抵达成都，并在成都生活了一年多。在此期间，唐玄宗曾居于成都青羊观（今青羊宫）内，恰好诗人杜甫居住草堂，亲见雨映行宫，即景赋诗《严公雨中垂寄见忆一绝奉答二绝》，这段历史也为青羊宫增添了传奇色彩。避难期间，玄宗曾遇到大慈寺的一位僧人为百姓和国家祈福，乃敕书“大圣慈寺”匾额，并赐良田一千亩。据说有一天，唐玄宗在成都一个小镇忽听收复长安的捷报传来，于是就此打道还都，后人便把这个镇子取名为天回镇。

唐朝中和元年（881），唐僖宗为避黄巢之乱逃离长安奔蜀，也将成都青羊观作为其中一处行宫。据记载，唐僖宗某夜在观内忽然看见有一散发着红光的圆球滚入殿堂，遁入地中，便命人掘地三尺，挖得一块玉砖，上面刻着古篆文：“太上平中和灾。”唐僖宗大喜，认为这是天降祥物，便将青羊观视为风水宝地。三年后黄巢起义失败，唐僖宗返回长安，认为这是太上老君的恩典，特下诏令赐库钱二百万对青羊观进行全面重修，同时改“观”为“宫”，称“青羊宫”。宫观落成后，成为唐代蜀地最大、最有影响力的宫观。

2.4.3 前 蜀

前蜀王建是唐末五代时期封建统治者中的杰出代表。大顺二年（891）王建攻占成都，据西川。开平元年（907），王建称帝，定都成都，国号蜀，史称前蜀。在王建励精图治之下，前蜀国成为当时社会最稳定、国力最强的国家。成都也成为当时中国最繁华的大都市之一。成都永陵即前蜀王建的陵墓，是目前中国唯一一座地上皇陵。墓内石刻精美绝伦，出土玉器、银器巧夺天工，堪称文物精品，永陵被列为第一批全国重点文物保护单位。

2.4.4 后 蜀

长兴三年（932）孟知祥杀东川节度使董璋，据东川地，于应顺元年（934）称帝，定都成都，国号蜀，史称后蜀。同年后蜀孟知祥病逝后，太子孟昶继位。孟昶好学能文，他在964年春节写的“新年纳余庆，嘉节号长春”被认为是有记载的最早的春联。比较巧合的是，965年，宋太祖赵匡胤派兵统一了后蜀，将孟昶等掳走，同时委任了一个名叫吕余庆的人去做后蜀的都城成都的地方长官。另外，宋太祖于960年将自己的生日，即每年的农历二月十六日定名为“长春节”，即所谓“圣节”。孟昶降宋之时，正是宋太祖诞辰之日。因此，宋人认为它是谶语，预示了宋将灭蜀。

蜀后主孟昶生活奢侈淫靡，迷恋声色，据说连溺器都是金银制成。孟昶最宠爱费贵妃，别名“花蕊夫人”，意思是“花不足拟其色，似花蕊翱轻也”。由于花蕊夫人最爱芙蓉花，后蜀主孟昶在成都命令城上尽种芙蓉，九月间盛开，望之皆如锦绣。后蜀诗人张立的《咏蜀都城上芙蓉花》说：“四十里城花发时，锦囊高下照坤维。虽妆蜀国三秋色，难入豳风七月诗。”成都因花蕊夫人而得名“芙蓉城”，“芙蓉城”或“蓉城”这个称呼也一直使用到现在，芙蓉花成为成都市的市花。由于后蜀君臣极为奢侈，荒淫误国，965年，孟昶屈辱投降，后蜀政权被宋朝所灭，花蕊夫人被送到开封。宋太祖听说她有文采，就命她作诗。花蕊夫人的《述亡国诗》曰：“君王城上竖降旗，妾在深宫那得知？十四万人齐解甲，更无一个是男儿！”此诗得到一代雄主赵匡胤的赏识。

2.5 宋元时期

2.5.1 “四川”得名

唐贞观元年（627），唐太宗按山川地形分全国为十道，其中剑门关以南地区为剑南道，剑南道的东边是山南道。剑南道和山南道统辖四川地区。唐玄宗开元二十一年（733），又把剑南道分为剑南东道、剑南西道，合称“剑南两川”，再加上“山南道”，时称“剑南三川”。至北宋真宗成平四年（1001），在今四川地区设益州路、梓州路、利州路、夔州路，合称“四川路”，简称川陕四路。大约过了 110 年，宋徽宗（1101—1125）才在一份诏书中把这四州简称为“四川”，始有“四川”之名。其中，以成都为中心的是益州路，以三台为中心的是梓州路，以广元为中心的是利州路，以奉节为中心的是夔州路。那时的川陕四路包含了现在的重庆地区，不包含现在的甘孜、阿坝、凉山和攀枝花，范围主要在四川盆地。

2.5.2　王小波李顺起义

北宋初期，宋廷对四川大肆劫掠，引起四川人民多次反宋的武装斗争。993 年，西川大旱，官府赋敛急迫，逼得农民反抗，以王小波、李顺为首的百余农民在青城山起义，提出“吾疾贫富不均，今为汝均之”的口号，这是中国农民战争发展到一个历史新阶段的重要标志。后起义军攻占成都，李顺自称大蜀王，建立大蜀政权，直到 995 年才告以失败。王小波、李顺起义给予当时的封建统治者以严厉打击，推动了社会发展。王小波、李顺起义，表现了中国人民反对压迫剥削的光荣传统，是我们伟大祖国的优秀历史遗产。他们的英雄业绩永垂千古，彪炳史册。都江堰修建的北宋王小波李顺起义陈列馆是进行爱国主义和传统文化教育的重要旅游景点。

2.5.3　钓鱼城保卫战

1206 年，铁木真建立大蒙古国，此后便开始西征和南下。南下主要目的是消灭南宋。1242 年，宋理宗派遣余玠在四川组织了最激烈的抵抗。余玠为抗击蒙古大军，在嘉陵江南岸的钓鱼山上创建了山城防御体系——合川钓鱼城（今重庆市合川区）。依托这座孤城进行了长达 36 年、大小战斗 200 余次的“钓鱼城保卫战”，击伤有“上帝之鞭”之称的蒙古大汗蒙哥。蒙哥后因伤势过重而逝，钓鱼城因此被誉为“上帝折鞭处”。现钓鱼城主要景观有城门、城墙、皇宫、武道衙门、步军营、水军码头等遗址，有钓鱼台、护国寺、悬佛寺、千佛石窟、皇洞、天泉洞、飞檐洞等名胜古迹。

2.5.4 大夏政权

元朝末年，由于朝廷腐败，民不聊生，国内爆发了大规模的红巾军起义，各地纷起响应。随州（今湖北随州市）人明玉珍（1329—1366）在其家乡募集乡兵千余人，屯青陵山修筑栅栏，以御外侵。明玉珍后于 1352 年加入徐寿辉的红巾军，被授予统兵征虏大元帅。在一次战斗中，明玉珍被飞矢射中右眼，导致失明，人称他为“瞎子元帅”。明玉珍由巫峡引兵入蜀，先后克重庆、嘉定（今四川乐山），逐步占据川蜀全境。至正二十年（1360）夏，陈友谅杀徐寿辉，并自立为帝，明玉珍不服，于 1363 年在重庆称帝，国号大夏。1366 年，明玉珍病逝，其子明升年幼继位。1371 年，朱元璋派兵取蜀，明升奉表降，夏亡，四川归明朝统治。现重庆江北城洗布塘街重庆织布厂内有明玉珍墓。

2.6 明清时期

明王朝平蜀后，置四川承公布政使司，又置四川都指挥使司和提刑按察使司，合称“三司”，分掌行政、军事、司法。明朝在四川采取世袭土官的制度，让当地少数民族首领担任长官，负责管辖当地。朝廷不干涉该地的长官选拔，只负责税收和边防等事宜。土司官员们管理时间很长，势力根深蒂固，以致有些土司在当地横征暴敛、作威作福。

2.6.1 张献忠入川

明末阶级矛盾十分尖锐，社会危机十分严重。明末农民战争爆发后，张献忠于 1633 年首次率师入川。1644 年，张献忠在成都即帝位，国号“大西”。1644 年清军入关后，于 1646 年攻入四川，张献忠率军迎击，不胜，在西充县凤凰山多宝寺前太阳河畔遭清军突袭，中箭而亡，大西农民政权瓦解。

成都民间流传过一首民谣：“石牛对石鼓，银子万万五。有人识得破，买尽成都府。”传说张献忠兵败退出成都时，携带千船金银珠宝顺水南下，在四川彭山县（今彭山区）江口镇“老虎滩”一带遭到川西官僚杨展的突袭，千船金银珠宝绝大部分随船队沉落江中。还有的说法是张献忠兵败退出成都时，把“大西国”的金银财宝秘藏起来。为了将来能找到所藏之宝，便设计了石牛和石鼓作为藏宝记号，谁发现了石牛石鼓，就有可能找到“大西国”的神秘宝藏。

2017 年 1 月开始的彭山江口沉银水下考古在两个多月后取得重大进展：出水文物超过 1 万件，实证确认了“张献忠江口沉银”传说。此外，在四川省绵阳市梓潼县七曲山上，有一座文昌庙，里面供奉着张献忠的塑像。西充县凤凰山是张献忠逝世之地，此地有较多当年大西军扎营和战斗的遗址、遗迹。

2.6.2 湖广填四川

在明末清初的数十年间，四川由于战乱、瘟疫及天灾频发，境内人口锐减，耕地荒芜。万历六年(1578), 四川尚有人口三百一十万二千七十三，至清初顺治十八年(1661), 只剩下八万人（一说是五十万），于是有了清初的“湖广填四川”的举措。全国包括湖北、湖南在内的十余个省的移民相继到四川定居。据统计，这次移民的持续时间长达百年，入川人数约一百多万人，其中湖北、湖南省的人数占一半之多。而在湖北省的移民中，麻城移民又占据重要地位。

“湖广填四川”的移民运动，使移民文化与巴蜀文化发生交流与融合，从而形成新的四川文化特色。来自湖北、湖南、江西、广东、陕西的移民，因聚居地不同形成了以移民为主体的建筑风格，即众多的会馆建筑、多样的民居建筑，以及各种风貌的场镇建筑。特别是洛带古镇独具特色的会馆建筑，从不同侧面反映出客家人同一族群与不同族群之间相同与不同的诉求和特征。四川的民间信仰，也因移民文化而具有“杂供诸神”的特点，例如广东会馆又称南华宫，供奉南华六祖；江西会馆又称万寿宫，供奉许真人；湖广会馆又称禹王宫，供奉大禹；福建会馆又称天后宫，供奉天妃妈祖。四川人引以为傲的火锅，相传是当时入川的移民所带来的。因为一路上条件有限，只能将所有的食材放在一个锅里烹煮，而这就是火锅的原型。

2.6.3 四川保路风潮

“蜀道之难，难于上青天！”为了发展和壮大四川的商业和经济，四川人决定修建一条联结四川与外界的川汉铁路。1904 年，官办的川汉铁路总公司在成都成立，政府就在四川省内的老百姓中筹集到了白银 1 500 万两，约占总资金的 1/4。按当时清政府对老百姓的承诺，这条铁路将由四川人民自己管理和使用。然而，帝国主义不肯让中国自己修成铁路，就利用清政府财政困难进行要挟，迫使清政府订立了铁路借款合同，宣布了铁路干线国有政策。清政府夺路卖路的行径，激起全国公愤。湖北、广东、四川的人民也都积极行动起来拼死保路，保路运动很快发展成为声势浩大的武装起义。

清政府任命赵尔丰为四川总督，以武力弹压保路民众。赵尔丰诱捕了四川保路同志会的领导人蒲殿俊、罗纶、邓孝可、张澜等人，并下令军警开枪屠杀无辜的请愿民众，制造了骇人听闻的“成都血案”。各地同志军英勇无畏、闻风响应，起义烽火燃遍巴山蜀水。

清政府获知成都被围和四川各地同志军起义的消息后，从湖北等地调新军入川镇压，造成了武昌空虚，给武昌革命党人发动起义提供了一个绝好的机会。1911 年 10 月 10 日，武昌起义成功，各省相继公布独立。声势浩大、规模壮阔的保路运动，沉重地打击了清王朝及帝国主义在中国的统治，直接导致了辛亥革命的爆发。孙中山曾高度评价四川人民在辛亥革命中的历史功绩，他说：“若没有四川保路同志会的起义，武昌革命或者要迟一年半载的。”被朱德誉为“排山倒海人民力，引起中华革命先”的四川保路运动是辛亥革命时期最突出的历史事件之一，它为武昌起义的爆发创造了条件，提供了机遇。

为了纪念在保路运动中牺牲的四川志士和民众，张澜、颜楷等提议建碑纪念殉难烈士。1913 年，成都人民公园内修建了一座辛亥秋保路死事纪念碑。纪念碑样式继承了我国碑塔建筑的民族传统，仿照北京白云寺塔与山西凌云寺塔的造型，同时参照国外建筑的艺术和特点，构图庄严，自然大方。碑由碑台、碑座、碑身、碑帽四部分组成，碑高 31.86 米，为方形砖石结构，碑座四面有机车、路轨等浮雕图案。碑身每面均嵌有辛亥保路死事纪念碑的阴刻碑文，字径二尺许，字体各异，由当时书法家赵熙、颜楷、吴之英、张学潮书写。1988 年经国务院批准，保路纪念碑被列为“全国重点文物保护单位”。

3 四川三国旅游文化

三国文化是中华文明在全世界宣传最持久、影响最深远、普及最广泛、最能为各国人民接受的分支文化之一。四川是三国历史文物最多的省份之一，成都是三国时期蜀汉的都城所在地，是三国文化圣地。本章主要介绍四川三国旅游文化特点，四川三国文化的分布及成都武侯祠、陈寿万卷楼旅游文化等方面的基本知识，以加深学生对四川三国旅游文化的认识。

导游证网课

3.1 三国文化概念

从 220 年曹丕称帝到 280 年吴国灭亡，三国历史前后不过 60 年。三国之中，蜀汉面积最小、国力最弱、历史最短，从刘备建都到蜀后主刘禅投降才短短 42 年。但由于诸葛亮是三国文化中最著名的代表人物，蜀汉文化是整个三国文化的叙事中心，因此四川在三国文化中居于核心地位。1991 年 11 月，在成都召开的首届“三国文化国际学术讨论会”上，学术界正式提出“三国文化”概念，认为“三国文化”是以《三国志》记载的三国历史为源头，以《三国演义》为主流，以两者衍生出的融史学、文学、戏曲、艺术、现代影视为一体的各种综合性文化现象。目前，国内与三国文化有关的名胜古迹有 500 多处，主要分布在四川、陕西、河南、湖北等地，目前已开发的三国旅游景点有 70 多个。

3.2 四川三国旅游文化资源特点

3.2.1 四川是三国文化的发源地

三国时，刘备占据四川称帝，史称“蜀汉”。四川是三国文化的发源地，在三国文化中享有特殊的地位。《三国志》的作者陈寿是巴西郡安汉县（今四川南充）人，而《三国志》是三国文化的重要源头。陈寿历经 10 年艰辛，最终完成了记载魏、蜀、吴三国鼎立时期历史的纪传体史学巨著《三国志》。到南朝时，宋文帝认为晋代陈寿撰修的《三国志》内容太过简略，诏令历史学家裴松之作注。到元末明初，小说家罗贯中以陈寿的《三国志》与裴松之的注作为最重要的依据创作了小说《三国演义》。正是因为先有陈寿的《三国志》，才有裴松之的《三国志注》，罗贯中在《三国志》和《三国志注》的基础上，创作了《三国演义》。因此《三国志》为《三国演义》奠定了基础，是三国文化的重要源头。

3.2.2 四川是三国旅游文化资源的聚集地

古今史学家认为，在魏、蜀、吴三国中，蜀国是治理得最好的。刘备、诸葛亮及其继任者蒋琬、费祎给蜀地带来过短暂的安宁和繁荣，蜀地百姓尊敬他们，乐于为他们修祠建庙。此外，四川省是蜀汉的主要行政区域，成都是蜀汉的首都和政治、经济、文化中心，蜀汉丞相诸葛亮在四川建功立业。从历史记载和目前的文物保护单位数字来看，与其他各省相比，四川现存三国遗迹数量近 100 处，是最多的。四川是全国三国文化的中心地区，也是三国旅游文化资源最丰富、知名度最高、开发价值最大的地区。其中，成都武侯祠、剑门蜀道、阆中张桓侯祠、梓潼七曲山大庙、德阳庞统祠墓、芦山县平襄楼等为全国重点文物保护单位。

3.2.3 四川三国旅游文化资源独特性强

成都武侯祠是全国公认最具影响力的纪念诸葛亮和刘备的祠堂，是中国唯一一座君臣合祀的祠庙，是世界上影响最大的三国遗迹博物馆。武侯祠内的惠陵（刘备墓）是全国唯一的具有明确标志点的三国皇帝陵墓。剑门关以天下险著称，诸葛亮最早在剑门关设立关隘，驻军防守，使之成为“一夫当关，万夫莫开”的天下雄关。古柏蜀道（包括翠云廊、拦马墙、石洞沟、十里长廊等）是保存最完整的古蜀道遗存，是我国先秦古道至今唯一尚存的路段，是世界上罕见的人工种植最早、规模最大、保存最完好的行道树群。相传张飞任巴西太守时，在此大规模栽种柏树，人称“张飞柏”。阆中留有众多的三国文化历史遗址遗迹，阆中张桓侯祠是原址保存、建筑面积最大的张飞庙。大邑子龙庙是全国唯一的赵云墓。始建于明代的七曲山大庙的关圣殿是省内最早的关帝庙，殿内有全国唯一的金脸关公塑像。芦山平襄楼建于元代，是国内尚存的祭祀蜀汉大将姜维最古老的建筑物。雷波马湖海龙寺是全国唯一的孟获庙。这些三国旅游文化资源都具有唯一性或垄断性，其价值之高，堪称全国之冠。

3.2.4 四川三国旅游文化景点呈线状分布

四川三国旅游文化景点虽广泛分布在巴蜀大地上，但主要集中分布在成都到广元一线，该线路上，有由《三国演义》记载、民间附会和后人纪念形成的大大小小三国文化景区（点）数十个。这些景区（点）分布于 5 个市、10 余个县，从而形成“一个中心、两条线路、一条环游线”的旅游格局。“一个中心”是指以成都的西南交通枢纽和经济文化中心地位为依托，以成都武侯祠为龙头，组合万里桥、九里堤、弥牟八阵图遗迹、都江堰、大邑子龙庙等著名景点，构成四川三国旅游文化最具影响力、交通最方便、游客最多、效益最好的中心区域。在两条黄金线路中，一是以成都为起点，沿川陕公路展开的北线，途经成都、罗江、绵阳、梓潼、剑阁、广元、勉县、汉中、西安等地；二是以成都为起点，沿成渝线、长江水道展开的东线，途经云阳张飞庙、奉节白帝城、三峡、赤壁、武汉等。一条环游线是指以成南、成绵广两条高速公路为依托，连接成都、南充、广元、绵阳、德阳五大中心城市，网罗众多景点的线路。

3.2.5　四川三国旅游文化优势突出

三国文化的主旋律是英雄文化。在《三国演义》中，最光彩夺目的英雄人物形象是诸葛亮。《三国演义》共 120 回，描写了汉末至晋初这 111 年的历史。其中，诸葛亮出山之前，占 39 回，用了全书 1/3 的篇幅。诸葛亮死后写得更简略，45 年的历史，用了不到 1/7 的篇幅。而诸葛亮活动于历史舞台的 27 年，作者却写了 60 多回，用了全书一半以上的篇幅，其中又有一半的章回是专门用来写诸葛亮事迹的，在三国历史人物中，没有谁能与他相比。郑振铎在《三国志演义的演化》中说："一部《三国志通俗演义》虽说是叙述三国故事，其实只是一部'诸葛孔明传记'。"从全国三国旅游文化现状来看，三国英雄特别是蜀汉英雄是三国旅游文化的亮点。例如，河北涿州市和正定县打刘备、张飞、赵云故乡牌和"桃园结义"牌；山西运城打关羽故乡牌；山东沂南县打诸葛亮故乡牌；湖北襄樊打诸葛亮躬耕地牌；甘肃打诸葛亮"六出祁山"牌；陕西汉中、岐山，打诸葛亮北伐牌；浙江兰溪打诸葛亮后裔牌等，其中很多都与诸葛亮有关。而四川开展三国旅游文化的最大特色和突出优势也在诸葛亮。虽然诸葛亮故乡在山东沂南，诸葛亮躬耕的地方和刘备三顾茅庐的地方在河南南阳，出山从政在湖北襄樊，逝世后安葬在陕西勉县定军山，但他一生最伟大的功业则建立在四川。许多人不知道诸葛亮的出生地、躬耕地和埋葬地，但却知道他建功立业之地，知道祭祀他的成都武侯祠。可以说，在三国文化内涵的厚重精神和影响力方面，全国任何一个地方都无法与四川相比，任何一个城市都无法与成都相比。

3.2.6　四川三国旅游文化资源综合性强

四川不仅有丰富的三国文化古遗址、古建筑、古墓葬等物质文化，还有不计其数的三国民间艺术形式，包括戏曲、民间故事、谚语等非物质文化。四川广泛流传着许多关于三国的妇孺皆知的俗语、耳熟能详的故事、鲜活多彩的人物、令人叹为观止的谋略、脍炙人口的诗文。尤其是三国文化和川剧联系紧密，三国故事是川剧极为热衷的题材。

长期以来，三国戏一直是川剧的重要组成部分，在川剧中，三国戏的总数有150出之多。此外，四川三国文化遗迹与自然生态组合良好，适宜打造文化和自然相结合的复合型旅游产品。如剑门蜀道融三国文化、蜀道文化、关隘文化、红色文化、自然奇观（天下雄关）和生态景观（翠云廊）为一体；七曲山景区既有诸葛屯兵、张飞植柏等30多处三国遗迹，又有被誉为天然氧吧的万顷纯古柏等；雷波县既有全国唯一的孟获庙，又有丰富的动植物资源和溶洞奇观；唐家河自然保护区既有邓艾偷渡阴平的历史，又有优良的生态环境。因此，四川三国旅游文化资源综合性极强。

3.3 四川三国旅游文化资源分布

四川是全国三国文化的中心地区，也是三国旅游文化资源最丰富、知名度最高、开发价值最大的地区，形成了以"以成都为中心的六大地区"的三国旅游文化空间格局。这六大地区如下所述。

3.3.1 成都地区

成都是蜀汉政权的首都和蜀汉三国文化中心地，在三国历史上占有重要的地位。自蜀汉以降，由于诸葛亮和三国英雄人物在成都人民心目中所具有的特殊地位和产生的深刻影响，三国文化的积淀在成都地区特别丰厚。"三国文化"是成都历史文化的闪光点，成都是海内外公认的"三国圣地"。如成都的武侯祠和西侧的刘备陵（又称惠陵），武侯祠是中国唯一的一座君臣合祭的祠堂，是蜀汉文物古迹保存最集中、最完整的旅游景点，是蜀汉三国文化的代表；诸葛亮为推演兵法、演习布阵留下的八阵图遗迹，即位于今天青白江区弥牟镇西南；在成都还有许多其他的三国文化遗迹，如与关羽相关的衣冠庙、衣冠墓和关帝庙；与蜀汉名将赵云相关的大邑子龙庙、赵云墓；诸葛亮"结好孙权"的万里桥；"诸葛亮筑堤九里捍之"的九里堤；新都的马超墓。都江堰也与三国文化密切相关，诸葛亮多次派人维修都江堰。总之，历经半个世纪的蜀汉政权给成都人民留下了不可磨灭的印象。后人为了缅怀他们的丰功伟绩，追思他们的高风亮节，前前后后修建了不少相关的墓、祠，留存下许许多多的三国遗迹，为成都这座悠久的历史文化名城增添了丰富的文化景观。

3.3.2 德阳地区

德阳是三国文化的一个重要节点，三国文化是德阳旅游文化的一个重要组成部分。德阳白马关曾是秦入蜀的最后一道关卡，出则可以望天下，入则可称霸一方。对刘备的蜀汉政权而言，军事和政治地位也非常重要。三国许多历史事件都发生在白马关。《三国演义》中，司马徽曾对刘备说："伏龙、凤雏，两人得一，可安天下。"刘备虽同时拥有诸葛亮、庞统两人，天下却是三分归晋，终属司马，这与庞统的英年早逝有很大关系。214 年，庞统在落凤坡中流矢而逝，至今留有庞统墓、庞统祠。庞统祠内的龙凤二师殿，是全国唯一一个同殿共祀诸葛亮和庞统的地方。而庞统塑像前的传世名联"造物忌多才，龙凤岂容归一主；先生如不死，江山未必竟三分"，说明了庞统在三国历史上的重要性。德阳有现存世界上最早的国家级道路，连接南北走廊的交通大干道——金牛古道，有残存昔日辉煌的点将台、换马沟、八卦古战场、五丁谷等三国遗迹，它们共同构成了德阳三国蜀汉旅游文化中美不胜收的历史长廊。除此以外，德阳境内，绵竹的诸葛双忠祠，广汉的古雒城、张任墓等，与成都的武侯祠、广元的剑门关，形成了三国文化不可分割的部分，见证了蜀汉五十年的兴亡。

3.3.3 绵阳地区

绵阳，古称"涪县"，曾经对刘备建立蜀汉政权起到了至关重要的作用。211 年，当刘备与刘璋"涪城会"时，在山顶欢宴时曾发出"富哉，今日之乐乎"的感叹，而留下了富乐山、富乐堂等三国遗迹。到蜀汉中期，蒋琬停止北伐，从汉中移屯涪县，以此为攻防大本营，后来让贤费祎，直到病逝；蜀汉晚期姜维在涪城投降，这一系列事件都留下了大量的历史文化遗存。如绵阳西山的蒋琬祠墓。邓艾走阴平道伐蜀，一路上在平武、江油也曾留下大量的遗存。而在绵阳梓潼，有关蜀汉的遗迹就多达 35 处，绝大部分都分布在梓潼城西以卧龙镇为中心的紫云道、城中以水观音为中心的剑门蜀道和城东以御马岗为中心的龙台古道这三条古道上。

3.3.4 广元地区

广元位于川陕甘三省交界之处，是进出四川的必经之路，李白路过此地时曾留下"蜀道难，难于上青天"的千古名句，为兵家必争之地。广元独特的地理位置，决定了它在三国文化中有着十分重要的地位。三国时期，刘备势力、成都刘璋政权、汉中张鲁政权乃至后来的魏国、蜀国，在此多有交战攻伐之事。广元不仅是三国魏蜀争战的主战场和诸葛亮六出祁山的主要通道，而且是蜀国的发祥地和灭亡地，留下了140余处三国遗迹，成为三国文化汇聚之地。如姜维城、钟会故垒、关索城、姜维墓、姜维祠、费祎墓、邓艾父子墓、鲍三娘墓、翠云廊、张飞庙、关羽庙、武侯祠、筹笔驿、明月峡、战胜坝、葭萌关、天雄关、白水关、石门关、北雄关、摩天岭、孔明碑等。而剑门关、明月峡、昭化古城、摩天岭、翠云廊、牛头山等均是广元独具特色的旅游资源，且均分布于统称古蜀道的金牛道、阴平道、米仓道上。而剑门关景区、昭化古城景区是广元三国文化遗址遗迹最集中、最精华的所在。

3.3.5 南充地区

从历史文化角度来看，南充是《三国志》的诞生地，是三国文化的源头和发祥地，被联合国定为世界三国文化研讨会的永久会址。其中，西山万卷楼培育了我国西晋时期的著名史学家、《三国志》的作者陈寿。此外，刘备在平定益州后，派蜀汉名将张飞镇守阆中7年之久，转战驰骋，最后魂归阆中，留下传说佳话无数，造就了阆中独特而丰富的三国文化。诸如张飞庙、桓侯祠、立马铭、谯周墓、王平墓、严颜寺、瓦口关古战场等，为南充独有的旅游资源。

3.3.6 其他地区

阿坝藏族羌族自治州理县的三国遗迹有姜维关、千年黄土碉等。攀西地区有诸葛亮五月渡泸处、泸州武侯祠、资中武庙、自贡桓侯宫、芦山县姜庆楼等。

3.4 成都武侯祠

成都武侯祠位于四川省成都市区的南部，是中国唯一的一座君臣合祀祠庙。在建筑上，整个武侯祠掩映在森森翠柏中，殿宇坐北向南，大门、二门、刘备殿、过厅、武侯祠五重建筑严格排列在从南到北的一条中轴线上。其中，刘备殿最高，建筑最为雄伟壮丽。其西是惠陵陵园和“三国文化陈列室”等。1961 年，成都武侯祠被国务院公布为全国第一批重点文物保护单位，后被评为国家一级博物馆。成都武侯祠是全国历史最悠久、影响最大的三国遗迹和三国文化的集中展示地，享有“三国圣地”之美誉。

3.4.1 大 门

武侯祠大门匾额为“汉昭烈庙”，因为蜀汉国号“汉”，刘备死后谥“昭烈皇帝”，故其庙名为“汉昭烈庙”。蜀后主刘禅在位 40 年，按当时礼制，每年都要率大臣们到昭烈庙祭祀。

汉昭烈庙旁书“武侯祠博物馆”，人们习惯称“汉昭烈庙”为“武侯祠”。民国时期，邹鲁先生曾赋诗刻石于武侯祠内，说明了刘备庙被人们称为“武侯祠”，是因为丞相诸葛亮治军治政，建立了巨大的功勋，他也因此受到人民群众的敬仰。刘备虽贵为皇帝，却沾了丞相诸葛亮的光。该诗曰：“门额大书昭烈庙，世人都道武侯祠。由来名位输勋业，丞相功高百代思。”1961 年，国家公布第一批全国重点文物保护单位名称时，专家们也顺应民意，没有使用“惠陵”或“汉昭烈庙”的名称，而是定名为“武侯祠”。1964 年，陈毅元帅参观武侯祠，也敏锐地观察到武侯祠名实之间的矛盾。他题词说：“少时读《三国志》及杜诗，仰慕诸葛孔明之为人，稍长就学成都，游武侯祠，则昭烈墓在其侧。人们仰慕孔明反胜昭烈，其故何也？余意孔明治蜀，留有遗爱，千秋公论，不随时俯仰。其余若人不能自立，欲依附光泽以自显，其速朽必矣。”

大门到二门道路的两侧，立有六通高大的石碑。其中有两通分别刻建于唐代和明代，另四通为清代刻建。其中，最负盛名的是唐碑，此碑本名“蜀丞相诸葛武侯祠堂碑”，高 3.67 米，宽 95 厘米，厚 25 厘米，全称为“蜀汉丞相诸葛武侯祠堂碑”，为唐宪宗元和四年（809），剑南西川节度使武元衡率其僚属 27 人，来武侯祠祭拜诸葛亮后所刻建。碑文分为序和铭。在序文中，裴度驳斥了西晋陈寿关于诸葛亮“奇谋为短”的评价和北魏崔浩对诸葛亮未能成功的责难，表达了自己的倾慕之情。铭文开始概述了诸葛亮的不朽业绩，把他和历史上著名的伊尹、姜尚、萧何、张良等名臣相提并论，并说诸葛亮兼有这些历史名相之长，高度赞扬他为一代宗臣。并以“蜀国之风，蜀人之心，锦江清波，玉垒峻岭，入海际天，知公德音”作结语，言诸葛公的德行如高山流水，留存于天地之间，留存于蜀地百姓心中。由于此碑由唐朝著名宰相裴度撰碑文，书法家柳公权之兄柳公绰书写，文章、书法绝妙，出自名家，后世给予了极高的评价，被称颂的诸葛亮的文治武功又盖世超群，所以，此碑被称为“三绝”碑。关于“三绝”之说，最早由明代四川巡按、监察御史华荣提出。明弘治十年（1497），他在碑面题跋中说：“人因文而显，文因字而显，然则武侯之功德，裴、柳之文字，其相与垂于不朽也。”赞美诸葛亮功绩和裴文柳书并称“三绝”。道光九年（1829），华阳举人潘时彤纂修《昭烈忠侯陵庙志》，谓文章、书法、刻技均精美。后人合二说为一，又产“四绝”之说。明碑全称为“诸葛武侯祠堂碑记”，立于明嘉靖二十六年（1547），由四川巡抚张时彻撰文，着重介绍了祠庙的历史沿革。清碑记载了祠庙重建和维修的情况。

3.4.2 二　门

在二门处有块由清朝人吴英写的“明良千古”匾额。其中的“明”就写成“明”。据说是由于清代大兴文字狱，文人们担心惹祸，在许多场合都不敢直书大明王朝中的“明”，但又不能绕过此字，于是把“日”易为“目”。另一种说法是用“目”代替“日”是一种智慧，代表的是一双慧眼。“明”是明君刘备，“良”是指良臣诸葛亮。这个目字旁，暗喻刘备的英明非同一般，他是慧眼识人，觅得诸葛亮助他建立了蜀汉政权。“明良千古”意指明君慧眼识良臣，良臣伴明君，两人的功绩千古流芳。

二门墙后面是诸葛亮《出师表》刻石。前《出师表》是诸葛亮于227年率军北伐前，写给后主刘禅的奏章，表中写道“亲贤臣，远小人”，向后主刘禅推介了董允、向宠等一批德才兼备的将吏，并表达自己要为兴复汉室竭忠尽智、至死不渝的决心。后《出师表》则是诸葛亮北伐曹魏在街亭失利后，又一次上疏刘禅的奏章，流传千古的名句“鞠躬尽瘁，死而后已”便出自其中。前后《出师表》言辞恳切，感情真挚，表现了诸葛亮力挽狂澜、苦心支持、矢志不渝的大智大忠，所以自古便有“读《出师表》不落泪者不忠”之说。此石刻的落款，是以精忠报国闻名的南宋将领岳飞的手迹。但据专家考证，这并非岳飞真迹，而是明人白麟（约1465—1505）假托其名所作。

3.4.3 刘备殿

二门之后的刘备殿为单檐歇山式建筑，体量高大宽敞，体现了封建社会皇权的等级。

殿前的三足铜鼎为明代铸造，连耳通高 1.33 米，鼎重达千斤。三足铁鼎象征历史上的三国鼎立，鼎上游龙则象征了蜀汉开国皇帝刘备。刘备殿有“业绍高光”匾额，“业”指汉室的统一大业，“绍”是继承，超越，“高”指汉高祖刘邦，“光”是东汉的第一个皇帝光武帝刘秀。此二帝，一位是汉朝的开国之君，另一位是力挽狂澜，实现汉朝中兴的帝王。“业绍高光”赞誉刘备不仅继承了汉高祖刘邦和光武帝刘秀的事业，而且还将他们发扬光大了。正中供奉 3 米高的蜀汉皇帝刘备的贴金泥塑坐像，是整个武侯祠中最大的塑像。

刘备殿东西偏殿供奉着大将关羽、张飞等人。殿侧两廊各有文臣武将如赵云、马超、费祎、庞统等彩绘泥塑坐像 28 尊。东廊的文臣以庞统居首，庞统博见多闻，甚有韬略，多出奇计，与诸葛亮齐名，人称“凤雏”。刘备得荆州后，以庞统为谋士，其与诸葛亮同任军师中郎将。后刘备入蜀，采其议，进兵成都。建安十九年（214）攻雒城，庞统中流矢而死。可惜英年早逝，未成大功，令人叹惋。西廊领先的武将是与关羽、张飞、马超、黄忠并称为“五虎上将”的赵云。赵云字子龙，忠勇异常，刘备称他一身都是胆。武侯祠的文臣武将按照朝堂的样式布置，皇帝坐中间，文臣武将排两边，陪祀刘备，构成了一幅展示蜀汉群英共济一堂的景象。

刘备殿里有刘备之孙刘谌的塑像，缺少蜀后主刘禅塑像。原来，在宋朝以前，刘备殿里有刘禅的塑像。到宋真宗时，由于人们痛恨奸臣秦桧之流，同时，也看不起像阿斗这种无志气、无名节之辈。因为刘禅亲政后不久，便宠信宦官黄皓，残害忠良，罢黜贤人，亲近小人。263 年，邓艾兵临成都门下，刘禅不听从儿子刘谌“以死相抗”的进言，投降了曹魏，未能保全国家。在投降魏国被封为安乐公之后，刘禅竟苟且偷生、乐不思蜀，不知亡国之耻。民众认为像他这样一个昏庸无能之辈不配被后人敬奉香火，益州知事为了顺应民意，便下令拆除刘备殿内的刘禅塑像。而刘谌在其父刘禅决定投降时，曾大加劝阻，在劝阻无效之后，先将妻、子杀死，然后自杀。人们对刘谌自杀殉国、宁死不降的高尚情操敬重有加。考虑到刘备殿内只有刘备一个人的塑像，显得太过孤单，于是就增塑了刘谌的塑像，此格局一直保留到了今天。

3.4.4 武侯祠

刘备殿后，下数级台阶是一座过厅，上有“武侯祠”匾额，就是纪念诸葛亮的地方。

诸葛亮是三国时期蜀汉丞相，杰出的政治家、军事家、散文家、书法家、发明家。其代表作有《出师表》《诫子书》等。相传他曾发明木牛流马、孔明灯等，改造的诸葛连弩可一弩十矢俱发。他帮助刘备兴建帝业，形成与曹魏、孙吴三国鼎立的局面。刘备死后，又受命尽心竭力辅佐后主刘禅，为兴复汉室，六出祁山，直至病死军中，可谓“鞠躬尽瘁，死而后已”。

诸葛亮生前封“武乡侯”，死后谥“忠武侯”，因此纪念他的祠堂往往被尊称作“武侯祠”。234 年，诸葛亮在北伐讨魏中，于五丈原病逝，其遗体埋葬在定军山下。诸葛亮的离世让蜀中军民非常悲痛，人们纷纷要求为他建祠，以此纪念。在当时，除帝王外，人臣没有资格在都城成都立祠，朝廷就以“与礼不合”为由加以拒绝，但广大军民把诸葛亮敬为神，“因时节私祭于阡陌”，常在荒山野岭上焚香而祭，最终“百姓巷祭，戎夷野祀”的现象竟成了一种习俗。《三国志》载：“（蜀汉）景耀六年（263）春，诏为亮立庙于沔阳（今陕西勉县）。”即在 263 年，蜀汉朝廷为了让人们聊寄哀思，在沔阳的定军山诸葛亮墓旁建了一座小庙，该庙是全国最早建立的武侯祠。

成都武侯祠的修建时间大约是在西晋初，当时西晋司马氏政权走向衰微，李雄占领成都，在四川称王，史称“成（汉）国”。由于诸葛亮治蜀的功绩蜀人皆知，李雄为了笼络蜀人之心，更好地统治四川，在成都建了武侯祠。成都武侯祠比勉县武侯祠晚 40 年左右，它是目前全国规模最大、最著名的一座武侯祠。据《太平寰宇记》《方舆胜览》记载：“李雄称王，始为庙于少城内，桓温平蜀，城内独存孔明庙。”当时武侯祠位于成都少城内，即当时成都城内西部，并不在今天成都南边的惠陵。“城内独存孔明庙”表达了蜀人对以诸葛亮为代表的蜀汉英雄的深切怀念。

大约在 5 世纪前后，在刘备庙和刘备墓的旁边就出现了武侯祠，但当时武侯祠和刘备庙是相互独立的。至于武侯祠是从少城迁来还是新建，由于史料不详，尚不清楚。杜甫在上元元年（760）到成都南郊踏访武侯祠时，写下了著名的七律《蜀相》：“丞相祠堂何处寻，锦官城外柏森森。映阶碧草自春色，隔叶黄鹂空好音。三顾频烦天下计，两朝开济老臣心。出师未捷身先死，长使英雄泪满襟。”该诗流露出诗人对诸葛亮的崇敬和哀悼之情，同时描述了丞相祠堂的位置和景致，表明在唐朝时，成都武侯祠已成为当地一大名胜。

宋元明时期，朝廷对蜀汉英雄都非常重视，不仅大大促进了惠陵、汉昭烈庙、武侯祠祭祀活动朝正规化、官府化、全国化方向发展，同时也极大地提高了它们在全国的地位和影响力。如宋太祖开宝三年（970）的诏书中，以儒家文化为标准，把三国人物中的诸葛亮和刘备、关羽、张飞四位列入祭祀对象，表明宋朝廷认为蜀汉政权是三国正统。

宋廷的态度不仅对当时人们评议三国人物有影响，甚至对后来逐步产生的三国平话、杂剧、小说都有影响。

由宋至明的600余年里，武侯祠经历了数十次较大的维修。明洪武二十三至二十四年（1390—1391），明蜀献王朱椿到成都任蜀王，对武侯祠进行了一次大调整。据《明一统志》卷六十七“陵墓”“祠庙”说：“先主庙，在府城南二里，旧在惠陵右，附诸葛亮庙。本朝洪武初，合庙祀之。”也就是朱椿派人撤除武侯祠，将原专祭诸葛亮的塑像搬到刘备塑像的东边，将关、张塑像放在刘备的西边。但百姓反而觉得是刘备搬到诸葛亮的祠堂里了，把这里统称武侯祠。此外，这次调整实际上是以良臣伴明君，是对这对君臣“鱼水”关系的赞许，更是儒家文化中君臣关系的强烈体现。

明末时武侯祠毁于战火。到清康熙十一年（1672），在旧址上重建武侯祠，以两大殿君臣合庙的形式将武侯祠固定下来，形成三者合一的规模。为兼顾君臣礼制，体现君王尊严，以正法统，将刘备殿放在前面，诸葛亮殿居后；刘备殿基高，诸葛亮殿基低，建筑物也是前者高后者低。但为了表达人们对诸葛亮的崇敬之情，从刘备殿下来，在经过一段台阶和过厅后，诸葛亮殿宇的地基又升了上来，并在立碑记载此事时，直接称为“武侯祠”，回避了刘备庙的说法。

武侯祠匾额由原国家主席李先念亲手所书。门框上有两副对联，其中，“三顾频烦天下计，一番晤对足千秋”一联由原国家副主席董必武所写，讲的是三顾茅庐和隆中对的典故。“志见出师表，好为梁父吟”是著名文学家郭沫若先生所写，赞扬诸葛亮“鞠躬尽瘁，死而后已”的精神和志向。

诸葛殿内供祀着诸葛亮、诸葛瞻、诸葛尚祖孙三人的贴金泥塑坐像。诸葛亮羽扇纶巾，神态儒雅，颇有一代名相风度。诸葛亮一生为国为民，鞠躬尽瘁，死而后已的美德为世人所敬重，因此历朝历代都推崇他为中国古代贤相的典范，他也被视为智慧的化身。诸葛瞻在景耀四年（261）时，被任命为行都护上将军。两年后因邓艾取蜀，诸葛瞻、诸葛尚父子督军拒邓艾于绵竹关，双双英勇战死。

诸葛殿又名静远堂。“静远”是“宁静致远”的意思，语出诸葛亮54岁时写给他8岁儿子诸葛瞻的《诫子书》：“非淡泊无以明志，非宁静无以致远。”此联反映的是诸葛亮对人生的哲理思考，认为一个人须恬淡寡欲方可有明确的志向，须寂寞清静才能达到深远的境界。此联可以看作是诸葛亮训诫子孙的言语，也是诸葛亮一生立身处世的写照，意蕴深刻，充满道家哲理。

从唐代杜甫开始，历代全国著名的诗人、学者凡到蜀中都无一例外地要到武侯祠祭拜诸葛亮。此外，由于朝廷不断提倡忠君爱国，常以诸葛亮为表率，武侯祠得到全国各地人士的认可，朝廷到蜀中视察的大员、新任地方官，几乎都要到武侯祠拜祭诸葛亮。他们或写诗作画，或题匾书联，或撰文刻碑，留下了许多重要墨宝，使武侯祠逐渐成为一个神圣的文化殿堂。杜甫的《蜀相》是现存史籍中最早谈到“丞相祠堂”，即成都武侯祠的宝贵史料。

成都武侯祠诸葛亮殿正中的攻心联“能攻心则反侧自消，从古知兵非好战；不审势即宽严皆误，后来治蜀要深思”，该联一向被推为武侯祠诸联之冠。此联为清人赵藩撰并书。赵藩（1851—1927）是云南剑川县人，他十分崇拜诸葛亮，曾有过“小诸葛”的绰号。1893 年他入京候选，因得岑春煊家族资助，被清廷授官并派往四川任职，先后担任过筹饷局提调、署盐茶道、永宁道等职，并两任四川按察使。赵藩为官期间，宽严得当，清正廉洁，政声卓著。光绪二十八年（1902）春夏，四川大旱，加上洋人教堂长期横行霸道，广大人民走投无路，四川有数十州县都开展了义和拳运动。而新任四川总督岑春煊不顾当时形势，只知一味模仿诸葛亮的严刑峻法，用武力镇压农民运动，杀害农民起义领袖廖观音（廖十妹）。同时，岑春煊还大搞“一朝天子一朝臣”，大量罢免、撤换、弹劾贪赃枉法的官吏，省内官场人人自危。岑春煊把当时省府中最重要的两大财源部门交赵藩代管。但当时赵藩已隐隐感到清朝大势已去，气数将尽，并认为岑对义军、对省内旧吏都过于“严”，便利用各种机会劝谏岑。他得知岑春煊不久要陪客人游武侯祠，便精心写下了这副著名的“攻心”联，派人刊刻好后送到武侯祠诸葛亮殿悬挂。岑春煊到武侯祠见此联后，知道赵藩是借诸葛亮之事巧以言谏，虽深受警醒，并暗中采纳了赵藩的建议，但却对赵藩进行打击，将赵藩贬为边远地区的永宁道。时人有“师道何道，试看永宁道”之说，来指责学生不敬老师。

该联上联言诸葛亮用兵的主要特点是“攻心”。所谓“攻心”，即从精神上或心理上摧毁敌人，战胜敌人，并使人心服，才能有效解除敌对双方的对立情绪，从而保持长久的安定局面。诸葛亮“七擒孟获”便是中国战争史上以“攻心”取胜的典范。225 年，蜀汉丞相诸葛亮为了巩固后方，决心平定南中一带少数民族的反叛。他采纳了马谡“攻心为上，攻城为下；心战为上，兵战为下”的策略，对南中少数民族的首领孟获“七擒七纵”，从而使得孟获心悦诚服。此后孟获还担任了蜀汉的御史中丞，孟获手下的有些将领后来参加了由诸葛亮领导的北伐战争。

下联言诸葛亮“治蜀”的主要特点是“审势”，即对形势的准确把握。赵藩认为，诸葛亮在“审势”和“治蜀”方面，也为后人做出了榜样。当刘备集团入蜀之初，法正就曾劝诸葛亮要先施恩惠，放宽刑罚，以收人心。但诸葛亮通过对蜀地形势的深入分析，得出了与法正相反的结论，认为只能“威之以法”“限之以爵”，才能使人感到恩惠之不易、禄位之可贵，从而令上下有节，人人守法，达到社会安定、国家大治之目的。因此诸葛亮对蜀中反叛势力的镇压毫不手软，果断严肃地处理了一些违纪官员。结果在一番严刑峻法治理之后，不但没有发生动乱，反而出现了陈寿《三国志·蜀志·诸葛亮传》中的“吏不容奸，人怀自厉，道不拾遗，强不侵弱，风化肃然”的社会景象。

可以说，“攻心”与“审势”两者是互相联系、辩证统一的。用兵要“攻心”，理政要知人心；施政要“审势”，用兵更要深明形势，把握时机。“攻心”与“审势”既是诸葛亮用兵与施政的主要特点，也是成就他千秋功业的重要原因。正因为赵藩抓住了这两点，所以攻心联才被誉为“千年武侯祠，百年攻心对”。而诸葛亮的成功实践与赵藩的至理名言，为后人的治国治军提供了宝贵经验，直到今天仍有启迪和借鉴作用。

3.4.5 惠　陵

惠陵位于武侯祠内西侧，系蜀汉昭烈皇帝刘备的陵墓。惠陵和汉昭烈庙大概建成于蜀汉章武三年（223），位于当时蜀汉宫城的正南。因为在传统的方位观念中，南方与五色中的赤色、五行中的火为相类似的概念，这体现了以南为尊的观念，表达了蜀汉朝臣对先主的敬重，也含有借此风水宝地为蜀汉政权带来吉祥好运之意。惠陵和汉昭烈庙主要由军队修建。在修建过程中，诸葛亮曾多次率官员到现场指挥，并带头种植柏树等。一般认为，松柏常青可寄托后人对先辈的哀思，还具有避邪作用。而惠陵、武侯祠在历史上以柏树闻名，如唐雍陶《武侯祠古柏》诗中有“密叶四时同一色，高枝千岁对孤峰”，宋《成都古今记》记载：“先主庙西院即武侯庙，庙前双大柏，古峭可爱，人云诸葛手植。”

章武三年（223）四月，刘备病逝于白帝城永安宫。同年八月，葬于成都南郊惠陵。与先主同时入葬的还有甘皇后，后来入葬的还有穆皇后。按汉代的陵寝制度，有陵必建庙。《三国志·蜀志·先主传》说刘备在章武元年（221）四月称帝的同时，“置百官，立宗庙，祫祭高皇帝以下。”可见在建陵前先立有宗庙汉昭烈庙。也有人认为昭烈庙始建于南北朝的齐高帝时。《太平寰宇记》说：“先主祠在府南八里，惠陵东七十步，齐高帝梦益州有天子卤簿，诏刺史傅覃（琰）修立而卑小。”也就是说齐高帝萧道成有一天梦见益州（今成都）有天子仪仗，命令益州刺史傅覃第一次对惠陵陵园和汉昭烈庙进行了修复。这次修复改变了惠陵是皇家陵园禁地，一般人不得擅入的性质，使其成为官府承认的、对外开放的名胜古迹景点，游客可以入陵参观凭吊。

惠陵古冢高 12 米，周长 180 米，四周古木参天，修竹葱茏，红墙环绕，气象森古。唐代著名诗人李商隐的《武侯庙古柏》诗中描写道："蜀相阶前柏，龙蛇捧閟宫；荫成外江畔，老向惠陵东。"宋代爱国诗人陆游的《谒汉昭烈惠陵及诸葛公祠宇》诗中的佳句"陵边四五家，苑竹居接栋"，生动地描绘出惠陵当年古柏苍郁、千竿绕径的景象。

长期以来，有少数人认为成都惠陵是埋藏刘备弓剑的地方或"衣冠冢"，刘备和甘夫人的真墓在奉节白帝城永安宫下。史载刘备病死时是旧历四月，五月起运，八月到成都安葬，时间长达三个月。当时炎热的气候条件，不容许刘备的尸体运到成都。而武侯祠二门前的碑林中，有立于明代嘉靖二十六年（1547）的《新修诸葛忠武侯祠堂碑记》碑，碑文中说："成都府城南三里许，丘阜巍然，是曰惠陵，昭烈弓剑实藏焉！"此碑文内容完全依据宋碑。宋碑立于宋代绍兴三十年（1160），碑名《重修先主庙记》，任渊撰文，乃受命于王十朋。王十朋官职为中书舍人，宋高宗钦命其对惠陵和祠庙进行维修，并筑围墙保护。碑文接着说：王十朋"命渊记之，渊惧陋不克称，故辞，公不许，乃冒昧书其事"。但任渊没有讲弓剑墓之说的根据。

关于成都刘备墓是弓剑墓的说法，究其真实原因，可能主要是为了防止盗墓。在唐人段成式的《酉阳杂俎·尸穸》卷十三中记载了这样一个故事："近有盗发蜀先主墓，见两人张灯对棋，侍卫十余。盗惊惧拜谢。一人顾曰：'尔饮乎？'乃各饮以一杯，兼乞以玉腰带数条，命速出。盗至外，口已漆矣。带乃巨蛇气。视其穴，已如旧矣。"故事最后说，从此再也没有人敢去盗墓了。

3.4.6 三义庙

蜀汉大将关羽被尊为蜀国"五虎上将"之首。从宋朝开始，关羽被视为忠义化身，逐渐被神化，民间尊其为"关公""武财神"；道教奉其为"关圣帝君"，即人们常说的"关帝"，为道教的护法四帅之一；历代朝廷也多有褒封，清代奉其为"忠义神武灵佑仁勇威显关圣大帝"，崇为"武圣"，与"文圣"孔子齐名，人们处处立庙祭祀。其庙一般有三种：关帝庙、关岳庙、三义庙。关帝庙一般仅祭祀关羽，关岳庙合祀关羽与南宋名将岳飞，而三义庙是专祭刘备、关羽、张飞的庙宇。三义庙由拜殿、大殿和两廊组成。拜殿内东西两侧各有一大四小五通石刻画像，大者为"桃园三结义"，较小者依次为"张翼德怒鞭督邮”“云长延津诛文丑”“关云长义释曹操”“玄德进位汉中王”；西侧南最大者为“三英战吕布”，其余依次为“关云长刮骨疗毒”“关云长单刀赴会”“玄德智娶孙夫人”“张翼德义释严颜”。正殿有刘备、关羽、张飞塑像，三人皆为布衣打扮，是《三国演义》中三人结义时的形象。

3.4.7 结义楼

结义楼是根据刘备、关羽、张飞涿州桃园三结义的故事而建。《三国演义》中写道，汉灵帝中平元年（184），黄巾起义爆发后，刘备在同一天先后认识了张飞、关羽两位豪杰。三人彼此相见恨晚，意气相投，言行相依，于是三人便举酒结义，对天盟誓，有苦同受，有难同当，有福同享，不求同年同月同日生，只愿同年同月同日死。这便是《三国演义》中著名的“桃园结义”。虽然人们把“桃园结义”视为义结金兰的榜样，但历史上三人并没有结义。主要理由有二：一是《三国志》《资治通鉴》等正史从未提及此事；二是三人年龄大小，顺序排列应是关刘张，而不是刘关张。因此，三人结义实际上是《三国演义》的作者罗贯中根据民间传说以及小说情节内容需要而编造出来的。

结义楼是一座两层的仿古建筑，由前楼、戏楼以及东、西廊房组成，是西南地区最大的仿古戏院。结义楼是一个大四合院，天井中摆满了竹椅茶几，尽头是一座高大的戏台，俗称“万年台”，平时常有精彩的京剧、川剧、曲艺、杂技和音乐演出。

3.5 陈寿与万卷楼

3.5.1 陈寿概况

《三国志》的作者陈寿，字承祚，安汉人（今四川南充人），旧居在城西。幼时在金泉山读书，后入太学师从蜀汉地区著名的儒学大师和史学家谯周。谯周对于古史深有研究，曾撰写专为《史记》纠谬的《古史考》。在谯周的熏陶和教育下，陈寿精读《尚书》《春秋》三传、《史记》《汉书》等古史，对史书的体裁和编纂方法有过深入的研究，十分留意收集蜀国的历史资料。由于谯周在蜀后主时期曾任中散大夫、光禄大夫，陈寿作为他的学生，出仕后曾任姜维的主簿，后任东观秘书郎和黄门散骑侍郎。他为官清正廉洁，从不随意弹劾官吏，也不为家人争取功劳或谋求好处。由于陈寿为人正派，不肯依附蜀后主的亲信、宦官黄皓，因此屡遭贬黜。

263 年，蜀汉灭亡后，他回安汉老家隐居。司空张华爱惜他的才华，推荐他做了孝廉，出任辅助著作郎，补任阳平县令。后来，陈寿编了一部《蜀相诸葛亮集》献给朝廷。晋武帝司马炎见了，任命他为著作郎，兼任本郡中正。他大致在晋武帝泰始四年至太康十年（268—289）的 20 多年的时间里，撰写完成了《三国志》65 卷，记录了汉末至晋初近百年间，魏、蜀、吴三国鼎立，最终由分裂走向统一的历史全貌。

由于陈寿写《三国志》时是晋臣，晋承魏而王天下，故在《三国志》中，陈寿尊魏为正统。在《魏书》中为曹操写本纪，而《蜀书》和《吴书》则只有传，没有纪，表明史书在一定程度上是为政治服务的。此外，陈寿虽然在名义上尊魏为正统，实际上却是以魏、蜀、吴三国各自成书，如实记录三国鼎立的局势，表明魏、蜀、吴三国各自为政，互不统属，地位是相同的。此外，陈寿写《三国志》时，因之前的蜀汉政权没有设置史官，存在搜集史料不足的问题，因此叙事较为简略。南朝宋文帝便下诏命裴松之为《三国志》作注。裴松之对原书的史实加以增订、考订，引证书籍多达二百二十多种，文字综述超出正文的三倍，开创注史的新体例。史学家甚至认为裴注的价值在一定程度上超过原书本身。

张华慕陈寿才华，推举其做中书郎，但因权臣憎恶张华，因而讨厌陈寿，指使吏部让陈寿去做长广太守。陈寿说老母年事已高，未去就职。后因杜预在皇帝面前举荐陈寿，朝廷任命其为御史治书，陈寿又以老母年事已高为由而推辞。陈母临终前，留下遗言让陈寿将她葬于洛阳。陈寿遵从母亲遗愿而行，却又因为未将母亲归葬故里而获罪罢官。过了几年，陈寿被启用为太子中庶子，仍未就职，后死于洛阳，享年 65 岁。

陈寿的《三国志》被誉为“良史”，它与《史记》《汉书》《后汉书》并称“前四史”。《华阳国志》作者常璩曾说：“及晋，谯侯（指谯周）修文于前，陈君（指陈寿）焕炳于后，并迁双固……”盛誉谯周、陈寿可与司马迁、班固媲美。唐代追封陈寿为“昭德文惠侯”。封文中说：“昔在晋室，尝为史官。三国鼎分，赖尔纪次，文亚班马，学者所宗。”有人说：“有了南充陈寿，才有《三国志》，有了《三国志》，才有罗贯中的《三国演义》，有了《三国演义》，才有丰富多彩的三国文化。”

3.5.2 万卷楼

陈寿除著有《三国志》外，还著有《古国志》《益都耆旧传》《官司论》《诸葛氏集》

等 10 余部书。由于他著述多，收藏的书也多，因此人们将他的藏书阁称为“万卷楼”，以示陈寿“读书破万卷，下笔如有神”之意。

南充万卷楼始建于唐，原在南充城西果山脚金泉山左侧长岩下，是陈寿幼时读书的地方。原楼为倚岩而建的三重楼，第一层石壁上镌刻历代文人题咏；第二层珍藏有关陈寿的文物书籍；第三层供奉陈寿塑像。在唐朝时还增建有甘露寺。原楼后被毁，现仅存部分石刻和楼前大榕树 1 株。

万卷楼于 1999 年重建，位于南充市西郊玉屏山公园内，为规模宏大的仿古建筑。分前楼、中楼、后楼三部分，依地势逐级抬升，建于山坡上，极具气势。主楼两侧有廊轩相连，其间镌刻有画像，分置有匾额、楹联。楼内陈列有陈寿生平、家谱、著作，以及《三国志》的编撰过程和后人研究成果。另有《三国志》和《三国演义》的各种版本及相关出版物，内容十分丰富，具有深厚的文化内涵。万卷楼展厅内壁上还绘有以《三国演义》故事为题材的壁画，以及陈寿塑像等。2002 年，南充市西山风景管理局又在玉屏山万卷楼脚下重建了陈寿旧居，与万卷楼一道供游人瞻仰。

4 四川红色旅游文化

四川是红军长征经过地区最广、时间最长的省份。川陕苏区是红四方面军创建的全国第二大革命根据地。四川是邓小平、朱德、陈毅等伟人的故里，红色旅游文化遗址和遗迹丰富，文化内涵深厚。本章主要介绍四川红色旅游文化资源特点，四川红色旅游资源中的长征丰碑、川陕苏区和伟人故里三大主体，以及红军长征纪念碑和邓小平故里旅游文化情况，以加深学生对四川红色旅游文化的认识。

导游证网课

4.1 四川红色旅游文化资源特点

4.1.1 数量庞大，类型多样

四川是红色旅游资源大省，红色旅游文化资源数量庞大，类型多样。据统计，四川省现有红色旅游景点 120 多个，其中，被列入国家第一批红色旅游景点的有 23 个，全国爱国主义教育示范基地 19 个，省级爱国主义教育基地 101 个。在《全国红色旅游发展规划纲要》里，全国 12 个“重点红色旅游区”，四川有 2 个，占全国的 16.7%；全国 30 条“红色旅游精品线路”，四川有 5 个，占全国的 16.7%；全国 100 个“红色旅游经典景区”，四川有 5 处，占全国的 5%。四川红色旅游资源中，既有众多重要的红色遗址和遗迹，如红军强渡大渡河纪念地、彝海结盟遗址、川陕苏区烈士陵园、红军血战剑门关等；又有朱德、邓小平、陈毅、郭沫若等老一辈无产阶级革命家和杨闇公、李硕勋、张思德、刘伯坚、江竹筠、赵一曼、黄继光、邱少云等革命先烈故居、旧居、活动地和纪念堂等；更有强渡嘉陵江战役、巧渡金沙江、飞夺泸定桥、包座战役、激战腊子口战役、万源保卫战等重要战役、战斗遗址和巴中川陕苏区将帅碑林革命烈士陵园等。除了红军长征时期丰富的遗址遗迹以外，还有小叶丹借道、华鉴山游击队威震敌胆、双枪老太婆机智勇敢等神奇故事。此外，还有杨锐、刘光第、彭家珍、喻培伦、吴玉章、晏阳初、吴虞等近代名人故居、纪念地以及辛亥秋保路死事纪念碑、成都十二桥烈士纪念地、“努力餐”地下党基地等革命遗迹。

4.1.2 分布集中，品牌突出

据初步统计，四川省重要红色旅游景区（点）分布在全省 80%以上的市、州，形成了“一线两区”的分布格局。“一线”指中央红军长征经过四川境内的路线，主要在四川西部与南部的广大区域内，包括泸州、凉山、甘孜、雅安、阿坝等市、州所辖的若干市县，呈现出由南向北纵向延伸的分布态势。“两区”指位于川东的伟人故里和川东北的川陕苏区。伟人故里主要分布在广安、南充、资阳等地，串联成以邓小平故里—朱德故居—陈毅故居为核心内容的“伟人故里”金三角，这一片神奇土地，既孕育了一大批对革命做出巨大贡献的老一辈无产阶级革命家，也是张思德、黄继光、赵一曼等革命先烈和英雄的故乡。据统计，1955—1956 年，被授予中华人民共和国元帅，中国人民解放军大将、上将、中将、少将军衔的四川籍人物，共有 99 位。其中，元帅 4 位（朱德、刘伯承、陈毅、聂荣臻），占十大元帅的 40%。川陕苏区位于巴中、广元、达州的广大区域，形成以川陕苏区首府所在地——巴中为中心，达州、广元为两翼的全国第二大苏区，仅次于江西和福建的中央苏区。“一线两区”的分布格局集中体现了四川省“长征丰碑、伟人故里、川陕苏区”三大红色旅游品牌。

4.1.3 感染力强，独特性强

四川是红军长征中历时最长、途经地域最广、所处环境最艰险、创造战绩最辉煌、留下足迹最多、建立革命政权最多的省份。红军长征在四川留下的长征精神以及老一辈革命家们的丰功伟绩，对旅游者有很强的感染力。与长征途经的其他省份相比，四川的红色旅游资源表现出其独特的魅力，拥有其他省份所没有的独特的红色旅游资源，如松潘川主寺红军长征纪念碑碑园，达州中国红色第一街——列宁街和中国红色第一联——“斧头劈开新世界，镰刀割断旧乾坤”，巴中有川陕苏区将帅碑林、全国最大的石刻标语“赤化全川”“平分土地”和红军自己建造的最大的巴中王坪烈士陵园，广安有双枪老太婆石刻浮雕群等。

4.1.4 组合好，吸引力强

红军长征时所经过的川南、攀西、甘孜、阿坝、川东等地，有灿烂的红色革命文化、深厚的历史文化沉淀、丰富的自然生态景观、独特的地域文化和绚烂的民俗风情。该区域是四川少数民族集聚地，有浓厚独特的民俗风情，还是大熊猫的原生态栖息地，是四川旅游资源的富集区域。这些区域的红色旅游资源与壮美的自然景观、丰富的自然生态资源和独特的民族文化资源相伴相生，“红色旅游”与“绿色旅游”“古色旅游”有机结合起来。如九寨沟、黄龙、若尔盖大草原、彝海、夹金山、黄荆原始森林、北龛摩崖造像等，都属于融红色、绿色和古色于一体的旅游区；金沙江—彝海片区融长征文化、彝族风情及阳光生态于一体；雪山草地片区融自然风光和藏羌民族风情为一体。除此之外，在“伟人故里”和“川陕苏区”的中心区域，丰富的红色文化融入华蓥山、剑门关、阆中古城等著名旅游景区，与三国文化、古蜀文化交相辉映，进一步增强了四川的红色旅游资源的吸引力。

4.2 四川红色旅游文化三大主体

4.2.1 长征旅游文化概况

长征是指在 1934—1936 年，中国工农红军从长江南北各革命根据地向陕甘革命根据地的大规模战略转移。长征始于 1934 年 10 月 10 日，以中央红军（红一方面军）由江西瑞金等地出发为标志，终于 1936 年 10 月，以红二方面军和红四方面军到达甘肃会宁与红一方面军会师为标志。震惊世界的二万五千里长征，创造了前无古人的人间奇迹，谱写了惊天动地的壮丽史诗。毛泽东同志曾就长征做过精辟的总结："长征是宣言书，长征是宣传队，长征是播种机。长征是以我们胜利、敌人失败而告终。"长征的伟大胜利，使中国革命转危为安，为国家的独立、民族的解放奠定了基础。

在历时两年的红军长征中，红军共经过闽、赣、粤、湘、桂、黔、川、滇、甘、宁、青、陕、鄂、豫等 14 个省（自治区），但四川是红军整个长征史诗中最光辉灿烂的篇章。从 1935 年 1 月 29 日中央红军一渡赤水入川，到 1936 年 8 月 7 日红军二、六军团与四方面军会师后出川为止，创造了很多红军长征之最。红军长征在四川战斗生活时间最长，前后达一年零八个月。在四川经过的地域最广，途经近 70 个县，加上川陕和湘鄂川黔革命根据地的川属各县，共 100 多个县。经历的自然环境最险恶，最高的山、最急的川、最险的关大都集中于四川，如途经的金沙江、大渡河、雪山、松潘大草地等都是非常艰险的地方。在四川发生的敌我战斗也最惨烈、付出的代价也最大。1936 年 9 月 26 日，周恩来对美国记者埃德加·斯诺说："红军在长征途中最大的损失，是在途经四川的路上。"红军入川的最大兵力为 12 万人，出川时只剩下约 6 万人。红军在四川建立革命政权最多，共建立省级以上苏维埃政府 5 个，县级苏维埃政府 37 个。红军在四川占领的县城最多，先后占领了 33 座县城。此外，四川是三支主力红军先后会师的地方，如 1935 年 6 月的懋功会师和 1936 年 7 月初的甘孜会师。党中央还在四川召开了会理会议、两河口会议、芦花会议、沙窝会议、毛儿盖会议、巴西会议等一系列重要会议。总之，红军在四川留下了许多重要遗迹、重大事件和传奇故事。

1. 四渡赤水

1935 年 1 月遵义会议后，为避开蒋介石几十万兵力的进攻，红军主力分三路从贵州的猿猴场（今元厚）、土城等六个渡口四渡赤水河，主力红军向西北方向的金沙江疾进，完全跳出了敌军的重重包围，中央红军取得了长征以来最大的一次胜利。其间，中央红军（红一方面军）曾两次渡过赤水河进入川南。第一次是在土城之战失利后，1935年1月29日凌晨，红军从土城地区一渡赤水河进入川南，接着又挥师云南威信县扎西地区。第二次是1935年3月16日至17日三渡赤水河，重新进入川南地区，后又转进贵州。四渡赤水，历时72天，其中在古蔺县境内辗转达54天。

四渡赤水中，毛泽东以机动灵活的高超军事指挥艺术，指挥中央红军与10倍于己的国民党军进行周旋，穿插迂回于国民党军重兵集团之间，纵横驰骋于川滇黔地区，巧妙地牵制、调动、打击国民党军，使国民党军疲于奔命。蒋介石哀叹："这是国军追击以来的奇耻大辱。"

被誉为"毛泽东军事指挥生涯得意之笔"的四渡赤水战役，留下了众多红色文化遗迹遗址和纪念地。1958年，太平渡荣盛通盐号建有"红军长征纪念馆"。1975年，太平镇建立了赤水河上唯一一个"中国工农红军长征四渡赤水陈列馆"和纪念碑，修建有"红军长征四渡赤水纪念碑"，女红军长征纪念馆——"战地黄花馆""中国工农红军四渡赤水太平渡陈列馆""红军长征四渡赤水——毛泽东及军团首长渡口遗址"碑和"中国工农红军四渡赤水太平渡渡口纪念碑"等红色旅游景点。

2. 巧渡金沙江

在红军四渡赤水打乱敌军部署后，1935年5月2日，刘伯承让先遣营前卫连伪装成国民党军队，直奔金沙江边，消灭了守渡口的一连正规军和一个保安队，控制了距会理县城南70余千米的皎平渡两岸渡口。经过七天七夜，5月9日，中央红军主力胜利渡过了水急浪高的金沙江，进入四川会理县。

为纪念红军抢渡金沙江这一重大历史事件和毛泽东、朱德、周恩来、刘伯承等老一辈无产阶级革命家的丰功伟绩，20世纪80年代中后期，云南省委、省政府在皎平渡建造了红军渡江纪念碑和红军渡江纪念馆。1994年修建了连接川滇两省的渡江大桥，红军渡江纪念碑和红军渡江纪念馆。聂荣臻元帅为红军巧渡金沙江纪念碑题写了碑名，宋任穷题写了碑铭，详细记载了红军的渡江经历。

3. 彝海结盟

红军到达会理后，由于会理城坚难攻，红军采取围而不攻的战略。1935年5月12日，中央政治局在四川会理县城郊铁厂举行扩大会议，总结了遵义会议以来的经验，讨论了红军今后的行动计划，肯定了毛泽东的正确军事指挥路线，确定了北进抢渡大渡河与红四方面军会合的方针。不久，红军撤出会理，沿安宁河北上，过德昌绕过西昌往冕宁泸沽镇方向前行。1935年5月21日，红军攻占四川冕宁县城，这是红军入川后夺取的第一个县城。5 月 21 日开始，中央红军从冕宁泸沽地区分左右两路北进。5 月 22 日，由红一军团第一师第一团和一个工兵排组成的红军先遣队进入大凉山彝区时，遭到彝族群众的拦阻和袭扰。为了顺利通过彝区，红军总司令朱德发布了《中国工农红军布告》，向彝族群众宣传中国共产党的民族政策和红军的宗旨。在这个布告中第一次提出了“红军万里长征”这一词，从此，“长征”一词从冕宁传遍凉山，传遍全国乃至全世界。红军总参谋长兼中央红军先遣队司令员刘伯承根据彝族的习俗，在彝海同沽基（鸡）族首领小叶丹歃血盟誓，结为兄弟，并赠送枪支弹药，帮助其成立了“中国彝民红军沽鸡支队”。并在冕宁成立了长征途中红军入川后的第一个红色政权——冕宁县革命委员会。5 月 23 日，中央红军主力由小叶丹带路，在广大彝族同胞的帮助下，红军用了 7 天就顺利通过了彝区。

如今在会理建有“中国工农红军长征过会理纪念碑”“会理会议纪念碑”和红军广场。其中，“中国工农红军长征过会理纪念碑”由中央军委原副主席张震题写碑名，碑座上是毛泽东的七律《长征》。群雕反映了红军在皎平渡靠几叶小舟巧渡金沙江的场景。还建有“红军长征过会理纪念馆”，着重地介绍中央红军长征中发生的重大历史事件和在会理期间的主要活动。在冕宁建有红军长征纪念馆，保留了当年毛泽东接见彝族代表和地下党代表的厅堂布局原貌，并陈列文献、文物、图片近 200 件。

4. 激流飞渡

1935 年 5 月，中央红军渡过金沙江，红军先遣队红一军团第一师第一团在通过大凉山彝区后，于 5 月 24 日晚赶到安顺场。当时蒋介石和四川军阀均抱有很大的幻想，想把红军当作“石达开第二”，消灭在大渡河畔。国民党军队早已将沿河的桥全部拆掉，大小船只都被清理了，并有一个营的敌军在对岸，依靠两个碉堡火力封锁河面。但英勇的先遣部队只用了半个小时，便消灭了阻击红军的地方武装，缴获了地方武装仅留的一只用于与对岸交通的小船并控制了渡口。25 日早上 8 时，刘伯承、聂荣臻及红一团团长杨得志指挥红军用重火力压住对岸敌军，以二连连长熊尚林为首的 17 名勇士，在红军火力掩护下乘坐由当地船工驾驶的小木船，冒着敌人密集的火力，强渡到大渡河对面登岸，将守军打退。并搜出了三只船，当地数十名船工也积极帮助红军抢渡，终于将敌人视为天险的大渡河防线上打开了一个缺口，打破了蒋介石要红军成为“石达开第二”的迷梦。从此，安顺场以“翼王悲剧地，红军胜利场”蜚声中外。

红军当年从安顺场强渡大渡河的渡口，被后人称为“红军渡”。在安顺场建有“中国工农红军强渡大渡河纪念碑”，塑红军战士头像，下方为 17 名勇士架着当地特有的翘首木船劈波斩浪、强渡天险的浮雕，右侧为巨手执大刀浮雕。碑上镌刻邓小平同志题词，周围植苍松翠柏、花草。2004 年 5 月，由江泽民题写馆名的“中国工农红军强渡大渡河纪念馆”建成，展厅以弘扬红军精神为主题，分为长征、大渡河战役、红军长征过雅安、翼王悲歌、历史评述等部分。

5. 飞夺泸定桥

红一团虽然在安顺场渡河成功，但安顺场处大渡河水流湍急，河面太宽，无法架桥，又缺少渡船。此时薛岳率领的尾追之敌已过德昌，正向红军处昼夜前进，情况万分紧急。如何使主力迅速渡过大渡河，摆脱追击之敌成为迫在眉睫的大事。在这种情况下，中央革命军事委员会决定将红军分左、右两路纵队夹河急进，夺取当时大渡河上距安顺场 160 千米处唯一的一座桥梁——泸定桥。5 月 27 日拂晓，左纵队先头部队红一军团第二师第四团，从安顺场出发，经过两昼夜急行军，于 5 月 29 日晨率先赶到泸定桥，占领了西桥头。泸定桥全长 103 米，宽 3 米，仅有 13 根铁链固定在两岸。当时的泸定桥已被敌人拆去了 80 余米的桥板，并以机枪、炮兵各一连于东桥头高地组成密集火力，严密地封锁着泸定桥桥面。当日下午 4 时，22 名红军身挂冲锋枪，背插马刀，腰缠十来颗手榴弹，冒着枪林弹雨，在铁索桥上边铺门板边匍匐射击前进。当红军突击队爬到桥中间时，敌人在东桥头放起大火以阻击红军夺桥。红军战士冲过烈火，与敌人展开白刃战。政委杨成武率领队伍冲过东桥头，打退了敌人，迅速扑灭了桥头大火，占领了泸定城。6 月 2 日，毛泽东、周恩来、朱德等中央领导人率中央红军全部渡过天险大渡河，为中央红军长征打开了北上的道路，因而泸定桥有“十三根铁链劈开了通往共和国之路”的壮美赞誉。新中国十大开国元帅中有七位元帅长征时经过了泸定桥，刘伯承元帅在激战后的泸定桥上，曾用脚重重地在桥板上连跺三脚，感慨万千地说：“泸定桥，泸定桥，我们为你花了多少精力，费了多少心血，现在我们胜利了，我们胜利了。”

为纪念中国工农红军飞夺泸定桥这一伟大历史事件，泸定县建有“红军飞夺泸定桥纪念馆”。纪念馆屋顶模拟天安门城楼，寓意“十三根光秃秃的铁链托起了共和国”。馆内以照片、资料、实物等展出红军强渡大渡河、飞夺泸定桥的情况，珍藏有朱德、邓小平、刘伯承、聂荣臻、胡耀邦等老一辈无产阶级革命家的题字、题词和书画。红军飞夺泸定桥纪念碑也于 1986 年建成，该纪念碑由邓小平同志题写碑名，聂荣臻同志撰写碑文。远观此碑就像一支凌空发射的机枪，象征着毛泽东的“枪杆子里出政权”的革命武装斗争理论。近看碑体，棱角凹凸有致，线条环环紧扣铁锁链。与碑体紧紧相连的前部平台上，耸立着两尊重约 4 吨，屈身高 4 米的红军战士铜像，在铁锁上攀援前进，冲向敌人，一个在举枪射击，一个在挥臂投弹。底座平台又着重表现红军战士日夜兼程急行军后疲乏而又顽强的战斗姿态。碑内分八层，每层均装饰了以藏汉团结、红军长征为主题的大幅壁画。

6. 爬雪山

中央红军占领泸定城以后继续北上，在攻克天全、芦山县城后，进入宝兴县境内，准备翻越夹金山，迅速占领懋功（今小金县）。夹金山横亘于宝兴县和懋功县之间，是从雅安天全、芦山、宝兴地区进入川西北地区的必经之路。

1935 年 6 月 11 日，先头部队红四团来到海拔 4 000 多米、终年积雪的夹金山脚下。夹金从山脚到山口，全程 30 千米。山高路险，积雪很深，气候变化无常，空气稀薄，环境非常恶劣。当地流传着一首民谣："夹金山，夹金山，鸟儿飞不过，男人不敢攀。要过夹金山，除非是神仙！"6 月 12 日早上，先遣团在陈光师长和团领导的率领下，开始向雪山进发。6 月 12 日下午，红四团翻过夹金山后，向达维方向前进，途中与前往侦察敌情和了解中央红军情况的红四方面军先头部队的小分队不期而遇。至 6 月 18 日，中央红军全部翻越夹金山，到达懋功（今小金县），同红四方面军胜利会师。夹金山是中央红军长征途中翻越的第一座大雪山，恶劣的自然条件使许多历经几个月艰苦转战后疲惫不堪的红军战士牺牲在雪山上。

为了纪念长征中红一、红四方面军胜利翻越夹金山这一重大历史事件，1988 年，在夹金山南麓的宝兴县硗碛镇的山坡上，修建了红军长征翻越夹金山纪念碑。碑底基座正面横刻着"红军烈士永垂不朽"八个大字。碑文记述了中央红军过夹金山和红四方面军两过夹金山的情况。在小金县达维东边陡峭的山崖上，修建有"红军长征红一、红四方面军达维会师纪念碑"，达维红军会师桥，小金会师广场和会师纪念碑。其中，会师纪念碑主碑碑体由两部分组成。一部分是两面高高的扁形方体碑，全用红色花岗石贴面，碑顶是斜面，顶端相向，也像两面相向的红旗。近顶端用红五星花环将两面碑体紧紧相连，象征两个方面军在党的领导下紧密团结和胜利会师。主碑体的另一部分是用青铜铸造的两个紧握双手的红军战士。左边的红军战士上身穿羊皮背心，代表长途跋涉而来的中央红军；右边红军战士上身穿整齐军装，背着斗笠，代表红四方面军。在离会师广场不远的城中山台上，还建有红军烈士陵园。

7. 过草地

1935 年 8 月中旬，党中央和红军抵达位于川西北高原的毛儿盖地区。8 月 20 日，中央政治局在松潘毛儿盖举行会议，红军分两路过草地北上。朱德、张国焘、刘伯承等率领左路军从马塘、卓克基出发，过草地向今阿坝县城一带开进。毛泽东、周恩来、徐向前、叶剑英等率领右路军，从毛儿盖出发，绕过松潘，穿过草地向班佑前进。

1935 年 8 月 21 日，右路军在毛泽东等率领下离开毛儿盖，向北行走 20 千米进入了川西北大草地。大草地海拔在 3 000 米以上，纵长 500 余千米，横宽 150 千米以上，地形复杂、气候多变、人烟稀少。草地中的沼泽是“人陷不见头、马陷不见颈”，被人们称为“鸟儿也飞不过”的地方，外国人称之为“魔毯”。但右路军经过七天的艰苦努力，于 8 月 27 日到达草地尽头的班佑。与此同时，左路军也陆续到达阿坝地区。“没过草地路，难知长征苦”，红军长征中最为艰险的是过草地，红军在此付出了重大牺牲。四川省阿坝藏族羌族自治州党史研究室的研究表明，红军三大主力在过雪山草地期间，非战斗减员至少在万人以上。

8. 三大主力会师

走出草地后，红军先后取得了包座战役、腊子口战役的胜利，中央决定在陕北建立革命根据地。1935 年 10 月 19 日，中央红军主力抵达陕北吴起镇，中央红军胜利结束二万五千里的长征。

由于张国焘分裂党的行为，红四方面军没有继续北上，在翻过夹金山南下雅州（今雅安），逼近成都时，在百丈关遭受重大损失。于是西进康北（甘孜州丹巴、道孚、炉霍、甘孜、新龙一带），准备在此建立川康根据地。张国焘另立中央，分裂党、分裂红军的行为，遭到中央和朱德、刘伯承等同志的强烈反对。为了保存红军主力实力，实现红军联合北上抗日大计，红军总司令部命令贺龙、任弼时领导的正在云、贵地区建立根据地的红军二、六军团北上甘孜，与红四方面军会师后，北上与红一军会合。1936 年 6 月底，红二、六军团经过艰苦跋涉，在甘孜与红四方面军胜利会师，并整编二、六军团为红二军，北上与红一方面军会合。1936 年 7 月，红二、四方面军共同北上，在红一方面军接应下，10 月先后在甘肃省会宁县城和静宁县将台堡与红一方面军会师。

红军长征期间，在甘孜州和阿坝州境内留下了多处会址、遗址和珍贵的文物。如小金县两河口会议旧址、朱德总司令与五世格达活佛纪念馆、甘孜大会师旧址、马尔康市的卓克基官寨、红原县的雅克夏山红军烈士墓、松潘县的川主寺红军长征纪念碑碑园、若尔盖县的巴西会议会址、阿坝州红军文物陈列室等。

4.2.2　川陕苏区旅游文化概况

川陕苏区是中国工农红军第四方面军于 1932 年 12 月战略转移到四川、陕西边界地区，在川陕边区党组织和广大劳动群众的配合支持下建立的一块革命根据地。当时设置有 40 个县、市、区苏维埃政权，其中 37 个在四川。川陕苏维埃政府和红四方面军总指挥部也设在四川，制定了土地法大纲。毛泽东同志曾指出“川陕苏区是中华苏维埃共和国的第二大区域”。

1932 年秋，蒋介石为解除进攻红军中央根据地的后顾之忧，集中 30 万兵力向鄂豫皖根据地的红四方面军发动了第四次“围剿”。由于红四方面军的主要领导张国焘错误估计形势，导致第四次“反围剿”失败，张国焘和总指挥徐向前、政委陈昌浩带领主力被迫开始西征。红四方面军经平汉铁路，越秦岭入陕南，到汉中。1932 年 12 月，红四方面军到达川北，并迅速解放通江、南江和巴中。红四方面军入川仅月余就取得辉煌战果，令蒋介石和四川军阀大为震惊。1933 年 1 月 27 日，蒋介石令 29 军军长田颂尧对红四方面军发动“三路围攻”，红军取得了反“三路围攻”的胜利。1933 年 2 月，在通江正式成立中共川陕省委员会和川陕省工农民主政府（即川陕省苏维埃政府）。红四方面军在敌众我寡的情况下奋起反击，先后发起了“仪（陇）南（部）战役”“营（山）渠（县）战役”“宣（汉）达（县）战役”和“万源保卫战”，共歼灭敌军 15 万人，俘敌近 5 万人。蒋介石和四川军阀大为震恐，蒋介石任命刘湘为四川“剿匪”总司令，对红四方面军发动了“六路围攻”。其中，万源保卫战成了红四方面军反“六路围攻”的关键。经过为时十余月的艰苦战斗，红四方面军付出了伤亡两万余人的代价，保住了川陕根据地。

敌人不甘心“六路围攻”的失败，1934 年 10 月，蒋介石策划了更大规模的“川陕会剿”计划。为粉碎敌人新的进攻，红四方面军实施了“川陕甘计划”，即依托老区，收缩战线，向甘南发展，将川陕根据地发展为川陕甘根据地，以便打破敌人的“川陕会剿”，并以此策应中央红军北上。

1935 年 1 月，红四方面军在广元苏区主动发起了广（元）昭（化）战役，夺取广元、昭化两城，以便日后向甘南地区发展。这时，中央政治局及中央军委要求红四方面军先破川敌，集中全力向西线进攻，以策应中央红军北上。于是红四方面军迅速结束广昭战役，主动撤广元、昭化之围，准备强渡嘉陵江。

1935 年 3 月 28 日晚，红四方面军在总指挥徐向前、政委陈昌浩指挥下，在苍溪塔子山和鸳溪口成功强渡嘉陵江。在此后的一个月里，红军攻克了剑阁、昭化县城及剑门关险要阵地，控制了东起嘉陵江、西迄北川、南起梓潼、北抵川甘边界的广大地区。嘉陵江战役的胜利，粉碎了蒋介石和四川军阀对川陕苏区的“川陕会剿”计划，严重地威胁着四川反动统治中心——成都，牵制了大量四川敌军，有力地配合了中央红军转战川黔边和云南。

蒋介石为了防止红四方面军在嘉陵江与涪江之间建立根据地，便调集重兵围攻红四方面军。红四方面军为寻求与中央红军会合，决定西进占领岷江流域的松潘、茂县、理番（今理县）、汶川等地，双方在北川河谷展开激烈的争斗。红四方面军摆脱敌人围剿后，继续西进。后来由于蒋介石的围追堵截，中央红军绕道经雪山草地北上。1935 年 6 月，红一方面军和红四方面军在川西懋功会师，最终到达陕北，实现了北上抗日计划。

川陕苏区主要包括川东北的巴中、达州、广元三地所属的县市区域，各个区域都有比较丰富的红色旅游文化资源。在巴中，有红四方面军总指挥部旧址纪念馆，李先念、徐向前、许世友曾在此居住、办公和召开军事会议，指挥军事斗争；有全国最大的由红军自己修建的川陕革命根据地红军烈士陵园；有全国最大的红军石刻标语，号称标语之王的“赤化全川”“平分土地”，川陕苏区的石刻标语被誉为“露天博物馆”，现保存完好的达 4 000 多幅；有由邓小平题写馆名的川陕革命根据地博物馆，馆内收藏有文物资料达 2 万余件；有全国最大的红军碑林——川陕苏区将帅碑林，碑林建有川陕苏区红军将士英名纪念碑、红军陵园、奉献碑、标语碑等，共嵌碑近 4 000 块，刻有 10 万红军英名。此外，还有巴州南龛山红军公园、巴山游击队纪念馆和刘伯坚纪念馆。达州有中国红色第一街——列宁街；中国红色第一联——“斧头劈开新世界，割断旧乾坤”，万源保卫战战史陈列馆、宣汉王维舟纪念馆、达县张爱萍故居、红军标语石刻碑林、巴山魂大型雕塑、红军亭等。红四方面军在广元地区留有木门会议会址、旺苍红军城、太公红军山、苍溪红军渡纪念馆、红军血战剑门关遗址、广元红军文化园等。

4.2.3 伟人故里旅游文化概况

四川广安、南充、资阳、乐山等地，是我国老一辈无产阶级革命家诞生地比较集中的区域。四川是朱德、邓小平、陈毅、罗瑞卿、张爱萍等老一辈无产阶级革命家的故乡，又是中华人民共和国的将帅之乡。其中，广安协兴乡牌坊村是我国改革开放和社会主义现代化建设总设计师邓小平同志的家乡。南充仪陇是共和国三军之父——朱德元帅的故乡。资中乐至是陈毅元帅的家乡。此外，在这里还诞生了卓越的无产阶级文化战士郭沫若，共和国第一届中央人民政府副主席张澜，罗瑞卿、王维舟、张爱萍等将帅，张思德、黄继光、赵一曼、刘伯坚等革命烈士。当年威震群敌的华蓥山游击队、双枪老太婆，就战斗在华蓥山一带。在伟人故里，留有邓小平故居、陈毅故居、朱德故居、罗瑞卿故居、郭沫若故居、张澜纪念馆等红色旅游景区，供广大游客参观。

4.3 红军长征纪念碑碑园

为纪念红军长征这一人类历史上的奇迹，在长征经过的 14 个省建有 1 300 余处大大小小的纪念碑、纪念亭、烈士墓。而阿坝松潘县川主寺镇元宝山上的纪念碑是“中国工农红军长征纪念总碑”(碑园)。纪念碑选址在背靠雪山、面对草地的川主寺元宝山上。川主寺东距“人间瑶池”黄龙寺 42 千米，西接川西北草地 46 千米，北临“童话世界”九寨沟 97 千米，距松潘古城 17 千米，南通川西平原 350 余千米，处于九寨沟和黄龙自然风景区的交叉路口，也是前往若尔盖和红原草地的岔路口。纪念碑位于东北去九寨，东南去黄龙，西北去若尔盖、红原，西南去成都的“四路交会”的交通要道。川主寺还是红一、二、四方面军都曾经过的地方。红军长征通过的亚克夏山，走过的草地，著名的包座战斗遗址，以及长征史上重要的毛儿盖会议、巴西会议会址，都距此不远。

碑园主要由陈列室、大型花岗石群雕、“团结胜利”主碑三大部分组成。主要表现长征路上红军战士前仆后继、英勇向前、历尽艰险、流血牺牲、付出极大代价的主题和红一、二、四方面军共同北上的历史。

碑园大门门墙正面镌刻着由邓小平同志亲笔题写的“红军长征纪念碑碑园”九个金色的大字。北面是由四川省委和原成都军区撰写，用黑花岗石镌刻的共 390 字的《碑志》，主要讲述了红军长征的丰功伟业和建碑的意义。

碑园内矗立于“种子广场”中心的雕塑是“黎明火种”。这座雕塑将直径 60 厘米的亚金铜球，放置在三块黑色巨石交替组成的“大山”之下。每当清晨的太阳从元宝山后升起，阳光照耀在金色的“种子”上，光芒四射，灼灼照人，寓意着在旧中国，深受“三座大山”压迫的中国共产党人和一切进步势力，像生机勃勃的种子，要冲破黎明前的黑暗，成为点燃神州大地的燎原之火。

碑园内的“断壁浮雕”由一块单面浮雕和一块双面浮雕组成，高 3 米，长度分别为 9 米和 9.6 米。在两块灰白色的花岗石上，雕塑家用写实的手法，塑造了 50 个形象逼真的人物，生动地再现了红军被迫战略转移，出发长征时，同生死与共的苏区父老乡亲深情相别的情景。雕塑家将两块浮雕有意断开的设计，是为了加重当年红军离开苏区的被迫气氛，增强了苏区送别时战士和乡亲间依依不舍的鱼水深情的表达。

4.3.1 陈列室

陈列室门厅两堵正墙上，悬挂着 10 块长约 2 米的楠木匾额，匾上精心镌刻着 10

位中央领导人和红军老前辈为碑园所写的题词，勉励人们继承红军传统、弘扬长征精神。陈列室的正面墙上，悬挂着长征时期毛泽东、周恩来、朱德 3 位杰出领导人的照片，镶嵌着毛泽东著名的七律诗《长征》。两侧的六面墙上，依次悬挂着《中国工农红军长征图》和近 40 幅图片，展示红一、二、四方面军和红二十五军长征时的出发地（瑞金），途中经过的江河险阻（经历的江河险阻有赤水河、金沙江、大渡河、嘉陵江，泸定桥、剑门关；翻越的主要雪山有夹金山、梦笔山、长板山、仓德山、打鼓山、鹧鸪山；所经过的川西北草地亦称“松潘草地”）、召开的重要会议（两河口会议、芦花会议、沙窝会议、毛儿盖会议和巴西会议）、进行激烈战斗的地方（毛儿盖战斗、包座激战）和最后到达的目的地（红军长征胜利会师地甘肃会宁和将台堡）。特别是红军长征时，红一、二、四方面军曾在松潘境内留下过光辉的足迹，建立过彪炳史册的光荣业绩。陈列馆有只企鹅标本，是红军老战士、中国人民解放军海军原副司令员杨国宇去南极考察带回来的。

4.3.2 大型花岗石群雕

“英雄群雕——艰苦历程”长 72 米，宽 8 米，最高点 12.5 米，由 1 440 块红色花岗石组成，体积达 1 160 立方米。该群雕既像一面迎风招展的红旗，又像一骑昂首飞驰的骏马，形象地再现了中国工农红军的崇高理想和革命精神，堪称我国规模空前的现代群雕。刻画的场景共有开路先锋、勇往直前、团结北上、山间小憩、草地情深、征途葬礼、回顾思考和英灵会聚等九组。

4.3.3 纪念碑主碑

纪念碑主碑耸立于海拔 3 100 米的元宝山顶，由基座、碑身和红军战士铜像组成。汉白玉基座高 2.5 米，纪念碑碑身高 24 米，红军战士铜像高 14.8 米，总高 41.3 米，重达 10 吨，背靠雪山，面向草地。由于元宝山地处龙门山大断层尾部和岷江断裂带九级地震区尾部，所以碑身采用性能稳定、抗震效果好的钢筋混凝土结构，以满足防震需要。考虑当地风大，碑身表面采用化学性质稳定，不锈蚀，表面光洁、明亮的亚金铜，这在国内属首次。碑身为三角柱，上方每面镶嵌一颗巨大的闪闪红星，象征三大主力红军，在中国共产党的领导下，紧密团结，成为一支不可战胜的武装力量。红军战士铜像，身披羊皮背心，迎风挺立，左手持花束，右手持步枪，双手高举成“V”字形，象征着长征的胜利。汉白玉的碑座形似雪山，寓意为雪山草地树金碑。金碑之后是一块形似火炬的人造花岗石碑，上面镌刻着毛泽东主席的名言“长征是宣言书，长征是宣传队，长征是播种机”的“火炬碑文”。

纪念碑主碑还形成了“三绝奇观”：一为“金碑夕照”。每到仲夏前后，夕阳西下时，碑体映日，通亮如煅烧之金，折射出万道金光，丽日蓝天之下，山川金碧辉煌，炫目若佛光普照的奇观，尤为壮观，十里之外均可见到。藏族人民认为，那是佛光闪耀，吉星高照；川主寺的喇嘛认为，那是佛光显灵，纷纷顶礼膜拜。因此，这座碑便被誉为“中华第一金碑”，因而有“金碑夕照”的美名。二为“双虹挂彩”。每到雨后放晴，彩虹忽现，彩虹恰挂于金碑上空，似碑为桥柱，顶彩色大道，似乎既寓意通向幸福明天，又如红军英烈现世，其壮观之景，令人肃然起敬，人称“双虹挂彩”。三是“瀑雨泛金”。每当夏季漆黑之夜，若遇雷电交加，大雨倾盆，人不能辨物时，主碑则在漆黑中泛出微光，如星星之火，光明即在，人称“瀑雨泛金”。“金碑夕照”“双虹挂彩”和“瀑雨泛金”并称纪念碑园的“三绝”。

4.4 邓小平故里

在广安，与邓小平青少年生活相关的遗迹很多。广安城区有邓小平曾经就读的广安高等小学堂、广安县立中学堂旧址，邓小平离开广安赴重庆时的渠江东门码头旧址等。在协兴镇有邓小平故居及蚕房院子、清水塘、洗砚池、德政坊、神道碑，还有邓小平就读的翰林院子私塾、北山小学旧址，旧貌犹存的协兴老街、佛手山等。2001 年 8 月，经中共四川省委、四川省人民政府批准，广安设立了以邓小平故居为核心、占地面积 29.91 平方千米的邓小平故居保护区。区内有邓小平故居、邓小平故居陈列馆、邓小平铜像广场等相关遗迹近 20 处，是人们缅怀邓小平丰功伟绩的革命传统教育基地和爱国主义教育基地。

4.4.1 邓小平故居

邓小平故居位于距广安市城区 7 千米的协兴镇牌坊村的鼻架山下，是世纪伟人邓小平诞生和生活过的地方。此地名牌坊村，是因为嘉庆年间（1796—1820），朝廷为表彰邓小平祖上邓时敏的功德而赐造有“神道碑”及“德政坊”，但在“文化大革命”期间，“神道碑”及“德政坊”被毁。

邓小平故居为典型的清代四川农家三合院，坐东向西，有大小房间 17 间，占地 880 余平方米。它经过邓家几代人逐步完善而成。1992 年，邓小平故居成为县级重点文物保护单位，1995 年成为四川省爱国主义教育基地，1996 年成为省级重点文物保护单位，1997 年成为全国爱国主义教育示范基地，2001 年 7 月，邓小平故居被列为国务院全国重点文物保护单位。

正房屋脊上原有十八罗汉，花园门柱处曾有一对石狮，石狮口中所含之宝珠会随风转动，风越大发出的转动声越响。但在“文化大革命”时，十八罗汉和石狮均被砸毁。现门前的一对石狮是 1995 年重建的。在邓小平故居的庭院前，挺立着一雄一雌两株铁树。这两株铁树是为迎接新西兰作家路易·艾黎 1980 年首访小平故居，特地从广安县委机关所在地、曾经是杨森公馆的涵虚山庄内移栽的。

正房的大门上方，悬挂着 1998 年 2 月江泽民题写的“邓小平同志故居”横匾。大门两侧挂有 1983 年秋著名川籍老作家马识途撰写的对联：“扶大厦之将倾，此处地灵生人杰，解危济困，安邦柱国，万民额手寿巨擘；挽狂澜于既倒，斯郡天宝蕴物华，治山秀水，兴工扶农，千载接踵颂广安。”此联热情歌颂了小平同志“扶大厦之将倾”“挽狂澜于既倒”的历史功勋，歌颂了在党的十一届三中全会以后，小平同志集中全党智慧，“解危济困”“安邦柱国”“治山秀水”“兴工扶农”，建设有中国特色的社会主义的不朽业绩，突出了一代伟人邓小平的伟大形象，表达了全国人民对小平同志的衷心爱戴。继马识途之后，四川广安人刘利又为邓小平故居新创作了一副 500 字的长联，热情讴歌了邓小平的革命生涯和丰功伟绩，表达了人民群众对邓小平的无比敬仰之情。

正房的右边屋子，当年是邓小平祖父邓志远和祖母戴氏的住房，陈列有木床和木制立柜；正房左边的屋子，是邓小平父亲邓绍昌和母亲淡氏的卧室，陈列有木床等物。1904 年 8 月 22 日（农历七月十二日），邓小平就诞生在这里。正房的左边第二屋有一圆形门进出，是邓小平弟邓先修（邓垦）、邓先治（邓蜀平）和邓先清的寝室。左厢房由三间屋组成，当年是邓家的生产用房。右厢房中的横堂屋，是邓家待客和邓氏兄弟姐妹聚集玩耍的场所。右厢房横堂屋靠里的一间，是邓小平当年居住的屋子，陈列有单檐花木床、方桌木椅等。邓小平在“老院子”中生活了 15 个春秋，儿童和少年时代在这里学习、生活和劳动过。

“小平故居”的房屋陈列有近千幅图片珍贵的图片，再现了邓小平同志戎马倥偬、运筹帷幄、高风亮节、功勋盖世的光辉一生。其中有一批珍贵的文物，如在“文化大革命”中邓小平下放江西工厂劳动时用的衣物，为家乡建设的题字墨宝分别陈列在“家乡与家族”“童年在广安”等栏目中，使人感到生动、亲切。新西兰著名作家路易·艾黎

1980年首访邓小平故居，赞颂这里是“东方的地平线”，并说“这里简单、朴实、普通、神秘，令人难以置信”。

4.4.2 邓小平故居陈列馆

邓小平故居陈列馆在邓小平故居旁，是目前国内唯一一家以纪念邓小平同志光辉一生为专题的陈列馆。2004年8月13日正式开馆，并由江泽民为陈列馆题写馆名。

陈列馆占地面积6 700平方米，建筑面积3 800平方米，由上海现代建设集团邢同和大师领衔设计。他设计陈列馆的理念是把川东民居特色和现代建筑风格相结合，融入中国改革开放历史性变化的深刻内涵，体现小平同志独特的人格魅力和波澜壮阔的人生经历。陈列馆右边有三个斜坡屋面三宕三叠、错落有致，寓意小平同志“三落三起”的不平凡的革命历程。中间一片巨大的高墙直耸云天，寓意着小平同志的丰功伟绩在人类历史上树起了一座不朽的丰碑，同时昭示我们要高举邓小平理论伟大旗帜，把中国社会主义现代化建设事业进行到底。整个建筑设计从斜坡到丰碑，又从丰碑到斜坡，寓意小平同志从平凡走向伟大，又从伟大回归平凡的深刻含义，体现小平同志既平凡又不平凡的一生。在建筑选材上，陈列馆选用了花岗岩和柚木，寓意小平同志刚柔相济的性格。陈列馆外观朴素、大方，体现了小平同志不喜张扬的性格。

陈列馆由一个序厅、三个陈列展厅、一个珍藏厅、一个电影放映厅及相关附属设施组成。陈列馆序厅有750余平方米，空间高大，使人感受到小平同志的博大胸襟和超人气魄。展厅内有一幅名字叫《峰》的浮雕壁画，高14.5米、宽8.96米，总重达40吨，看上去气势磅礴，极具视觉冲击力、精神感染力和震撼力。画面中央是由青铜铸造的6米高邓小平像，他身披大衣，穿着的中山装风纪扣略微敞开，深邃的目光注视着人们，在微风的轻拂下，正漫步向游客走来。他身后是以天然花岗岩雕刻的高山大海，创造出“山高、海阔、以人为峰”的艺术与思想的意境，表达邓小平理论的博大精深和邓小平胸怀的无限宽广。序厅两边的墙壁上雕刻着两组感人至深的文字，镌刻着邓小平自己的一句经典名言：“我是中国人民的儿子，我深情地爱着我的祖国和人民。”这是整个展览的主题。序厅右侧墙面阴刻着：“中国社会主义改革开放和现代化建设的总设计师。他为中华民族独立、人民解放和新中国诞生，立下赫赫战功。他为中国社会主义制度的建立、巩固和发展，进行艰辛探索。他为成功开辟建设中国特色社会主义的道路，建立不朽功勋。”这3句话是对小平同志一生的全面总结和高度评价。

展厅共有三个，总面积2 200平方米。三个展厅面积由小到大、地面由粗糙到平细、光线由弱到强、颜色由单一到多彩、展线由短到长、文物图片数量由少到多，隐喻小平不懈奋斗、走向辉煌的人生历程。在色调处理上，各单元依次采用了熟褐色、军绿色、深褚石色、蓝色、紫红色和橘黄色，分别象征小平“走出广安”“戎马生涯”“艰辛探索”“非常岁月”“开创伟业”等人生的不同阶段。三个展厅以新民主主义、社会主义和改革开放时期为主线，展览共分为“走出广安”“戎马生涯”“艰辛探索”“非常岁月”“开创伟业”和“小平您好”六个单元。陈列布展引入了国际博物馆先进的展示理念，充分采用声、光、电等高科技手段，全面、科学、细致地展示小平同志的人生风采、光辉一生。展览在表现邓小平的传奇经历和伟大贡献的同时，也展现了他的亲情、友情和爱情，反映了他的崇高品德与情操。“生活情趣”板块真实记录了邓小平的业余爱好、退休生活和家庭亲情。

电影厅占地336平方米，可容纳120余名观众。弧形银幕，采用世界一流的3台数字放映机无缝拼接、同步放映技术，轮换播映《您好，小平：史诗篇》《您好，小平：风采篇》《您好，小平：情趣篇》3部短片。《史诗篇》以波澜壮阔的20世纪中国革命、建设、改革为背景，以红色的路——“民族复兴的路”为主题，浓缩邓小平富有传奇色彩的一生，把他的命运同时代、民族、国家的命运相交织，展示邓小平为推进民族复兴大业的奋斗历程和光辉业绩。《风采篇》以重大历史事件为线索，以战争生涯、建设年代、改革探索、在世界舞台等为主要内容，通过邓小平在历史舞台上的各种活动，集中展示邓小平的音容风采。《情趣篇》主要反映邓小平的生活情趣，以平民邓小平为主题进行构架，使用了大量从未向外界公布的邓小平业余爱好和家庭亲情的珍贵镜头。

4.4.3 翰林院子

翰林院子距小平故居1千米，是邓小平先祖清代翰林邓时敏的旧宅。邓小平祖籍江西吉安庐陵，一世祖是邓鹤轩，于明洪武十三年（1380），以兵部员外郎之职，被派到四川广安履任，从此开始了四川广安邓氏的纪元。邓氏家族入川后，繁衍20余代，有做官的，也有做学问的。其中有“文行魁蜀”的邓显，有大学士吏部尚书邓士廉，有明万历年间进士、南京户部主事和湖广按察司副使邓士昌等。邓时敏在乾隆元年（1736）高中进士，任翰林院庶吉士、编修，升迁侍讲学士，当过太子的老师，官至大理寺正卿。邓时敏想为邓家培养出几个出类拔萃的人物以光宗耀祖，便将自己起居的地方改为私塾。邓小平5岁入翰林院子发蒙读书，学名邓先圣。私塾老师邓俊德认为邓先圣之名对圣人不恭，遂取学名邓希贤。这个名字一直用了19年，直到1927年在汉口中共中央机关因革命工作需要，才改名邓小平。

4.4.4 北山小学堂

1911 年至 1915 年，少年邓小平在北山小学堂接受新式教育。北山小学堂位于广安市广安区协兴镇老街，开办于清宣统二年（1910），由一刘姓绅士与邓小平的父亲邓绍昌等开明绅士共同创办，是协兴场开办的第一所新式小学堂。邓绍昌曾在成都法政学校读书，受到一些新式教育。邓绍昌曾在广安县协兴场的“哥老会”中当过“三爷”，后来升为“掌旗大爷”，即首领。他曾当过广安县的警卫总办，又称团练局长。邓绍昌不愿同流合污，终不为权力者所容，受到排挤，不到 2 年就被撤换，甚至不得不跑到重庆避难，在重庆住过 8 年。邓绍昌支持儿子去外国留学。1919 年 9 月，邓小平考进了留法预备学校。经过 1 年的学习，邓小平成为合格毕业生中年龄最小的一名，当时还不满 16 岁。1920 年 8 月，邓小平赴法国留学。

4.4.5 佛手山

佛手山位于广安区协兴镇果山村，距小平故居 3 千米。佛手山得名缘于山嘴巨石有一宽大裂缝，裂缝两边的石壁上各嵌有 2 米见方的手掌印，传说是佛祖经过这里，坐于崖上小憩，为眼前景色所陶醉，情不自禁地击石赞叹而成。小平的祖母戴氏、生母淡氏等邓家先人的墓地就坐落在佛手山的半山腰处。按照我国传统的风水文化观点，邓家先人的墓葬，前有渭河绕缠，后有群山相聚，属于典型的风水之地。墓碑中间刻有“庚山甲向”，两旁刻有两副对联，一副是“佛山作保障，渭水绕佳城”，表明此地是风水宝地。另一副是“阴地不如心地，后人须学好人”。寓意深刻而实在，发人深省。

5 四川历史名人旅游文化

四川历史名人旅游资源类型多、知名度高、分布广、遗迹多，它们成为四川旅游文化的重要组成部分。本章主要介绍四川历史名人文化的概况、四川历史名人文化的特征和四川历史名人旅游文化的三个典型景点的旅游文化基本知识，以加深学生对四川历史名人旅游文化的认识。

导游证网课

5.1 四川历史名人文化概况

四川历史名人文化是历代名人在四川从事各种政治、经济、军事、文化、科考等活动中凝结成的一种具有经典意义和传世意义的文化形态，这里的名人包括领袖人物、政治家、文臣武将、诗人词家、绝代佳人、文学艺术大家、科学技术专家等。四川历史名人主要有四种情况：或出生于四川，后来声名远播；或来过四川，提高了四川的知名度；或在四川具有突出的历史业绩；或其诗文、著作使四川享有盛誉等。四川历史名人也是四川文化的重要组成部分。古往今来，历史上的四川历史名人都具有时代的显赫性和权威性，共同形成了强大的名人声势、名人影响与名人效应，正是由于历代有众多的名人与四川结成血肉联系，才使得四川文化具有丰厚的内蕴和很高的品位。

从古至今，四川在每个历史时期往往都涌现出中华民族的中流砥柱，他们成为四川悠久历史文化的载体，也是四川人民的骄傲。他们的典型事迹、人格魅力、逸闻趣事在民间被广泛传颂，影响和激励着人们，形成了特有的名人文化，不仅给后人留下永不泯灭的精神财富，而且还留下了丰富的遗址、遗迹供人瞻仰，令人缅怀，成为旅游名胜之地。

5.2 四川历史名人旅游文化特征

5.2.1 类型多

数千年来，四川涌现出了一代又一代英雄豪杰、文人墨客。他们或名冠巴蜀，流芳百世；或享誉神州，威震寰宇。从名人类型上看，有颛顼、大禹、蚕丛、鱼凫、杜宇、观音等传说人物；有刘备、女皇武则天等古代帝王；有邓小平、杨尚昆等政治家；有朱德、陈毅、罗瑞卿、张爱萍等军事家；有司马相如、扬雄、王褒、陈寿、陈子昂、李白、苏轼、杨慎、张问陶、郭沫若、巴金、李劼人、李调元等大诗人、大作家；有黄居采、张大千、赵完璧等大画家；有严君平、赵蕤、唐甄、廖平、吴虞等思想家；有落下闳、袁天罡等科学家；有卓文君、杨玉环、薛涛、花蕊夫人、刘娥等美女佳人；有王小波、廖观音等农民起义的领袖；也有杨锐、刘光第、俞培伦、彭家珍、吴玉章、赵一曼、江竹筠、黄继光等爱国志士、民族英雄。他们在各自的历史时期，披肝沥胆，不断进取，为四川和中华民族的振兴和富强做出了杰出贡献。

5.2.2 知名度高

四川历史名人群星璀璨、光芒四射，在全国具有深远影响，在历史上具有重要地位。人文始祖黄帝的元妃嫘祖是丝绸之母；治水英雄大禹，被视为是夏王朝的缔造者；蜀郡太守文翁在成都兴学，开办了中国第一所正规的官办学堂；李冰是中国历史上杰出的科学家，修建了当今世界上年代最久、唯一留存的以无坝引水为主要特征的都江堰。汉赋四大家中四川有司马相如、扬雄两位；落下闳在汉武帝时，制定出中国首部较为完整、系统的新历法——太初历，是当时世界上最先进的历法；唐代诗人李白和杜甫被称为中国诗歌史上雄视今古的“双子星座”；陈子昂开一代诗风，杜甫称赞他“公生扬马后，名与日月悬”；宋代苏氏三父子，在“唐宋八大家”中就占了三个席位，相如赋、青莲诗、东坡词，此三者独步天下，有“天下文章出四川”之说；明代学者杨慎被赞为“明代著述第一人”；李调元是编撰川剧剧本的第一人，其藏书之多为四川第一家；国画大师张大千被徐悲鸿推崇为中国画坛“五百年来第一人”，是“全世界当代第一大画家”；中国十大元帅中，四川人就占四个（朱德、陈毅、刘伯承、聂荣臻）；邓小平是世界伟人、中国改革开放和社会主义现代化建设的总设计师。

5.2.3 分布广

名人旅游文化资源中，最重要的是名人故居、名人纪念馆。据统计，成都市名人故居旅游资源数量最多，有 21 处。广安市、宜宾市、泸州市名人故居数量均为 9 处，阿坝藏族羌族自治州名人故居数量为 8 处，南充市 7 处，内江市 6 处，巴中市 6 处，眉山市 5 处，自贡市 5 处，乐山市 4 处，绵阳市、广元市、雅安市、资阳市、德阳市、达州市、凉山彝族自治州均只有 2 处。从统计数据看，目前除攀枝花市、甘孜藏族自治州没有名人故居、名人纪念馆分布外，其他各市州均有分布。实际上，名人遗迹在四川各个市州皆有分布，如攀枝花在三线建设、二滩水电站建设过程中，除常隆庆等地质专家外，一大批党和国家领导人，如邓小平、江泽民、朱镕基等都在攀枝花留下了足迹。

5.2.4 遗迹多

四川文化名人众多，留下了许多引人入胜的遗迹供后人瞻仰和凭吊。如绵阳的禹王庙、司马相如故里蓬安古城，邛崃的司马相如与文君井公园，郫都区的扬雄庐墓园，射洪的金华山陈子昂读书台，江油的李白陇西院与碑林，成都的杜甫草堂、望江楼薛涛纪念园，眉山的三苏祠，崇州的陆游祠与罨化池，新都的升庵祠与桂湖，遂宁的张问陶墓园，乐山的沙湾郭沫若故居，内江的张大千故居，广安的邓小平故居，仪陇的朱德故居，乐至的陈毅故居等。2017 年，由四川历史名人文化传承创新工程领导小组审定的四川首批历史名人包括大禹、李冰、落下闳、扬雄、诸葛亮、武则天、李白、杜甫、苏轼、杨慎等人，涵盖政治、文化、科学等领域，他们在巴蜀文化以及华夏历史中具有巨大影响。《四川历史名人博物馆建设指导意见》提出，首批四川十大历史名人将全部修建博物馆、纪念馆，并且在 2020 年前全部建成开放。

5.3 李白旅游文化

5.3.1 李白的一生

李白是唐代伟大的浪漫主义诗人，被后人誉为“诗仙”，他的一生非常富有传奇色彩。关于李白的生卒年，有人认为是 699 年（或 701 年）至 762 年。关于李白的出生地，有中亚碎叶、焉耆碎叶、西域、条支、四川江油、都城长安等多种说法，多数认为他是出生于西域或四川。关于李白的先祖，至今有汉将军李广、汉名将李陵、唐高祖从弟族人、李建成、李元吉，甚至域外胡人等多种说法，可谓众说纷纭。

李白在蜀中生活了 24 年，其主要经历是读书、漫游与游侠三方面。他从小就聪明早慧、勤学苦读。李白曾在诗中云：“五岁诵六甲，十岁观百家。”他在辞赋方面极有天赋，“十五观奇书，作赋凌相如”。20 岁左右，李白师从赵蕤，学习纵横之学。当时唐代皇帝推崇道教，李白在蜀中时即深受其影响，他喜欢寻仙问道，曾与隐士东岩子隐居在岷山之阳修炼道术，即所谓的“十五好游仙，仙游未曾歇”，先后出游江油、剑阁、梓潼七曲山、成都、峨眉山等地。他对成都留下了深刻的印象，写下《登锦城散花楼》。李白喜欢峨眉山，留下有《登峨眉山》：“蜀中有仙山，峨眉邈难匹。周流试登临，绝怪安可息。”他尤喜峨眉山月，写下千古传颂的七言绝句《峨眉山月歌》：“峨眉山月半轮秋，影入平羌江水流。夜发清溪向三峡，思君不见下渝州。”

李白在蜀中生活 20 多年，养成了他独特的精神气质和诗歌才华，也给他留下了难以磨灭的美好印象。离蜀以后，他时常怀念四川，把对四川的思念写入他的诗中。如“朝忆相如台，夜梦子云宅”“三春三月望三巴”等。还有极为脍炙人口的《静夜思》：“举头望明月，低头思故乡。”写蜀道之险的《蜀道难》：“噫吁嚱，危乎高哉！蜀道之难，难于上青天！”在《上皇西巡南京歌十首》（其二）盛赞成都：“九天开出一成都，万户千门入画图。草树云山如锦绣，秦川得及此间无。”

李白“五岳寻仙不辞远，一生好入中山游”。开元十三年（725），他离开四川，“仗剑去国，辞亲远游，南穷苍梧，东涉溟海”。具体而言，就是“出游襄汉，南泛洞庭，东至金陵，扬州、更客汝海，还憩云梦”。在江陵，他见到了受三代皇帝崇敬的道教领袖人物司马承祯。司马承祯一见李白，便赞其“有仙风道骨，可与神游八极之表”，并与其结下友谊。当时，李白还不满30岁，但已颇有诗名，他作有《大鹏赋》以纪念此事。后李白自江陵南下，途经岳阳，遇自蜀同来的旅伴吴指南暴病身亡，他把吴指南的尸体埋在洞庭湖边，又继续东游。在庐山，李白写了脍炙人口的《望庐山瀑布》，诗句“飞流直下三千尺，疑是银河落九天”更是为后人所称颂。又访六朝故都金陵，去姑苏，写了咏史诗《乌栖曲》，这诗后来得到贺知章的赞赏，称其“可以泣鬼神矣”。在襄阳，他拜见孟浩然，写下著名的五律诗《赠孟浩然》。

开元十五年（727），李白在湖北安陆与前朝宰相许圉师的孙女结婚，他们的儿子名字是伯禽，女儿名字叫平阳，家庭生活幸福。但是李白内心还是希望能够为朝廷做事。李白在安陆生活的10年期间，以安陆为中心，到襄阳、随州、武汉、扬州、南京等地游历，并求人引荐。他先后干谒过安州的李长史、裴长史，安州都督马正会，荆州长史韩朝宗等地方官吏。由于李白个性突兀，傲岸不用，这些地方长官并没有赏拔荐举他。回忆这段时间的生活，李白总结出两句话：“酒隐安陆，蹉跎十年。”可见李白的苦闷。他写了《襄阳歌》来抒发自己的愤懑。李白在多次干谒未果之后，开始献赋谋仕。李白先后为玄宗献上《明堂赋》和《大猎赋》，希望能博得玄宗的赏识，但没有任何消息。

开元二十三年（735），李白入长安后，结识了卫尉张卿、唐玄宗的妹妹玉真公主、贺知章等人。贺知章对李白的《蜀道难》和《乌栖曲》等诗歌篇章十分欣赏，为李白的才华所倾倒，赞李白为“谪仙人”，并留下了“金龟换酒”的有趣故事，后来与李白等人被杜甫并称为“饮中八仙”。

天宝元年（742），经过贺知章、玉真公主、吴筠等人的多次举荐，唐玄宗打算召见李白，李白听闻后欣喜地写道：“仰天大笑出门去，我辈岂是蓬蒿人！”据说唐玄宗在金銮殿召见并宴请了李白，并亲自为其调羹，让他待诏翰林院，只是为唐玄宗和杨贵妃写诗助兴。当时李林甫及其同党排除异己，把持朝政。李白性格孤傲，不愿阿谀奉承，自然遭到排挤。李白对国家命运深感担忧，对个人前途感到十分迷惘，但又无法改变现状，只好用饮酒、赏月打发时光，排遣心中孤寂苦闷。他“日与饮徒醉于酒肆”，过着“举杯邀明月，对影成三人”“天子呼来不上船，自称臣是酒中仙”的郁闷生活。

由于李白在宫中桀骜不驯，他狂傲的姿态引来当朝权贵的不满。史传李白在写《清平调》时，曾让杨贵妃磨墨、高力士捧靴，以泄其愤。当然，这样的做法无疑使他在朝廷中更加举步维艰，李白也意识到自己在朝中得不到唐玄宗的重用，写下“行路难！行路难！多歧路，今安在”的千古名篇《行路难》，请求还山，被赐金放还。

被赐金放还后，李白继续在黄河、长江的中下游地区浪迹天下。天宝三年（744），李白到东都洛阳，遇到杜甫，两位伟大的诗人见面了。两人评文论诗，纵谈天下，建立了深厚的友情。同年秋天，两人如约到了梁宋，在这里遇到了诗人高适。三人畅游甚欢，评文论诗，纵谈天下大势，都为国家的隐患而担忧。天宝四年（745 年）秋天，李白与杜甫在东鲁第三次会见，并一道寻访隐士高人，偕同去济州拜访过当时驰名天下的文章家、书法家李邕。

天宝十四年（755），安史之乱爆发，李白与妻子宗氏一道南奔避难，避居庐山。唐玄宗号召各地分封为王的儿子招兵勤王。天宝十五年（756），永王李璘东巡，李白作组诗《永王东巡歌》抒发了建功报国情怀，并应邀参加了永王李璘的幕府。这时，已在宁夏灵武即皇帝位的唐肃宗李亨，担心永王势力壮大，于己不利，便以讨逆为名，用谋反之罪将其处死。李白受牵连坐罪，被关入九江监狱，后被流放夜郎。乾元二年（759），李白走到四川三峡时，朝廷因关中遭遇大旱，宣布大赦天下。他庆幸自己终于获得了自由，写下了著名的《早发白帝城》，反映他当时的心情。他顺长江返回南京，虽然此时的李白已 61 岁，可依旧是“烈士暮年，壮心不已”，怀报救国之志，打算投奔李光弼部队，继续平定安史之乱。在途中，李白因病不能成行，不得已只好投奔了在当涂做县令的族叔李阳冰。后因李白病重，把手稿交给李阳冰，赋《临终歌》后与世长辞。关于李白之死，也有三种说法：其一是醉死，《旧唐书》说李白“以饮酒过度，醉死于宣城”；其二是病死于当涂；其三是溺死，说李白在当涂的江上饮酒，因醉跳入水中捉月而溺死。

李白流传至今的诗文有九百多首，在当时是作品最多、成就最高、最负盛名的诗人。李白的诗歌和裴旻的剑舞、张旭的草书被唐文宗御封为“三绝”。在我国古代诗歌发展史上，李白可以说是达到了浪漫主义顶峰，开辟了中国古代诗歌的黄金时代。

李白作为一个杰出诗人，倾倒了当时和后世无数的读者，堪称中国诗坛第一人。当年诗人贺知章在长安初遇李白，诵其《蜀道难》时，盛赞白诗“可以泣鬼神矣”，并惊呼其为“谪仙人”。杜甫在赴长安途中与李白相遇，对李白的文才极为推崇，也最为喜爱李白的豪放。别后终生念念不忘，对李白推崇备至，说他的诗“笔落惊风雨，诗成泣鬼神”“白也诗无敌，飘然思不群”，表达了对李白的景仰之情。韩愈对李白也给以很高的评价。当时有人“谤伤”李白、杜甫两位大诗人，韩愈在《调张籍》一诗中写道：“李杜文章在，光焰万丈长。不知群儿愚，那用故谤伤？蚍蜉撼大树，可笑不自量。伊我生其后，举项遥相望。”显示出韩愈对李白的推尊。唐代和后代的许多诗人，如唐代的李贺，宋代的苏轼、辛弃疾、陆游，明代的高启，清代的龚自珍等，都在不同程度上受到了李白的影响，而取得不同成就。晚清诗人龚自珍说过：“庄屈实二，不可以并，并之以为心，自白始。”余光中评价他：“酒入豪肠，七分酿成了月光，余下的三分啸成剑气，绣口一吐就是半个盛唐。”毛泽东十分赞赏李白的诗，他说李白的诗“文采奇异，气势磅礴，有脱俗之气”“李白的诗豪放，想象力丰富，读了使人心旷神怡”，称颂李白是“空前绝后的不朽艺术家”，这与历代诗人对李白的推崇和评价是一致的。

5.3.2　李白故里旅游文化

李白是中国文坛上最受崇敬的伟大诗人，是联合国教科文组织颁布的世界文化名人。有关李白的纪念地和祭祀地，遍布长江南北和黄河流域。如在安徽，有李白墓、青莲祠；在浙江有太白书堂；在山东有太白酒楼。在李白故里江油，李白足迹遍及十个乡，近三十余处，留下大量的遗址和遗迹，如太白祠、陇西院、粉竹楼、洗墨池、名贤祠、青莲书院、法华寺、石牛碑、太白墓、法华渡、月园墓等。其中，李白故居是目前最能完整追溯李白文化渊源的地方，在1963年被四川省人民政府列为省级文物保护单位。

5.3.2.1　太白祠

太白祠为祭祀“诗仙”李白的祠堂。《彰明县志》记载：太白祠始建于宋代，原名太白府。它是一座红墙大院，现存院落两重、大殿三座。这座祠堂重建于清代乾隆四十二年（1777）。殿内原有李白塑像一尊，惜今已不存。太白祠大门有一楹联：“盛唐诗酒无双士，青莲文苑第一家。”言简意赅地介绍了这位天才诗人李白斗酒诗百篇的才能及其在中国文学史上的重要地位。在正殿的左右两侧，各有一座古碑：一座是《彰明太白祠》诗碑，刻立于清代嘉庆八年（1803），诗文由当时的彰明县（今江油市）县令张洪轩撰写；另一座叫《癸酉孟秋过彰明漫坡渡谒太白祠》，刻立于清代嘉庆十八年（1813），诗文由当时的四川道台兼龙安府事赵金笏所写。这两座诗碑，深切地表达了后人对李白的尊重和怀念。

5.3.2.2　陇西院

陇西院位于青莲镇东南5千米处的天宝山麓，因李白祖籍陇西成纪（今甘肃省天水市附近）而得名。据《新唐书》记载，李白为兴圣皇帝（凉武昭王李暠）九世孙。这个家族此前还涌现出李信、李广等人。李信是战国末期秦国著名将领，李广是西汉时期的名将，人称“飞将军”。李白的父亲李客家资颇富，可能是在西北经营西域与内地间货物交流的巨商。大约在李白 5 岁时，李客逃归蜀地，居绵州昌隆（今四川江油市）清廉乡，又称青莲乡。陇西院是李白全家迁入蜀地后居住的地方，为李白故宅。

陇西院牌坊正中面竖匾书“陇西院”，周围用彩瓷镶嵌九蟠龙。下面三门以石柱相间，柱上各刻楹联。中门是“弟妹墓犹存，莫谓仙人空浪迹；艺文志可考，由来此地是故居”。右门是“旧是谪仙栖隐处，恍闻昔日读书声”。左门是“太华直接青莲宅，天宝遥看粉竹楼”。含蓄而贴切地道出了当地人民对李白的深深敬意和无限的怀念。

陇西院内的建筑由陇风堂、序伦堂和李白旧宅组成。正面高台上为李白离故乡前的塑像，极目远眺，风流倜傥。陇风堂殿宇高敞，古朴典雅。门上匾额集清末蜀中著名学者赵熙的字，对联是：“憔悴何伤，想当年采石星陨，一身之外无长物，使青史流传，足见文章有价；光芒不渝，看此日陇院声蜚，千载而还成胜迹，与匡麓并秀，堪叹国士无双。”前殿陈列有十余组反映李白生平的瓷雕和唐三彩。后殿正中端坐着战国名将、李白先祖李信的塑像，戎装铁甲，威武端庄。两边陈列有李广、李客等的牌位。左边墙壁上是李广射猎图，右边墙上挂有李白先祖世系表。正面墙壁上是复制的唐代壁画和历代名家画的李白像。从陇风堂中可以看出李白先祖曾苦战边关，为国家立下了赫赫功勋。正如李诗云：“本家陇西人，先为汉边将。功略盖天地，名飞青云上。”李白正是继承了这一家风，一心要为国家建功立业。

陇风堂东边为新建的序伦堂，匾额集著名书法家于右任字。西边的小四合院是李白真正的故居，青瓦粉墙，青石铺地，质朴典雅。院分门厅、天井、堂屋、厢房几个部分。门厅内悬挂着十四幅木刻线雕画，形象地讲述了李白不平凡的一生。堂屋是李家祭祀祖先的地方，悬挂着老子李耳、汉飞将军李广、唐太宗李世民的画像。两旁厢房布置为卧室、书房、琴房。室内陈设着古朴的家具。小院内外，名家题写的楹联匾额对比比皆是。其中一副对联是集太白诗所得：“垂辉映千春，天生我材必有用；举杯邀明月，诗成啸傲凌沧洲。”

5.3.2.3 磨针溪

磨针溪在陇西院附近。传说李白在山中读书的时候，没有完成好自己的学业，就放弃学习离开了。他路过一条小溪，遇见一位老妇人，她正在那里磨一根铁棒。李白问这位老妇人在干什么，老妇人说：“要把这根铁棒磨成针。”李白被她的精神感动，就回去完成学业，终于成为伟大的诗人。这就是“只要功夫深，铁杵磨成针”的来历。那老妇人自称姓武，后人在溪边立有一块武氏岩。

5.3.2.4 粉竹楼

粉竹楼坐落于青莲镇北太华山麓，是李白胞妹李月圆故居。李月圆是一个才貌双全的女子，相传李月圆年轻时，为代哥哥李白尽孝，虽许配人家，但留而未去，常与其好友张雪娥在绣楼中吟诗作词。早晚妆洗的脂粉泼洒在楼下竹子上，天长日久，竹上便覆盖了一层白粉成为粉竹，其楼便称作“粉竹楼”。现存粉竹楼乃清道光十七年（1837）所建，为一座大四合院，有三道门洞，各有一联。中为“犹是陇西布衣，不吾欺也；或谓山东李白，其谁信之”。左右各为“月圆徽音不远，谪仙何时归来”“月冷江干成胜迹，风米海表识高贤”。进山门为表演戏剧的舞台，左右为厢房、厢楼。正中为殿堂，内塑李月圆像，塑像左右各立金童玉女。

5.3.2.5 洗墨池

洗墨池在粉竹楼东 250 米处，粉竹楼之后的山腰上，是李白洗墨的地方。洗墨池实为一口井，井深 1.5～2 米，呈方形，边长 0.7 米。泉水终年不涸，四季清澈。传说李白兄妹少时读书习字，常到此处洗笔墨砚具。井水深绿，酷似墨染，汲来却明净无色。又因此井水面不时有鱼眼泡上涌，状如蒲花，故当地人又称“蒲花井”。1949 年后，江油市文化部门在井上加砌石栏，题刻“李白洗墨池”碑。

5.3.2.6 李白衣冠墓

李白衣冠墓位于青莲镇小学内。李白故里本无墓。762 年冬，李白死后由其族叔李阳冰安葬于安徽当涂龙山黄东麓。817 年，李白生前好友范传正为实现李白“宅近青山同谢朓”的遗愿而迁葬其于青山。今“李白衣冠墓”是清同治八年（1869）由彰明县令何恺堂倡导修建，墓内葬唐制翰林学士衣冠、李白诗集。

5.3.2.7 月圆墓

月圆墓是李白胞妹李月圆之墓，坐落于陇西院东侧的天宝山腰。《彰明县志》载：“李白之妹李月圆，生长于青莲，由于兄台未归，死后便葬于此。”由于历经各代，而李家又无后人，墓碑多次被毁，现存碑为近人题“唐李月圆之墓”。在李月圆墓前不远的地方，有一方石刻，上面题有《题月圆墓》一诗：“阿兄文苑早蜚声，妹冢亦存榆社名。畊读并传民意重，月圆太白共长生。”

5.3.2.8 太白碑林

太白碑林与陇西院毗邻，是一处弘扬李白文化的重要建筑。中国著名社会活动家、著名书法家赵朴初先生于1992年为太白碑林题名。以李白诗歌为主线规划的太白碑林，由现代书法名家书写李白诗歌，以艺术碑林为载体，再现李白诗歌艺术。根据李白诗风的脉络，分为“李白诗精品园”“清风明月园”“故园山水园”“磨针寻梦园”“诗仙醉酒园”等五大部分。建造各型石碑1 500座，碑刻的内容主要是历代书法名家，如毛泽东、周恩来、鲁迅、沈尹默、祝枝山、徐渭等书写的李白诗歌和颂扬李白的楹联诗文等近2 000件创作精品，风格迥异，足以体现我国源远流长的书法艺术的深刻魅力。太白碑林把诗歌艺术、书法艺术、园林艺术有机结合起来，形成一座特色鲜明的主题公园，极具欣赏价值和艺术价值。

5.3.2.9 李白纪念馆

李白纪念馆位于江油市北郊秀丽的昌明河畔，是纪念伟大诗人李白的纪念性名人博物馆。该馆始建于1980年，1982年正式开馆。该馆仿唐园林建筑群，建筑古朴雄伟，规模宏大，占地4万余平方米。现为全国著名爱国主义教育示范基地和国家4A级旅游景区。李白纪念馆内陈列丰富，“香云轩”为奇石根雕展，“花雨轩”为现代名家书画展，“太白堂”为序厅，“诗苑”为馆藏历代书画精品展，“太白书屋”为李白生平事迹展，“古风堂”为江油历史文物陈列展，另有碑廊、画廊、“归来阁”等。

5.4 杜甫旅游文化

5.4.1 杜甫的一生

杜甫（712—770），字子美，自号“少陵野老”，后人又称他为“杜少陵”“杜工部”或“诗圣”。杜甫出身于一个“奉儒守官”的官僚家庭。先祖杜预是西晋名将，不仅战功卓越，功封当阳侯，而且曾注解过《春秋》。曾祖杜依艺曾任河南巩县（今巩义市）县令，祖父杜审言曾任修文馆学士、尚书膳部员外郎等职，是唐代五言律诗的奠定者，他的文章与李峤、苏味道、崔融齐名，称“文章四友”，诗歌与沈佺期、宋之问齐名。杜甫曾宣称“诗是吾家事”“吾祖诗冠古”。杜甫的母亲是初唐时著名诗人崔融的女儿，出身清河崔氏。杜甫的外祖母是太宗李世民的孙子义阳王李琮的女儿，杜甫的父亲杜闲曾任兖州司马、奉天县令，外祖母的母亲是高祖李渊第十八子舒王李元名的女儿。杜甫在先天元年（712）生于河南巩县，排名第二，还有四个弟弟和一个妹妹。这样的家庭环境影响了杜甫“致君尧舜”的人生理想的形成和诗歌的创作，他一直都奉行儒家“兼济天下”的信念，其诗歌创作关心现实。

5.4.1.1 读书壮游

杜甫在 20 岁之前主要在洛阳读书，因为他的母亲去世得早，他被寄养在洛阳二姑母家。杜甫从小好学，“七龄思即壮，开口咏凤凰。九龄书大字，有作成一囊。”(《壮游》) 14 岁就受到前辈文人的赞扬。20 岁开始漫游，南下吴越，东游齐赵。在洛阳遇到李白，一道游历了汴州、兖州等地，“醉眠秋共被，携手日同行”(《与李十二白同寻范十隐居》)，结下了深厚的友谊。杜甫一生留下的追忆和酬赠李白的诗有 11 首。杜甫、李白在河南商丘又遇到高适，三人一起同游了大半年，成了文学史上的一段佳话。杜甫 24 岁时参加过进士考试，但未能及第。当时的唐王朝经济发达，人民生活富足，杜甫也衣食无忧。35 岁以前的这段时期是杜甫一生中最快乐的时期，《望岳》就是这一时期的佳作，“会当凌绝顶，一览众山小”可谓千古名句。

5.4.1.2 困顿求仕

746 年，杜甫怀着“自谓颇挺出，立登要路津。致君尧舜上，再使风俗淳”的理想，到京城长安求仕。玄宗纵情声色，李林甫专权，他为了排除异己，上表祝贺“野无遗贤”，致使参加考试的所有人员均未被录取。杜甫为了在政治上寻求一条出路，多次向当权的官僚投诗干谒，过着“朝扣富儿门，暮随肥马尘。残杯与冷炙，到处潜悲辛”的生活。他还直接向唐玄宗献《三大礼赋》《封西岳赋》，以期得到赏识。经过不断努力，他得到了兵曹参军的小官。35 岁到 44 岁这段时期，杜甫看到了人民的痛苦与统治阶级的腐朽昏庸，写出了《兵车行》《丽人行》《自京赴奉先县咏怀五百字》等许多现实主义的杰作，表现出强烈的忧国忧民思想。

5.4.1.3 陷贼为官

杜甫 44 岁到 48 岁这段时期，是安史之乱愈演愈烈的时期，国家岌岌可危，人民灾难深重，诗人自己也历尽艰险。安史之乱后，老一辈的诗人趋于沉寂，新起的诗人尚未成熟。而杜甫密切注视时局发展，与人民一起流亡，用诗歌真实地反映现实，唱出了时代的声音，成为伟大的现实主义诗人。安史之乱爆发时，他在奉先（今陕西蒲城）探亲，把家眷安排到鄜州（今陕西富县）羌村后，赶往肃宗即位的灵武投奔唐肃宗。途中被安史叛军俘虏到长安，在此期间，他写有《悲陈陶》《春望》《哀江头》《月夜》等诗歌。杜甫从长安逃出后，唐肃宗任命其为左拾遗，乾元二年（759），因营救房琯，触怒肃宗，杜甫被贬到华州（今华县）。同年七月，杜甫在华州任上辞官，为生计所迫而西行渡陇，往客秦州投奔其从侄杜佐和僧人赞公，过着“囊空恐羞涩，留得一钱看”的艰辛生活。碰巧同谷友人来信相邀，杜甫于是在十月携家前往同谷，在同谷停留一月有余就奔向成都，同年年底终于到了成都。这一时期，他看到了各种惨象和朝廷平叛中出现的种种矛盾与冲突，写出了具有“诗史”意义的作品，如《新安吏》《潼关吏》《石壕吏》《新婚别》《垂老别》《无家别》。

5.4.1.4 漂泊终老

乾元二年（759）十二月底，杜甫到达成都，寄居在城西浣花溪畔的草堂寺。第二年的春天，杜甫在朋友的帮助下，开始在浣花溪畔修建草堂，这便是“万里桥西一草堂，百花潭水即沧浪”（《狂夫》）中提到的成都草堂。杜甫定居草堂后，在剑南节度使裴冕、彭州刺史高适与成都尹严武等人的资助下，生活暂时安定下来。这一时期，对杜甫帮助最大的人就是严武，他在上元二年（761）十二月为成都尹。至宝应元年（762）七月，严武还朝，杜甫送严武到达绵州期间，徐知道在成都叛乱，杜甫无法回归，开始了在梓阆间的漂泊。

广德二年（764）春，严武再度镇蜀，杜甫复归草堂。经严武推荐，杜甫被任命为节度使署中参谋，检校工部员外郎，六月进入严武幕府，所以杜甫后来被人称为杜工部。杜甫因为年老多病、怀念草堂闲适生活，加之不胜幕府烦琐，而且颇受幕府同僚猜忌，在幕府任职 6 个月后，于永泰元年（765）正月辞幕归家。同年四月，严武突然病逝，年仅 40 岁。五月时杜甫就离开了成都草堂，踏上了东行之路。杜甫经嘉州（今乐山）、戎州（今宜宾）、渝州（今重庆）、忠州（今忠县）、云安（今云阳），于次年大历元年（766）到达夔州（今奉节）。在夔州都督柏茂林的资助下，杜甫在夔州居住下来，直到大历三年（768）正月才离开。杜甫在蜀居住的 4 年是其诗作的成熟期和丰收期，仅在成都浣花草堂就作诗 271 首，在夔州作诗 430 多首。

大历三年（768）正月，由于思念家乡，杜甫乘舟出峡，这是诗人的最后一次漂泊。他先到湖北江陵，又转公安，年底又漂到湖南岳阳，一直住在船上。大历四年（769）正月，他由岳阳到潭州（长沙），又由潭州到衡州（衡阳），复折回潭州。大历五年（770）四月，臧玠在潭州作乱，杜甫逃往衡州，原打算再往郴州投靠舅父崔伟。但行至耒阳，遇江水暴涨，只得停泊方田驿，五天都没有食物，幸亏耒阳县令聂某派人送来酒肉，才没有饿死。就在这年冬天，诗人死在由潭州往岳阳的一条小船上。

杜甫一生写诗约 1 500 首，是唐代诗人里数量最多、流传最广泛的。他的诗具有丰富的社会内容、强烈的时代色彩和鲜明的政治倾向，真实深刻地反映了安史之乱前后一个历史时期的政治时事和广阔的社会生活画面，因而被称为“诗史”。韩愈评价杜诗说：“李杜文章在，光焰万丈长。”闻一多认为杜甫是“中国有史以来第一个大诗人，四千年文化中最庄严、最永久的一道光彩”。

5.4.2 杜甫草堂旅游文化

765 年，杜甫离开成都后，草堂便倾毁不存。唐末五代前蜀时，诗人韦庄寻得草堂遗址，重结茅屋，使之得以保存。宋元明清历代都有修葺扩建。如今，成都的杜甫草堂是中国规模最大、保存最完好、知名度最高、最具特色的杜甫行踪遗迹地，是有关杜甫平生创作馆藏最丰富、保存最完好的地方，是中国文学史上的一块圣地，也是成都的文化地标。

杜甫草堂是纪念性建筑与园林相结合的成功典范，主要分为文物景点游览区（草堂旧址）、园林景点游览区（梅园）和服务区（草堂寺）三大区。其中，草堂旧址内，照壁、正门、大廨、诗史堂、柴门、工部祠排列在一条中轴线上，两旁配以对称的回廊与其他附属建筑。其间有流水萦回，小桥勾连，竹树掩映，显得庄严肃穆、古朴典雅、幽深静谧和秀丽清朗。

5.4.2.1 正　门

成都杜甫草堂正门，有匾额“草堂”二字，是清代康熙皇帝的十七子、雍正皇帝的弟弟果亲王允礼所题。允礼于雍正十二年（1734）赴泰宁（世传六世达赖灵童降生之地），送达赖喇嘛回西藏。途经成都，拜谒草堂，题写“少陵草堂”四字，后镌刻成碑，现立于工部祠东侧。正门两侧悬挂“万里桥西宅，百花潭北庄”对联一副。该联出自杜诗《怀锦水居止二首》，它十分准确地点明了当年草堂位于万里桥的西边，百花潭的北面。“万里桥”即今成都南门大桥。史载三国时蜀相诸葛亮送费祎出使东吴，在此设宴饯别。诸葛亮深感费祎此行路途遥远，联吴抗魏任务艰巨，因此说：“万里之行始于此。”万里桥因此得名。联中的“百花潭”并非今天成都的百花潭，而是在浣花溪上游现名“龙爪堰”的地方，因水流湍急，浪花涌激，状若百花而得名。也有人说是因浣花溪畔花树繁茂，“二十里路香不断，青羊宫到浣花溪”，花飞花谢，满潭溢香而得名。

5.4.2.2 大　廨

大廨即官署，指古代官吏办公的场所。虽然杜甫一生胸怀大志，抱负不凡，却始终得不到统治者的重用，只做过左拾遗、检校工部员外郎等。严格讲来，这些只是可有可无的闲职。但他爱国忧民之心至死不渝，后人为此深受感动。因此，清嘉庆十六年(1811)重修草堂时，出于尊崇而将其命名为大廨。大廨大门两侧，是一副由曾任四川总督、成都将军的吴棠集杜甫诗而题写的著名对联：“吏情更觉沧州远，诗卷长留天地间。”上联出自《曲江对酒》，下联出自《送孔巢父谢病归游江东》。上下联分别借用杜诗，从匡世济民的思想情操和彪炳天地的诗歌成就两方面言简意赅地褒扬了杜甫。

大廨厅中央是杜甫塑像，出自中央美术学院雕塑系教授钱绍武之手。这尊铜像身材精瘦，以表现诗人饱经忧患的一生和他忧国忧民的情怀。透过塑像那单薄羸弱的身骨，杜甫一生饱经忧患、贫病交困、郁郁不得志的不幸经历，便已呈现在观者眼前。塑像低首捋须、沉思苦吟的神态，将诗人忧国忧民的情怀表现得淋漓尽致。

大廨内有一副名联：“异代不同时，问如此江山龙蜷虎卧几诗客？先生亦流寓，有长留天地月白风清一草堂。”联文作者顾复初，江苏苏州人，通辞章、擅楹对、工书画。咸丰、同治、光绪年间，顾复初先后做过成都将军完颊崇实，四川总督吴棠、李瀚章、丁宝桢、刘秉璋等人的高级幕僚，以文笔犀利洗练著称，光绪年间被称为“蜀中第一书家”。“异代不同时”语出杜甫咏怀战国后期楚国辞赋作家宋玉等古人旧宅的组诗《咏怀古迹五首》中的“怅望千秋一洒泪，萧条异代不同时”。意思是怅望先贤，令人感而落泪，自己和宋玉虽生于不同时代，但遭遇却完全一样，都没能遇到贤明的君主而落拓失意。而对联作者顾复初用“异代不同时”，将自己对杜甫的追怀比作杜甫追怀宋玉，抒发了怀才不遇的悲愤。顾复初把自己和杜甫比作是龙虎一样的诗客，但是却如蜷龙卧虎一般，不能伸展自己的凌云壮志。因此，上联有两层含义：一是赞美杜甫，也暗指自己是不可多得的济世之才。二是叹息怀才不遇，在众多诗人墨客中，能有几个像你我这样才华横溢、立志报国，但却不能为世所重，只能如蜷龙卧虎，不得伸展凌云壮志。下联指杜甫和自己都流寓蜀中，杜甫虽未遇明君，壮志难酬，却能因诗垂名，留下了长存天地的草堂，受世人凭吊瞻仰。而言外深意，则是慨叹自己纵有满腹经纶，不仅没能实现报国之志，也没有能像草堂那样流传后世的成就，命运更为不幸，身后只能是销声匿迹了。顾复初在此联中，把一腔怀才不遇的幽怨，借咏赞杜公含蓄委婉地倾诉了出来。然而作者没有想到的是，该联使他的名字与草堂共存。这副对联写得非常含蓄婉致而耐人寻味。毛泽东同志 1958 年游览草堂时曾在这里仔细观赏，久久沉思。

大廨内的名联还有叶剑英同志 1960 年 3 月参观草堂时所赋绝句的前两句："杜陵落笔伤豺虎，爱国孤悰薄斗牛。"上联借用杜甫赞美李白的诗句"笔落惊风雨，诗成泣鬼神"赞美杜甫，下联指杜甫一生忧国忧民，虽受排斥，却至死不悔，他那独有的满腔爱国热情，忠义正气，直冲霄汉，逼近斗牛。而张爱萍将军题留的"挺身艰难际，张目视寇仇"，则是借用杜诗赞美杜甫爱憎分明，在国家艰难时敢于挺身而出的精神。

5.4.2.3 诗史堂

诗史堂是杜甫草堂纪念性祠宇的中心建筑，收藏了杜甫留下的约 1 500 首诗歌，主要以反映现实、忧国忧民的不朽作品为主，如"三吏三别"、《兵车行》《丽人行》《自京赴奉先县咏怀》等。人们认为杜诗生动形象地反映了唐王朝由盛到衰的过程，具有很高的历史价值，素有"以诗证史，以诗补史"的说法。唐代孟棨说："杜逢禄山之难，流离陇蜀，毕陈于诗，推见至隐，殆无遗事，故当时号为'诗史'。"诗史堂因此得名。

诗史堂大门上有对联："诗有千秋，南来寻丞相祠堂，一样大名垂宇宙；桥通万里，东去问襄阳耆旧，几人相忆在江楼。"该联以杜甫的文章道德比诸葛亮的文治武功，颂扬杜甫像诸葛亮一样，英名永垂天地，也表达了对杜诗成就的崇敬和追怀先贤的感情。另一门联"侧身天地更怀古，独立苍茫自咏诗"，是四川诗人、书法家谢无量集杜诗而题。

诗史堂大厅正中，陈列着一尊由我国著名雕塑家刘开渠先生以写实的手法刻画的杜甫胸像：微蹙的眉宇，深沉的目光，以及冷峻的嘴角，准确而凝练地刻画出诗人忧国忧民的拳拳赤子之心。塑像两侧的楹柱上，悬有朱德同志 1957 年参观草堂时题写的对联："草堂留后世，诗圣著千秋。"这副对联道出了杜甫和他的故居在人们心目中的崇高地位，表达了朱德对诗圣的崇敬和对草堂名胜的热爱。

诗史堂大厅的东壁，有陈毅同志所题对联："新松恨不高千尺，恶竹应须斩万竿。"此联出自杜诗，诗人用比兴手法，以松代表美好事物，以恶竹代表腐朽势力，希望代表美好事物的松树快快成长，对代表邪恶的恶竹则主张毫不留情地斩除干净。陈毅同志曾多次题写该联，表现了他爱憎分明、惩恶扬善的高尚情操。

诗史堂大厅西壁，悬挂着郭沫若1953年以草书撰写的对联："世上疮痍，诗中圣哲；民间疾苦，笔底波澜。"上联指杜甫用诗歌真实、生动地反映出"安史之乱"带来的社会的不幸以及唐朝的盛衰之变，不愧为诗中的圣哲。下联则赞扬诗人同情人民的苦难，写了不少反映人民悲惨境遇的不朽诗作，这些诗作震撼人心，犹如波涛巨澜。

东壁对联中间，上面是"唐诗圣杜拾遗像"，下面是民国民间艺人蔡缉武所塑杜甫泥塑像。西壁对联中间，上面是李白画像，下面存放着蔡缉武所塑李白泥塑像。李白、杜甫同为唐代诗坛成就最为突出的大诗人，被郭沫若誉为"中国诗歌史上的双子星座"。虽然两人所走的创作道路不同——杜甫注重现实，李白则很浪漫，但这并不妨碍他们成为感情真挚的好朋友。虽然他们相处的时间并不长，但都深深地牵挂着对方。特别是杜甫，始终对李白充满敬意，在其流传下来的诗篇中，怀念李白的就有十几首，表达了杜甫对这位挚友的钦佩和思念。李杜交谊也是文坛上千古传颂的一段佳话。

诗史堂东西两侧，是"诗圣著千秋陈列"，该陈列是杜甫草堂博物馆为纪念杜甫诞生一千二百九十周年而推出的精品陈列。陈列以朱德同志为草堂题写的对联"草堂留后世，诗圣著千秋"作为主题和基本框架。东侧选取最能代表杜甫不同时期创作特点的诗句，以形象化的陈列语言和具有情感冲击力的表现手段，展示杜甫一生的苦难经历，体现他的人格魅力和崇高精神。西侧截取杜甫在成都草堂的一段生活和创作经历，着重介绍杜甫如何苦心经营草堂，杜甫的草堂诗作所展现的精神世界，以及杜甫离开后草堂的兴衰演变。同时展出的还有草堂2001年出土的文物，有生活器皿、建筑构件、娱乐用品等。

5.4.2.4 水槛（柴门）

"水槛"与"柴门"是后人重修草堂、扩大庭院时所造的象征性建筑。在杜诗中有"新添水槛共垂钓""柴门不正逐江开"的描述。其中，"水槛"指搭在水亭上的木栏，"柴门"是茅屋很简朴的篱笆门。门上匾额"柴门"二字是著名画家潘天寿所书。柴门楹柱上悬挂着明人何宇度撰写、今人陈云诰补书的一副对联："万丈光芒，信有文章惊海内；千年艳慕，犹劳车马驻江干。""万丈光芒"出自韩愈《调张籍》："李杜文章在，光焰万丈长。"这是韩愈对李白杜甫诗歌成就的高度评价。"信有文章惊海内，犹劳车马驻江干"出自杜甫《宾至》："岂有文章惊海内，漫劳车马驻江干。"意思是我又没有文章名扬天下，何必劳烦宾客的车马到这溪边来看望我？表面看起来是谦虚，骨子里却是难以自禁的郁闷和自负。而何宇度则巧妙地改“岂”为“信”，改“犹”为“漫”，将诗人的自谦之语变成了后人的赞誉之辞，十分精巧而绝妙。

5.4.2.5 工部祠

工部祠是供奉杜甫塑像和祭祀的飨殿，是草堂的灵魂。杜甫在成都时，曾被严武表荐为检校工部员外郎，故后人尊称他为杜工部，将纪念他的祠宇称为工部祠。工部祠匾额为著名文学家、教育家叶圣陶先生补书。工部祠前，有曾任四川学政的清人何绍基撰写的对联：“锦水春风公占却，草堂人日我归来。”这副对联反映了文学史上一段佳话：高适与杜甫二人年轻时曾一起漫游名山大川，登临抒怀，饮酒赋诗畅论国事，结为诗友。杜甫避乱入蜀时，高适在成都彭州做官，在经济上给了杜甫不少资助，二人常互寄诗歌，传递友情。761年正月初七的“人日”这天，高适寄给杜甫一首诗《人日寄杜二拾遗》：“人日题诗寄草堂，遥怜故人思故乡……今年人日空相忆，明年人日知何处？”诉说对友人的深切思念，杜甫当时未及酬答。数年后，杜甫漂泊到湖南湘江，偶然翻出此诗，而高适已逝，杜甫本人也处于“亲朋无一字，老病有孤舟”的悲惨境地，不禁睹物生情，潸然泪下，便提笔写下了《追酬故高蜀州人日见寄》一诗：“自蒙蜀州人日作，不意清诗久零落。今晨散帙眼忽开，迸泪幽吟事如昨。”抒发对故友的哀悼之情。此后，高、杜人日唱和的故事便在文人骚客之中流传下来。清代学者何绍基熟知此典故，便趁在四川做官的机会，有意在农历正月初七这一天前来拜谒草堂，并撰写此联，表面上是说自己回到成都，来游草堂，实际上是含蓄地表达了他以杜甫继承者自居的深意。此联一出，引来文人墨客竞相模仿，在每年的农历正月初七“人日”这天，人们纷纷来此朝圣，“人日”游草堂也成为成都一大风俗。杜甫草堂博物馆在“人日”这天要举办隆重的祭祀大典和各种文化活动来纪念杜甫。

工部祠正中为清代建塑的杜甫泥像，东西两侧有北宋诗人黄庭坚和南宋诗人陆游陪祀。黄庭坚是宋朝的著名诗人，又是宋代最大的诗歌流派——江西诗派的实际开创者。在书法方面，他受颜真卿等人的影响，并自成一家，与苏轼、米芾、蔡襄并称“宋四家”。黄庭坚一生喜爱杜诗，学习杜诗，推崇杜诗，他的诗歌创作也是通过学杜甫而形成自己独特的诗歌风貌。著名学者钱锺书先生曾在其《宋诗选注》中说：“自唐以来，钦佩杜甫的人很多，而大吹大擂地向他学习的恐怕以黄庭坚为最早。”陆游是南宋最有成就的诗人，他对杜甫的诗歌和人格都非常推崇和敬仰，认为杜甫是唐代最伟大的诗人，杜诗可以和《诗经》中的雅颂相提并论。他是宋代诗人中使用杜甫诗典故最多的诗人，他的诗歌数量极多，内容极其丰富。后人用黄、陆二人陪祀杜甫，主要有三方面原因：一是他们三人心迹相同，黄庭坚和陆游在诗歌创作上都十分推崇杜甫，学杜卓有成就，黄庭坚得杜诗之形，陆游得其神，并与杜甫忠君爱国思想一脉相承。二是黄庭坚、陆游与杜甫流寓四川的生活经历相似，不是蜀人但都曾谪居蜀中，有着“同是天涯沦落人”的共鸣，写下不少吟咏蜀中风物的诗篇，而且又“去蜀而不忘蜀”，故深得蜀地百姓的敬重。三是殿内若只塑杜甫一人，异乡作客，难免过于孤单，如果三人一堂，既可共论诗艺，免除冷清，又可同受祭礼，以盛香火。三尊塑像均为清代民间艺人所塑。陆游像塑于嘉庆十七年（1812），黄庭坚像则塑于光绪十年（1884）。杜甫神龛两侧悬挂有清人钱保塘所撰、近代商衍鎏补书的对联：“荒江结屋公千古，异代升堂宋两贤。”表明当年在郊野溪畔筑茅屋而居的杜公是千古不朽的；与他生活在不同时代的黄、陆继承了他的衣钵，升堂而入室，成就显赫，堪称宋代的两位贤哲。

工部祠内还存有两通杜甫石刻像，正中是明人何宇度所作，刻于万历三十年（1602），石刻把杜甫刻画得体形丰满、气度雍容。另一通是清朝人张骏临摹南熏殿本所刻“诗圣杜拾遗像”。杜甫石刻像面容清癯，目光深沉，把诗人颠沛流离、忧国忧民的满腔愁肠表现得入木三分。此外，殿内还有两通草堂石刻全景图，分别为清乾隆五十八年（1793）和清嘉庆十六年（1811）所刻，石刻清楚地勾勒出当时的草堂风貌，是十分珍贵的文物。

在工部祠前之东西两侧，有水竹居、恰受航轩两室相配。水竹居因杜诗“懒性从来水竹居”（《奉酬严公寄题野亭》）而得名，恰受航轩因杜诗“野航恰受两三人”（《南邻》）而得名。两室与工部祠形成一品字形小院，突出了工部祠作为祭祀飨殿的主体地位，整个小院显得素雅、肃穆。恰受航轩内，陈列着历代杜集版本。据了解，1 000 多年来，后代学者对杜诗进行了大量的收集、校正、注释、批选、评点、刊行等工作，历代的杜诗版本竟达 700 多种，遗存下来的也有 150 多种。草堂是收集杜集版本最多的地方，其中不乏善本、珍本。还有海内孤本——南宋淳熙（1174—1189）刻本《草堂先生杜工部诗集》，是杜甫草堂博物馆最珍贵的版本之一。

5.4.2.6 碑　亭

少陵草堂碑亭在工部祠后方东面，是杜甫草堂最具代表性的建筑之一，人们将其视为茅屋的象征。“少陵”本为地名，在长安城东南，原叫杜县，汉宣帝在此筑陵，才改名杜陵。在杜陵东南十余里有汉宣帝许皇后墓，该墓因规模小于帝陵所以称“少陵”。杜甫曾在这里住过很长时间，在诗中曾自称“杜陵野老”“少陵野客”，人们故称他为“杜少陵”，称杜甫草堂为少陵草堂。碑亭是一座以茅草作顶的亭子，亭内立有一石碑，镌刻有“少陵草堂”四个大字，为果亲王允礼所书，正门上的“草堂”二字就取自其中。

5.4.2.7 梅 园

梅园位于草堂的西北角。在梅园月洞门外，有一座曲桥横跨湖上，一座四层砖塔——“一览亭”耸立湖畔，塔名取自杜甫《望岳》诗“一览众山小”的句意。塔影倒映水面，与曲桥形成绝妙的呼应，此处塔、桥、湖、花、树，浑然构成一幅精美的画面。

5.4.2.8 草堂寺

草堂寺，又称梵安寺，原是一座千年古刹，始创于东晋，与成都文殊院、昭觉寺、宝光禅寺并称“四大精蓝”。草堂寺有山门（即今草堂南大门）、天王殿、大雄宝殿、戒堂和藏经楼五重主体建筑，庙貌恢宏。杜甫初入成都便寄居成都西郊草堂寺，后才在朋友们的帮助下在寺旁的浣花溪畔营建草堂而安家居住。他曾在《酬高使君相赠》诗中写道：“古寺僧牢落，空房客寓居。故人供禄米，邻舍与园蔬。双树容听法，三车肯载书。草玄吾岂敢，赋或似相如。”

大雅堂原是草堂寺的大雄宝殿，“大雅堂”之名源自《诗经》之“大雅”，有尊崇杜诗为中国诗歌正统之意。门上匾额“大雅堂”三字集自唐代著名书法家颜真卿的字。大雅堂堂前正中立有杜甫铜像一尊，他双眉紧皱，低着头，好像坐在高处俯瞰脚下。该像由著名雕塑家叶毓山创作，取材于杜甫离开成都后的悲惨晚年。杜甫离开成都后，曾漂泊在今天的川东，他坐在江崖上，俯视着脚下的流水，他看到的是“无边落木萧萧下，不尽长江滚滚来”的情景。

大雅堂占地面积达 500 平方米，正中的墙壁上是一幅反映杜甫生平及诗作的巨型磨漆壁画《诗圣杜甫》，长 16 米，宽 4 米，足有 64 平方米，是迄今为止国内最大的彩釉镶嵌磨漆壁画。壁画以连环组合的方式，将杜甫壮年漫游、困顿长安、遭乱流离、寓居成都、羁留夔府、漂泊湖湘等主要生活经历以及《望岳》《秋兴》《茅屋为秋风所破歌》等代表作浓缩在有限的平面内，形象地展示了诗圣杜甫的生活和创作经历。

大雅堂内还陈列着中国诗歌史上最杰出的十二位诗词作家塑像。其中，屈原、陶渊明、陈子昂是杜甫的前辈，屈原爱国忧民的思想情感、陶渊明自然质朴的诗风和陈子昂勇于创新的精神都对杜甫产生过深刻的影响。王维、李白与杜甫是同一时代的诗人，都是以诗名世的大家。尤其是李白，他和杜甫被誉为“中国诗歌史上的双子星座”。后来者白居易、李商隐、苏轼、黄庭坚、陆游、李清照、辛弃疾，或承袭了杜甫的爱国精神，或沿袭了杜甫现实主义的创作道路，或学习杜甫“语不惊人死不休”的创作态度，都开辟了一片自己的创作天空，在诗坛上有不可替代的地位。而杜甫在中国诗歌发展中则起到了承前启后的作用。大雅堂以杜甫为核心贯穿起中国诗歌发展线索，正体现了我国从先秦以来代代相传的优秀诗歌创作传统。

成都的杜甫草堂，不仅是一个风景秀丽的地方，也是一个充满着文化气息的地方，是蜚声全球的中国文学圣地和研究杜甫的资料库。1961 年，杜甫草堂被国务院公布为第一批全国重点文物保护单位。1985 年成立杜甫草堂博物馆，2008 年被国家文物局评为首批国家一级博物馆，也是全国古籍重点保护单位，国家 4A 级旅游景区。

5.5 眉山三苏祠旅游文化

5.5.1 “三苏”概况

清代名臣张鹏翮曾以“一门父子三词客，千古文章四大家”赞誉“三苏”。“三苏”是唐宋八大家中的苏洵和他的儿子苏轼、苏辙。

苏洵（1009—1066），字明允，号老泉。远祖是唐朝苏味道，赵州栾城（今属河北）人，曾为武则天时凤阁侍郎、宰相，后被贬为眉州刺史。苏洵的父亲苏序对功名利禄看得比较淡漠，但苏洵的两个哥哥苏澹、苏涣“皆以文学举进士”。苏涣先后任阆中判官、祥符县令、利州提刑使。而苏洵少时游荡不学，到了 27 岁才开始发愤读书，其事迹被写入古代童蒙读本《三字经》：“苏老泉，二十七。始发愤，读书籍。彼既老，犹悔迟。”苏洵先后三次进京考试皆名落孙山，后转而潜心著述，精习六经及百家学问，以散文著称于世，代表作《六国论》是历代传诵的名篇。后经欧阳修等人举荐，苏洵先后任秘书省试校书郎、霸州文安县主簿等职。苏洵有三子三女：长子幼年夭亡，次子苏轼，三子苏辙；长女、次女也早卒，三女乳名八娘，能诗能文，但她嫁给舅舅程浚之子程正辅为妻后，备受公婆虐待，郁郁而终。

苏辙（1039—1112），字子由，一字同叔，号栾城，晚年自号颍滨遗老。苏轼之弟，人称“小苏”。苏辙在散文方面成就卓著，并以策论见长，主要著作有《栾城集》，文章以《上枢密韩太尉书》较著名。苏辙仕途之路与苏轼紧密联系，十分跌宕起伏。

苏轼（1037—1101），字子瞻，号东坡居士。嘉祐元年（1056），苏洵带领 20 岁的苏轼、18 岁的苏辙参加了京城开封礼部的进士考试。苏轼的《刑赏忠厚之至论》一文获得主考官欧阳修的赏识，却因欧阳修误认为是自己的弟子曾巩所作，为了避嫌，使他只得第二，此事被传为文坛佳话。事后欧阳修说：“读轼书，不觉汗出，快哉，快哉！

老夫当避路，放他出一头地也。”这就是成语“出人头地”的出处。嘉祐二年（1057）正月，苏轼兄弟同科进士，轰动京师。

此时，由于母亲病故，苏轼兄弟需回蜀守孝三年，不能外出做官。嘉祐四年（1059）十一月，苏轼兄弟服丧期满，经欧阳修等推荐，他们参加了秘阁的制科考试。苏轼参加直言极谏科的考试，考入第三等（为“上考”）。宋初 100 多年以来，只有吴育和苏轼两人被录入第三等。苏辙考入四等。不久，苏轼被任命为大理评事签书凤翔府（今陕西凤翔）判官，而苏辙被任命为商州（今陕西商县）推官。苏轼在凤翔任职 3 年多后，在治平二年（1065）正月回朝后，又参加馆阁考试，并以最高的“三等”入选，授官直史官（编修国史机关的官员）。这时，不幸的事接踵而至，先是苏轼的妻子王弗在五月卒于京师，接着第二年四月父亲苏洵又病故，他和苏辙一起扶柩从水路回蜀，依礼守制家居。

熙宁元年（1068），苏轼兄弟守丧期满。还朝后，苏轼恢复殿中丞、直史馆的职衔，差判官诰院（负责颁发官吏授官凭证的机构），苏辙任制置三司条例司属官。此时，朝廷中以王安石为首的变法派与反对派斗争激烈。苏轼虽主张改革，但其改革思想同王安石存在一些分歧，加上新法在实施过程中实际出现的一些弊端，令他站到了反对派的一边。当时王安石正着手改革科举制度，苏轼立即写了《议学校贡举状》，表示坚决反对。王安石乃任命苏轼为开封府推官（掌管刑狱的官员），企图使他远离皇帝的视线，少有余力干预朝政。苏轼感到汴京难留，便自请外调。从熙宁四年（1071）起，他历任密州、徐州、湖州等地知州。

熙宁九年（1076），王安石罢相。一些投机新法的官僚结党营私，倾轧报复，苏轼从此成了政治倾轧的牺牲品。元丰二年（1079），御史中丞李定、舒亶等人以诽谤新政的罪名，把苏轼逮捕入狱，这就是著名的“乌台诗案”，苏轼几次濒临被砍头的境地。幸亏宋太祖赵匡胤曾定下不杀士大夫的国策，苏轼才算躲过一劫。三个多月后，苏轼出狱，被贬为黄州（今湖北黄冈）团练副使，他曾多次到黄州城外的赤壁山游览，写下了《赤壁赋》《后赤壁赋》和《念奴娇·赤壁怀古》等千古名作。闲暇之余，苏轼便带领家人在城东的一块坡地，种田帮补生计，这便是别号“东坡居士”的由来。

元祐元年（1086），司马光执政，尽废新法。苏轼因反对废除免役法等行之有效的新法，又同旧党发生矛盾，因而遭到排斥，于是再度请求外调。从元祐四年（1089）起，苏轼先后任杭州、颍州、扬州、定州等地知州。苏轼在杭州期间，疏浚西湖，用挖出的泥在西湖旁边筑了一道堤坝，也就是著名的“苏堤”。他所写的描写西湖的诗篇《饮湖上初晴后雨》，在写西湖的诗中无人能及。

元祐八年（1093），高太后死，哲宗亲政，新党重新上台。次年，苏轼被贬在惠州（治所在今广东惠阳）安置，3 年后又远谪儋州（今海南岛）。据说在宋朝，放逐海南是仅比满门抄斩罪轻一等的处罚。元符三年（1100），徽宗即位，他才遇赦北归。次年行至常州病卒，后葬于汝州郏城县（今河南郏县），享年 65 岁，追谥“文忠公”。

“三苏”中，成就最高的是苏轼。他不但在散文创作上成果甚丰，而且在诗、词、书、画等各个领域中都有重要地位。他给我们留下 2 700 多首诗，300 首词，4 800 多篇文章，都达到了极高的水准。在诗歌上，苏轼与黄庭坚并称“苏黄”。作为杰出的词人，他开辟了豪放词风，同辛弃疾并称为“苏辛”。“大江东去，浪淘尽，千古风流人物”“明月几时有，把酒问青天”等名句都已传唱了千年，堪称宋代文学最高成就的代表。苏轼还是大书法家，是北宋“湖州竹派”的代表人物之一，与黄庭坚、米芾和蔡襄并称宋代的四大书法家，其作品《寒食帖》被誉为“天下第三行书”。在哲学方面，苏轼是当时北宋关学、洛学、蜀学三大派当中蜀学的代表人物。在史学方面，苏轼也颇有见地。苏轼还是位美食家，他创制的东坡羹、东坡墨鱼、东坡肘子、东坡肉更是名扬千古。

5.5.2 三苏祠旅游文化

三苏祠位于四川眉山市城区西南，是北宋时期著名文学家、艺术家和政治家苏洵、苏轼、苏辙的故居。三苏祠主体建筑坐北朝南，由南而北依次由正门、前厅、飨殿、启贤堂、来凤轩和东西两侧厢房组成三进四合院，主要满足陈列和纪念功能。三苏祠周围红墙环抱，云屿楼、披风榭、瑞莲亭、百坡亭、抱月亭、绿洲亭、快雨亭、碑亭等许多附属建筑掩映在翠竹浓荫之中，错落有致，呈“三分水，二分竹”的“岛居”格局，是一座富有四川特色的古典式园林建筑。三苏祠在陆续重建中，继承了三苏文脉和造园意境，祠内一堂一榭、一池一山、一花一木皆与所纪念之先贤——三苏父子的品德、风格、才华、性情息息相关，且无不浸透着历代后人对他们的仰慕与尊敬。

三苏祠不但是一座供人学习、了解三苏文化的地方，也是供人们拜谒三苏的祠堂和休闲游览的园林。三苏祠是目前国内规模最大、保存最完好的纪念三苏的祠堂，1980 年被列入四川省重点文物保护单位，1984 年成立眉山三苏祠博物馆，2006 年 5 月被列入第六批全国重点文物保护单位名单。三苏祠因三苏父子而享誉中外。

5.5.2.1 正　门

三苏祠门楣正中悬挂着清代诗人、画家、书法家何绍基题写的“三苏祠”匾，檐柱对联“克绍箕裘一代文章三父子，堪称楷模千秋万代永馨香”，是著名文学史家姜书阁撰书。对联说三苏继承家学都成了大文豪，道德文章声名远播，使后人对他们景仰思念。

门柱上刻着由已故四川大学国学院院长、教授向楚撰文，由原四川省文史馆副馆长刘孟优书写的一副对联："北宋高文名父子，南州胜迹古祠堂。"大门内有象征三苏父子的三棵高大挺拔的古树，一棵是黄桷树，两棵是银杏树。黄桷树隐喻苏洵，银杏树隐喻苏轼、苏辙。

前厅门楣正中有道光十四年（1834）眉州知州洪运开书的"文献一家"匾，意思是一家都是圣贤。前厅檐柱上悬挂着著名语言学家、文学家郭绍虞 88 岁高龄时撰写的对联："萃父子兄弟于一门，八家唐宋占三席；悟骈散诗词之特征，千变纵横识共源。"前厅门枋上挂有一副由雍正时武英殿大学士张鹏翮撰文，宣统二年（1910）四川盐茶使赵藩书写的木刻对联："一门父子三词客，千古文章四大家。"简明扼要地评述了苏氏父子在中国文学史上的地位及其产生的深远影响。其中，"千古文章四大家"有多种解释：一说在唐宋八大家中，苏轼与韩愈、柳宗元、欧阳修最为有名，称为千古文章四大家；第二种说法是在四川文学历史上，苏轼与扬雄、司马相如、陈子昂合称四大家；第三种则说苏洵与苏轼、苏辙以及苏轼的小儿子苏过，合称苏家文学上的四大家。

5.5.2.2 飨 殿

飨殿也称正殿、大殿，是供奉、祭祀三苏父子的地方，建于康熙四年（1665）。飨殿前三楹有三架匾：中为"是父是子"，左为"文风鼎峙"，右为"文章气节"。"是父是子"是清乾隆四十三年（1778）眉州知州蔡宗建书，表达了对苏家父子由衷的赞叹。"文章气节"是乾隆四十三年（1778）四川督学使刘锡嘏书。"文峰鼎峙"为康熙四十三年（1778）眉州知州金一凤题，乾隆十六年（1751）眉州知州宋载书。匾下三副对联中，以云南杨庆远撰书于光绪十九年（1893）的一副最为有名：

宦迹渺难寻，只博得三杰一门，前无古，后无今，器识文章，浩若江河行大地；

天心原有属，任凭他千磨百炼，扬不清，沉不浊，父子兄弟，依然风雨共名山。

此联说苏轼、苏辙尽管仕途多舛，累次遭贬，风雨漂泊，但其才华和文章却空前绝后，与世长存，表达了对苏门父子的景仰之情。但强调苏氏父子的出现是天意的安排，则带有主观唯心主义色彩。

飨殿内供奉三苏父子塑像，正中是苏洵像，东西分别是苏轼、苏辙像。苏洵像龛顶部悬"养气"匾，由清乾隆时学者张兑和撰书，并作跋文，揭示三苏治学治家之法。匾文表达了三苏父子为官从政、养身修行、治学习文均以孟子的浩然正气为宗。此外，人们在读三苏父子的诗文时，不论是苏洵的《六国论》、苏辙的《黄州快哉亭记》，还是苏轼的《念奴娇·赤壁怀古》《密州出猎》，会发现字里行间也洋溢着一种至大至刚的浩然正气。殿东、西两侧门楣上书有"学薮""文渊"，表明三苏学识文化的高深。前厅与正殿之间的东厢房里配飨的是苏轼的三子苏迈、苏迨、苏过，西厢房里则是苏辙的三子苏迟、苏适、苏逊，合称“苏家六公子”。

5.5.2.3 启贤堂

启贤堂是供奉苏氏祖先牌位的地方。“启贤”寓意承前启后，让德才之士济济一堂。在三苏父子的启迪和感召下，眉山学苏成风，人才辈出。据考证，眉山自三苏之后，中进士者竟多达 800 余人。匾额“启贤堂”为李一氓（曾任中联部副部长）1979 年书。杜重划书联一副：“堂上四库书，门前万竿竹。”堂内陈列有苏氏世系简表以及苏氏家谱，挂有眉山苏氏祖先苏味道像。苏味道（648—705）是初唐政治家、文学家，武则天时曾为宰相，后因与武则天政见不合，被贬为眉州刺史，又调益州（今成都）长史，未及赴任而故。苏味道在眉州留有一子苏份，延传至北宋三苏。

启贤堂前有苏宅曾用过的古井一眼，井旁有一株很大的黄荆树，据说是苏洵亲手所栽。当地民谚：“黄荆条下出好人。”正是苏氏先祖执黄荆条，时时训诫、督促子孙闭门苦读，才使他们成为“文峰鼎峙”。堂前的两棵金桂和一棵银桂，也是隐喻三苏父子。堂前庭院中有丹荔树，树干一分为二，人称并蒂。东坡诗有“日啖荔枝三百颗，不辞长作岭南人”，又有“故人送我东时来，手植丹荔待我归。荔枝已丹吾发白，犹作江南未归客”。此丹荔树乃托东坡诗意而植。

木假山堂在启贤堂后面，建于康熙五年（1666），乾隆十九年（1754）重修。《眉山县志》记载，苏洵偶得木假三峰，购置于家中，并撰写《木假山记》一文。苏洵以拟人化的手法描写了木假山幸与不幸和可爱、可敬、可感的一生，歌咏了木假山坚忍不拔的品格。木假山原物由三苏进京时带走，堂中现存的木假山，则是道光十二年（1832）眉山书院主讲李梦莲捐赠。木假山三峰宛具，天工自成，古朴奇特，堪称一绝，宋梅尧臣、苏轼、陆游都为之赋诗。

5.5.2.4 来凤轩

来凤轩原是苏轼、苏辙少年时的寝室兼书房，苏洵为勉励他们勤学上进、博学多闻，取名为“来凤轩”。嘉祐二年（1057），兄弟二人同榜高中进士，名震京师，诗人梅尧臣作诗道贺：“日月不知老，家有雏凤凰。百鸟戢羽翼，不敢呈文章。”他热情称赞苏轼、苏辙年少博学，进士及第，声震天下，犹如两只神奇的“雏凤凰”。后人便将“来凤轩”改为“来凤轩”，以此赞颂苏家飞出了两只“雏凤”，更希望眉山飞出更多的“雏凤”！

6 四川宗教旅游文化

四川是多种宗教并存的地区，各种宗教源远流长，具有漫长的历史。作为中国本土宗教的道教，在历史上对四川乃至全国有着重要影响。在佛教、伊斯兰教、基督教等外来宗教中，佛教对四川影响最大。本章主要介绍四川宗教旅游文化特点，四川道教、佛教旅游文化概况，峨眉山宗教旅游文化和乐山大佛旅游文化知识，为学生学习宗教旅游文化打下坚实的基础。

导游证网课

6.1 四川宗教文化概况

四川宗教文化积淀丰富、文化底蕴深厚，内容涵盖文学、音乐、绘画、建筑、医学、药物学、养生学、伦理道德等多方面。

四川宗教门类齐全，既有世界三大宗教，也有中国本土宗教道教等。四川宗教名胜古迹众多，如成都的文殊院、大慈寺、昭觉寺、宝光寺，遂宁的广德寺、灵泉寺等著名寺庙。峨眉山为中国佛教四大名山之一。青城山、鹤鸣山为著名道教名山，青羊宫、建福宫、常道观、七曲山大庙闻名全国。全川摩崖石刻分布广泛，据不完全统计，共有70余处之多。四川清真寺今存113座，成都皇城清真寺、广元上河街清真寺、阆中巴巴寺等为四川著名的清真寺。四川基督教礼拜堂共71处，聚会点共73处，成都圣约翰福音堂、成都四圣祠礼拜堂等为著名的礼拜堂。

四川宗教文化资源富集，分布比较集中。目前四川保存较好的寺庙有上千座，其中绝大部分为佛教庙宇。这些寺庙不仅规模宏大、气势雄伟，而且有着浓郁的神秘色彩。四川是道教活动的主要区域，全省各地遍布着众多的名山宫观。目前保存较好且名气较大的道教宫观及宫观群落，主要有天师道祖庭鹤鸣山、第五洞天青城山、七曲山文昌宫、瓦屋山及其周边宫观群落等。但就空间的地理集中性而言，四川这些著名的道教旅游资源大都集中分布于成都周边地区、川西和川北一带，并且距省会成都不远。青羊宫在成都市内，青城山距成都仅70千米，鹤鸣山位于仅距成都市65千米的大邑县境内，瓦屋山在成都西侧145千米，梓潼七曲山大庙距成都148千米。

四川宗教文化独特性强、资源品位较高。道教是起源于四川的土生土长的宗教。大邑县鹤鸣山是道教仙学的起源地。青城山是张道陵最早传道的道场，是天师道的祖山和昆仑仙宗的发源地，属于十大洞天的第五洞天，是世界文化遗产。成都青羊宫有“天下仙学第一宫，天下道观第一肆”的美誉。宜宾真武山道教建筑群是四川现存规模最大的道教建筑。新津县纯阳观是以道为主，儒释道三教圆融，以大忠至孝为宗旨的特色宫观。梓潼县有元、明、清时期累建的七曲山大庙，是中国文昌文化的集中展示地，以儒道结合为特色。四川佛教文化源远流长、熠熠生辉，有“言蜀者不可不知禅，言禅者尤不可不知蜀”之说。峨眉山作为“佛门圣地”“天下名山”，为中国佛教四大名山之一。乐山大佛是世界上最高的石刻大佛。安岳石刻是全国石刻数量最多的地区。而佛教圣地峨眉山诸寺、乐山弥勒大佛石刻、新津观音寺壁画等，都是以深厚的佛教文化名扬世界，成为中国乃至世界人类文明史上的宝贵遗产。

6.2 四川道教旅游文化

6.2.1 四川道教旅游文化概况

在历史的长河中，道教对中国古代的哲学、思想、文学、艺术、宗教、文化、风俗乃至科学技术方面，都产生过相当大的影响。至今人们常说的许多口头语，如“一人得道，鸡犬升天”“八仙过海，各显神通”等，都典出于道教。鲁迅先生曾说：“中国根柢全在道教。”道教的理想是修炼成仙，故选择幽静秀美的名山大川作为修道养生之地，谓之洞天福地，有十大洞天、三十六小洞大、七十二福地之说。“蜀国多仙山”，四川是道教发源地之一。四川历代道教兴盛，有着许多修道的福地，保留有丰富的道教文化遗产，四川许多道教名山、宫观和道教造像闻名遐迩。

大邑的鹤鸣山，是张天师创立道教的祖庭。其后的陈抟老祖、张三丰真人都曾在此修道。今山中新建有迎仙阁、三圣宫、慈航殿、玉皇楼、斜江道院等，其中三圣宫中供祀太上老君、吕纯阳祖师、张三丰祖师铜铸神像，造型庄重，工艺精美。

青城山，传说为黄帝访道求仙的福地。又传说张天师曾在此降魔伏龙，从此成为高道修真的洞天。青城山的三清正殿、黄帝祠、三皇殿、天师洞、玉皇楼以及一些依山傍涧的楼阁，形成了一个布局严谨的古道观群，俨然有神仙都会的气象。

江油窦圌山亦是道教名山，据传是唐代高道窦子明修道成仙的地方。窦圌山有三座山峰，峰顶各有古庙一座，分别叫作东岳殿、窦真殿、鲁班殿。三峰之中只有东岳峰有路可通，窦真和鲁班二峰相隔几十米，仅有上下两根铁索组成的悬桥相连，唯有大胆的道人可攀越而过。峰下云岩寺中，现存有一件极为珍贵的宋代道教文物“飞天藏”，它硕大的主体为三层木楼，上刻有天宫楼阁及二百余个道教神仙的形象，可以整体转动。

成都青羊宫是西蜀历史最为悠久的著名道观。传说太上老君曾降生于此，并在此为关令尹喜解说《道德经》。后人修筑道观引以为纪念，至唐代其规模已有所扩大。唐玄宗避安史之乱至蜀，曾住在宫中。中和元年（881），唐僖宗避黄巢之乱逃到成都，也在宫中驻营。传说时人在宫中挖得玉砖一块，上刻“太上平中和灾”六个篆字。动乱平定后，僖宗返回长安，认为这是太上老君的恩典，于是颁诏赐钱200万，大建殿宇，拟于王宫。现存殿宇多重建于清康熙年间。主要建筑有灵祖殿，有新塑王灵官像。混元殿，祭祀混元皇帝。八封亭，横挑屋脊，皆雕飞龙，大小共八十一条龙，象征老君“八十一化”，新塑老君依青牛像，生动庄重。三清大殿，有新塑道教三清尊神，即元始天尊（中）、灵宝天尊（右）、道德天尊（左）；左右两壁绘有十二金仙。斗姆阁供祭道教尊神先天大梵斗母，左右陪祀为南斗、北斗诸神。左右二台，一为老君降生台，祀太上老母；一为老君说法台，祀太上老君。最高为唐王殿，祀李渊、李世民父子。

梓潼县七曲山文昌宫，则是道教尊神文昌帝君的祖庙。宫内主要有桂香殿、天尊殿、关圣殿、家庆堂、文昌殿、大悲殿、风洞楼、魁星楼等，依山取势，布局有序，是研究古代道教建筑艺术的珍贵实物。宫内有十尊明代铁铸神像，面容丰满，体态匀称，彩饰金身，工艺精湛，为全国所罕见。此外，分布全川的重要宫观还有三台云台观、绵阳西山观、剑阁鹤鸣山、彭州阳平观与葛仙山、彭山仙女山、新津老君山与纯阳观等。

现存较早、最精美的道教造像是绵阳西山玉女泉造像。剑阁县鹤鸣山唐代道教造像是四川道教摩崖造像的精品，也是国内保存较好的一处唐代道教摩崖造像群。此外，梓潼县七曲山文昌宫明代生铁铸像、泸县玉蟾山上玉皇大帝像、安岳石羊镇毗卢洞的玉皇龛、南江县禹王宫的禹王像等，都是道教造像中的罕见珍品。这些皆是访道修真者朝拜的福地琼宇，也是十分珍贵的人文旅游资源。

6.2.2　青城山道教旅游文化

6.2.2.1　青城天下幽

青城山位于四川都江堰市西南 15 千米处，古称丈人山。古人记述中，青城山有“三十六峰”“八大洞”“七十二小洞”“一百八景”之说。青城山无论自然景观还是人文景观都非常优美，因山幽、水幽、林幽、亭幽、桥幽、路幽，素有“青城天下幽”的美誉。最早用“幽”字形容青城山的，是唐朝诗圣杜甫，他在《丈人山》一诗中写道：“自为青城客，不唾青城地。为爱丈人山，丹梯近幽意。”南宋大诗人陆游赞叹青城说“坐观山水气幽清”，中国近代资产阶级思想家、政治家、教育家、书法家吴稚晖更是直接说：“青城在亦雄亦奇亦秀外，而其幽邃曲深，似剑阁、三峡、峨眉皆无逊色。故以天下幽标明青城特点。”这就是常说的“青城天下幽”的来历。青城山自然景观与人文景观交相辉映。日出、云海、圣灯为青城山著名的三大自然奇观。1982 年 5 月，经国务院批准，青城山被列为首批国家级重点风景名胜区。2000 年，青城山与都江堰一起被列入《世界遗产名录》。2007 年 5 月，青城山被评为首批国家 5A 级旅游景区。

6.2.2.2　青城山道教历史

青城山是中国道教的重要发祥地，被道教列为“第五洞天”“天下第五名山”和“七十二福地”之一，与湖北武当山、江西龙虎山与安徽齐云山并称中国“四大道教名山”，积淀着非常深厚的道教文化传统。

据传，青城山道教文化的发源，其历史可以上溯到黄帝时代。据说当年轩辕黄帝与蚩尤作战，蚩尤常施展迷雾，趁机逃脱。为了战胜蚩尤，统一中华大地，黄帝曾遍历五岳寻访高人，最后在宁封子的帮助下，打败了蚩尤，于是就封宁封子为“五岳丈人”，守护五岳。封青城山为“五岳丈人山”，所以东方朔的五月朝真图的序中讲的“拜青城为丈人，著庐山为使者”就来源于这里。为了纪念宁封子为民造福的功绩，后人把青城山叫作“丈人山”，把早年宁封烧陶的那座山峰叫作“丈人峰”。在丈人峰下修起了“丈人观”，即“建福宫”，还有访宁桥、问道亭等皆与此有关。

汉顺帝汉安二年（143），道教创始人“天师”张道陵来此结茅修道，用“黄老之学”改造古代巴蜀的“五斗米道”为天师道，建立了中国道教的第一个教团组织，道教正式建立。此后，魏晋范长生、隋赵昱、唐杜光亭等均先后来此遁迹隐修，山中宫观渐起。隋唐时朝廷崇奉道教，青城山的道教文化进一步得以发展。唐代徐太亨称青城山为“仙都众妙之奥，福地会昌之域，张天师羽化之处焉”。据徐昱《三诣青城山》载，当时山中自长生宫至上清宫十余里间，庵堂就有数十所，有“洞天福地”“神仙都会”之称。至明清，青城山道教文化虽逐渐衰落，但保留至今的宫观仍有长生宫、建福宫，常道观、祖师殿、圆明宫、朝阳洞、上清官、玉清官、上皇观等近 10 座。历代天师均来青城山朝拜祖庭。1982 年，天师洞（常道观）和祖师殿被定为全国道教重点宫观。

青城山道教历史悠久，留下了大量的人文景观。青城山的古建筑、古遗址、宗教活动、历史传说和饮食习俗，无不渗透着道教文化的精神，是一座活的“道教博物馆”。

6.2.2.3 青城山道教音乐

青城山道教音乐可分为声乐和器乐两大类型。声乐主要有韵曲、吟诵曲、朗诵曲三种形式。目前青城山道教音乐中使用的韵曲仍保留了历史上流传下来的北韵（全真正韵）和南韵（广成韵）。其中南韵极富四川地方音乐特色，以细腻含蓄见长。器乐又分细乐和大乐两种。

洞经古乐是道教音乐的流派之一，1 000 多年来，青城山洞经古乐一直在民间流行。青城洞经古乐保存了大量唐宋甚至更久远的古乐，是我国民间音乐的活化石，现存乐曲 80 余支。此外，青城山道乐与蜀派古琴也相互促进。清代著名的蜀派古琴大师张孔山在青城山中皇观当道士时，潜心研究古蜀琴艺术。由他传谱的古琴曲《流水》，创用了“七十二滚拂流水”曲技，此曲在 1977 年被美国录入镀金唱片，由太空飞船“旅行者 2 号”带上太空。此外，他创作的琴曲还有《高山》《化蝶》《醉渔唱晚》《潇湘夜雨》和《渔樵问答》等。他在成都与唐彝铭共同搜集古琴秘谱，挑选 145 曲编成《天闻阁琴谱》。以青城山的古琴曲《流水》为代表的古琴艺术于 2005 年被列入世界口述与非物质文化遗产。2008 年，青城山洞经古乐被列为四川省非物质文化遗产。同年 6 月，成都道教音乐被列入国家级非物质文化遗产名录。

6.2.2.4 青城山道教医药养生

青城山道士的医药养生著述，在道教史上颇具影响。唐代青城山道士申天师著《怡神论》及《服气要诀》，对后世内丹理论起了先导作用，显示出青城山道医的特色。《云笈七签》卷三十四载有《宁先生导引养生法》。隋唐时期，青城山道家已将药功与养生结合。唐贞观七年（633），孙思邈入蜀，曾居青城山，他在其医学名著《千金要方》中，辟有专卷论养生。唐末五代青城道士杜光庭著《玉函经》3 卷。宋代青城山道士皇甫士安著《养生丹诀》。道家的“药功”流传到清代以后，已积累了许多用药独特、疗效突出、副作用少的药方和医术，多科门类中，又以骨伤科最为神奇。在药物的栽培上，特别是对川芎的培育，是青城山道人对中国药学的一大贡献。青城山药用植物种类繁多，明代李时珍著《本草纲目》中记载有 400 多种，有“天然药库”之誉，是我国现存野生药材最集中的区域之一。青城山道医结合的传统，一直流传到近代。

6.2.2.5 青城山道教节庆

青城山道教节庆文化丰富，节庆较多。每年农历正月初九日为玉皇圣诞，二月十五日为老君圣诞，四月二十八日为药王会，五月初五日为天师会，腊月二十二日为重阳祖师圣诞。此外还有罗天大醮、祈祷世界和平护国佑民法会、祈福法会、传戒法会等。自唐宋以来，每年农历二月十五日举行道会，四方民众汇集青城山下，隆重庆祝太上老君圣诞，流传至今。南宋洪迈《夷坚志·丙志》说：“青城道会时，会者万计，县民往往旋结屋山下，以鬻茶果。”青城山一带至今还流传着“药王青城识川芎”的故事。因药王孙思邈对道教医药和养生的贡献，以及在青城山培植川芎等药材，所以后人便在药王山上修建药王庙以祭祀之，定农历四月二十八日（药王殁期）为“药王会”。从古至今，前去赶庙会和朝拜药王爷的游人络绎不绝。

6.2.2.6 青城山道教武术

青城派武术与少林、武当、峨眉诸派相互促进，并驾齐驱。青城派武术的玄门太极和剑术富有特色。玄门太极拳法自成体系，青城山天师洞有秘藏抄本《玄门太极长生功》；剑术被誉为全国四大剑派之一。相传，张道陵天师有老君传授的“雌雄剑”，历代青城道士中均有习剑术者。近代，青城山还流传有七星剑、飞剑、龙虎剑、紫虹剑、二十四剑等。青城拳术深受剑术影响，有“剑拳”之称。青城拳术因师承不同而有多种，其中尤以青城洪拳较为知名。此外，青城派武术中还有自然门一派，又称神功、神打、神拳。2009 年，青城武术被列为四川省非物质文化遗产。

6.2.2.7 青城山道教建筑

青城山前山以天师洞为中心，从山脚到山顶有许多古建筑，如山门、建福宫、天然图画、天师洞、祖师殿、三清殿、玉皇殿、古黄帝祠、朝阳洞、上清宫、圆明宫、玉清宫等。青城山道教宫观遵循“道法自然”的规律，布局顺应自然，往往依山就势，见水修桥，因高为殿，就洞为宫，灵活布局，不强求严格贯穿的中轴线，而在隐、藏、幽、奇上下功夫。各宫观都恰到好处地融入峰、峦、坡、崖、涧之间，不仅在大环境上依山就势，而且局部处理上不动山石岩基，建筑疏密得当，错落有致。

1. 建福宫

建福宫位于青城山丈人峰下，是进入青城山的起点。原名丈人祠，因宁封丈人而得名。宁封丈人又名“龙真人”，是道教尊奉的一位神仙。传说他精通烧窑工艺，有烟雾不迷、火中飞行的本事。建福宫后的高峰上，时常升起一股股五颜六色的烟雾，每当这时，山里的老人们便说：“宁封又在烧窑了！”

建福宫始建于唐朝开元年间。宋时，因南宋范成大曾在此为宋帝祈祷，经其奏请，朝廷赐名“会庆建福宫”，其名出自民谣“帝以会昌，神以建福”。诗人陆游有诗描写当时的建福宫是“黄金篆书榜金门，夹道巨竹屯苍云。岩岭划若天地分，千柱眈眈在其垠”。现在的建福宫是清代光绪十四年（1888）重建，门额上的“建福宫”三个大字，是 1940 年由国民政府主席林森所题。两旁有一副楹联：“一楼和气看山笑，半榻禅心印月明。”建福宫大门对联：“吹笛天寒玉华更控青鸾住，缘云路近杜老倩除白发来。”对联寓意建福宫是仙气云集，文人向往的圣地。

建福宫现有建筑两院三殿，分别奉祀道教名人和诸神。前殿供奉晋代天地太师范长生，他是“蜀中八仙”之一，是西晋时成都一带天师道首领，也是西晋五胡十六国时期的“成汉”政权的丞相，于318年在青城山羽化，著有《道德经注》《周易注》两篇名著。相传诸葛亮游览青城山时，曾在石笋峰发掘出一通“蚕丛碑”，碑文离奇，难识难解，诸葛亮访遍蜀中名士，大家都瞠目结舌。后来，诸葛亮寻访到青城隐士范长生，两人相见亲切如故人。范长生朗诵碑文，深解其中含意。诸葛亮拱手称赞，请他出山共谋天下大事。范长生婉言谢绝，诸葛亮称他为逍遥公，从此载入史册，在儒林中传为千古美谈。

中殿名为“丈人殿”，供奉五岳丈人宁封真君和唐末五代著名道教高道广成先生杜光庭，以表彰他们在道教典籍中做出的贡献。杜光庭为唐代著名道士，他留下了许多宝贵的道教经文，时人誉之为“扶宗立教，海内一人而已”。他被后世之人尊为天师，即杜天师。杜光庭隐居青城山时完成了30部著作，共计250多卷，为一时之冠，时人著书立说时便假托杜光庭之名，后来便戏称为“杜撰”，杜撰一词一直沿用至今。杜光庭在青城山修道时还完成了中国第一部武侠小说《虬髯客传》，小说的故事就发生在青城山。2004年9月27日，一代武侠小说宗师金庸先生游历青城山时，曾亲往祭拜。

后殿内塑有三尊彩像，中间是太上老君，道教尊为教主；左面是东华帝君，即华阳真人王玄甫，为全真道北五祖的第一祖；右面是道教全真派的创立者王重阳。殿堂板壁刻有张三丰祖师的诗。建福宫后院大殿檐柱上，悬有长达394字的青城山著名长联，此联被赞为“青城一绝”，据说该联为迄今全国名胜古迹已经镌刻悬挂的第一长联。该联是四川通江李善济于清宣统二年（1910）撰书的青城山长联，体制宏大、气势磅礴。原题于天师洞，后移至建福宫后殿。该联上联描绘青城山“纵横八百里舆图”的壮丽景色，于绘景中抒情，表达了作者对蜀地山水的热爱之情。下联以“上下四千年文物”为中心，于咏史中寄意，历数青城轶事以抒怀古幽思之情和人生抱负。这副长联描述了享有“天下幽”盛名的青城山秀丽幽深的景色，而与青城山有关的人物、故事、传说，作者都写进其中，可谓情景交融，即事抒情。

建福宫第三殿即后殿，二殿与后殿间为后院。后院即使离山门很近，却无半点车马之声、喧嚣之音透到这里，保持了一种特有的近凡尘而无世音的道家清宁境界。院中两株上百年的仙人松，更衬托了这清净无为、欲修成仙的气氛；时而飞来栖息的白鹤，更自然地描绘了一幅松鹤延年、天人合一的画卷。

建福宫的过雨亭，又名鬼城山，据说是战国时期的思想家、道家代表人物、纵横家的鼻祖鬼谷子的隐居地。鬼谷子德高望重，文韬武略。他培养的学生苏秦和张仪，成为战国时代颇有政治见解的外交家和纵横家。

建福宫旁有梳妆台，它位于丈人山赤城岩腹，从建福宫楠木林右侧上山即可到达。

传说明末庆符王曾屯兵于此，希望重振大明江山。他带兵出山征战后，每日清晨陈妃在此梳头，眺望奏凯归来的庆符王。不料其夫战死，于是陈妃自尽。后人为纪念他们生死不渝的爱情，建亭台于此。中国道教协会前副会长易心莹（1896—1976）曾于此题诗："水月山花万种愁，镜妆高处晓云收。迷离蝴蝶传金粉，宛转峨眉想玉钩。香草有情台畔绿，溪光无语庙门秋。江颜寂寞知多少？不及荒寒一墓丘。"

建福宫后的赤城岩的崖壁有抗战初期为国民政府主席林森挖的防空洞。赤城岩畔有悬流，名为"乳泉"。泉下有池，中建一亭，名"水心亭"，为民国年间住持张伯庸建。

2. 天然图画

天然图画位于建福宫与天师洞之间，海拔 893 米，为清光绪年间建造。这里两峰夹峙，苍岩壁立，绿树交映，垒垒群峰，林间时有鹤鹭轻飞，山鸟长鸣。岩下溪水潺漫，汩汩有声，宛如琴韵。天然图画坊贵在天然，放眼望去，远处龙居、天仓、干元诸峰堆绿叠翠，葱葱茏茏，近边白鹭戏水，云雀翻飞。卢光表《游青城》诗云："孤峰峻极插苍穹，出处惟余一径通，树色万重山四面，游人都在画图中。"游人至此，宛如画屏，故将其称为"天然图画"。天然图画牌坊建于清光绪年间，矗立在龙居山牌坊岗山脊之巅，占据了两峰夹峙的山口，是一座十角重檐式的亭阁。长 8.35 米，进深 2.8 米，高 6.3 米。匾额题"天然图画"四字，坊上有联云"溪壑奔腾，百川东去通千派；云霞缥缈，万里西来第一山"。20 世纪 90 年代初，此处增建天鹤观，内有药王殿、老君殿等宫观。

天然图画附近的驻鹤山庄，常有丹鹤成群，唳于山间，此处流传青城山道士徐佐卿化鹤的传奇故事。据《集异志》卷一记载，他能化鹤在天空飞翔。唐玄宗统治后期，天宝十三年（754）的重阳佳节，徐佐卿化成一只仙鹤飞到长安上空观赏京城的名胜风光。他见唐玄宗疏于朝政、重用奸臣、沉溺女色，使用鹤唳之声，叱责这个无道的昏君。唐玄宗到御苑打猎，他也尾随飞去，叫骂不绝。唐玄宗认为风声鹤唳是不祥之兆，便举箭射之，正中鹤翅。佐卿忍痛带箭飞回四川，坠落于成都西门外的明月观，将箭留于观中，并题词于墙壁上："忠奸不辨，伤害无辜，必有刀兵之祸，三年后箭主将来取箭。"755 年，安禄山与史思明造反，安史之乱爆发。叛军于 756 年攻破洛阳，威胁长安，唐玄宗带着杨玉环等人入蜀避难。在马嵬坡，由于将士兵变，杀死杨国忠，唐玄宗在无可奈何的情况下，只得将杨玉环赐死于马嵬坡前。在蜀期间，唐玄宗偶至明月观中，见挂箭为自己的御箭，因此询问明月观道士。道士将徐佐卿之言告诉了玄宗，玄宗突然记起了沙苑之猎和云端孤鹤，追悔莫及。他命人到处寻找徐佐卿，但是，却无人知道徐佐卿的去处了。

3. 天师洞

天师洞，又称常道观，始建于隋代大业年间（605—617），因张天师在此讲经传道而得名，是青城山最主要的道观。天师洞三面环山，一面临涧，古树参天，环境十分幽静。在现存的文物室内，珍藏着唐玄宗的手诏碑、唐代石刻三皇像和明代木刻浮雕、花屏等贵重文物，还有岳飞手书诸葛亮的前后《出师表》、董其昌手书欧阳修的《醉翁亭记》以及郑板桥的手书对联等书法珍品。

天师洞现有三清殿、三皇殿和黄帝祠三重殿。三清殿是天师洞的主殿，正中高悬清朝康熙皇帝的御书匾额“丹台碧洞”。常道观（天师洞）楹联石刻之多，文辞之优美，书法之神妙，道理之深邃，位居青城山道观之冠。其中最具代表性的是《道德经》中的名句：“一生二，二生三，三生万物；地法天，天法道，道法自然。”此联既深得老子道家思想的真传，又暗含“一气化三清”的深刻寓意。三清殿中供奉的是道教至高无上的三位尊神，即居于玉清仙境的元始天尊、居于上清仙境的灵宝天尊和居于太清仙境的道德天尊。道教认为，这三位尊神正是天下万事万物的创造者。三清殿楹联：“事在人为，休言万般都是命；境由心造，退后一步自然宽。”引人深思。常道观山门联：“胜地冠两川，放眼岷峨千派绕；大名尊五岳，惊心风雨百灵朝。”青城山山门楹联：“看三十六峰，雨晴浓淡元章画；有百零八景，行吟顾步少陵诗。”气势恢宏，生动描绘了青城山的风貌以及青城山在全国名山胜水中的地位和影响。

三皇殿，殿内供奉伏羲、神农、黄帝石刻造像各一尊，高约 1 米，雕造于唐开元十一年（723），皆为坐像。道教以黄帝、老子为祖师，相传黄帝曾在青城山跟随仙人宁封子学道，宁封子还协助他打败了蚩尤。后来黄帝功德圆满，乘龙升天成仙，宁封子被封为青城山的主治神仙。由于黄帝在此山中有突出的地位，故青城山不仅三皇殿供奉黄帝，而且单独为他修了一座黄帝祠。

初建于隋代的黄帝祠是天师洞最早的殿宇之一。正门横额上有原国民党元老于右任手书的“古黄帝祠”四个大字。黄帝祠左侧有一洞，相传乃张道陵修炼之处，即天师洞。洞门前有一株古杏树，高约 50 米，树围 7.06 米，直径 2.24 米，据说是张道陵亲手所植，如今仍枝繁叶茂。洞中有“天师”张道陵及其三十代孙“虚靖天师”像。洞窟的最上层有一石龛，供奉着隋代雕刻的张天师石像，面有三目，神态威严。左手掌直伸向外，掌中持有天师镇山之宝“阳平治都功印”。右手握着斩邪降魔宝剑，传说是太上老君所赠。在天师洞右下角有一小殿，名为三岛石，巨石矗立，上有两条裂隙，石上刻有“降魔”两字。传说张天师降魔时，一小妖从山顶推下一块巨石。眼见此石挡路，张天师遂拔剑劈之，石裂成三块，故得此名。石旁泉水环流，浓荫蔽天。天师洞西侧有掷笔槽，是个

60 多米深的幽谷，民间传说是张天师降魔时用画符的笔掷向群魔而成。

1943 年夏，画家徐悲鸿先生曾来青城山写生。他在天师洞独居一室，先后创作了屈原《九歌》中的插图《国殇》《山鬼》等多幅作品，他还送给青城山道士《奔马》《天马》两幅图，现已制成石刻陈列。

4. 祖师殿

祖师殿始建于唐朝，原名真武宫、清都观，也称洞天观。此处环境十分清幽，据说唐代薛昌、唐末五代杜光庭、唐睿宗之女玉真公主和宋代张愈、费元规等道士曾在此隐居，留有浴丹井、读书台等古迹。浴丹井是唐天宝七年（748）薛昌居此炼丹而留下的遗迹。读书台则为唐代道学家杜光庭的读书处。杜光庭是我国唐代著名的哲学家、思想家、道教集大成者，唐僖宗李儇和前蜀王建两位帝王视杜光庭为帝佐国师，并将他与轩辕黄帝之师“广成子”类比，进其号为“广成先生”。杜光庭还是著名的文学家、医学家、书法家，在《全唐诗》中有诗一卷，他的传奇小说《虬髯客传》被当代武侠小说大师金庸视为中国“武侠小说”的鼻祖。宋代诗人陆游在此留下了《游杜光庭读书台》七言诗：“山中犹有读书台，风扫晴岚画幛开。华月冰壶依旧在，青莲居士几时来。”殿内供奉着真武大帝和三丰祖师像。明代张三丰是位具有传奇色彩的道士，史书中称他不修边幅，读书过目成诵，寒暑只一衲一蓑，一餐能食升米，或数日不食，或数月不食，事事能预知。他于明朝初年入山修行，被明朝皇帝封为“通微显化真人”“韬光尚志真仙”“清虚元妙真君”，后人奉他为武当派祖师。祖师殿右侧的闻胜亭，曾经是冯玉祥将军寓居的地方。1945 年，日本宣布投降，喜讯传来，举国欢腾！冯将军欣闻十四年抗日的伟大胜利，高呼：“中华民族万岁！”捐款兴建“闻胜亭”以表纪念。

5. 朝阳洞

朝阳洞相传为宁封丈人栖息处，沿穴开朗，依岩作殿，可容百余人，是青城胜景之一。朝阳洞洞口正对东方，豁然开朗，每逢晴霁或旭日东升时，岩壁金光灿烂，像撒了一层碎金。俯视平原，田园村舍历历在目。近代画家徐悲鸿曾在此撰联：“空洞亲迎光照耀，苍崖时有凤来仪。”

6. 上清宫

上清宫位于海拔 1 600 多米的“青城第一峰”，是青城山现存 38 处宫观中位置最高的一座道观，此处居高临下，青城 36 峰尽收眼底。宋代陆游留宿此地时，写有“云作玉峰时北起，山如翠浪尽东倾”的传神诗句。“上清宫”匾额是蒋介石题写的，这块牌匾被守山道人视为珍宝。两旁为于右任所撰对联：“于今百草承元化，自古名山待圣人。”意为青城山的草木都得到了道家仙气的沾染，自古这座名山都等着圣人的光临。

上清宫前殿为灵官殿、三官殿，分别供奉王灵官和天、地、水三官。两侧为青龙、白虎配殿。主殿为上清宫大殿——老君殿，殿内供奉太上老君神像。祖师殿供奉张三丰祖师和吕纯阳祖师神像，文武殿供奉孔子和关羽神像，东华帝君殿供奉王玄甫真人像。

上清宫右侧有雌雄二井，井旁立有一石碑，碑上有国画大家张大千先生手书“鸳鸯井”三字。鸳鸯井位置相距不足 1 米，井口形状为一方一圆，圆者为雄井（鸳井），方者为雌井（鸯井）。两井位置等高，深度相当，且井中之水为同一源头所聚。按理说，两井之水应该一样，但实际上两井中的水却有着天壤之别。首先，两井之水清浊不一，圆井之水常年浑浊，而方井之水则常年清澈见底。其次，两井虽然同出一个源头，且井口高度等高，井底深度一致，但是两井的水面却不一致，时而圆井水面高于方井水面，时而方井水面又高于圆井水面，两井水面无法保持同一水平线。此外，两井虽是同源，但井水温度却并不一样。据测试，圆井水浊而温度高，方井水清而温度低。有人认为是因为鸳鸯二井的位置所处地磁场不同所致。但究竟是何原因，至今尚无科学的定论。鸳鸯井是青城山道士按照道教包罗万象、博大精深的太极图修建而成；鸳、鸯二井分别是太极图中的阴阳二鱼的双眼，故鸳鸯井一方一圆，一阴一阳，一清一浊，一冷一暖，非常符合太极图的阴阳法则。

上清宫右有一池，形如半月，水深数尺，晶莹清澈，不竭不溢，传说是仙女麻姑浴丹处，故名“麻姑池”。池旁有张大千题书“麻姑池”三字。张大千有“中国当代第一画家”之誉，被徐悲鸿推崇为中国画坛“五百年来第一人”。1938 年，他从北平侵华日军魔掌中逃出，经香港转桂林后入川，携家人借居青城山 3 年。他曾住在上清宫，习静修心，创作了数十首诗作和千余幅画作，他篆刻图章一方，自称“青城客”。这位“青城客”不仅在青城山上清宫内外和通往山顶的路径旁种了上百棵梅树，还饲养鸟雀和幼猿，供他和学生写生。青城山是张大千艺术生命中的一座圣山，也是他胸中的画山、诗山。张大千 20 世纪 60 年代旅居巴西圣保罗时，创作巨幅《青城山全图》，供自己与家人卧游。张大千 20 世纪 70 年代移居美国时，画有《青城山第一峰》，以寄托怀念之情。回到台湾后，张大千将新筑建的两座小亭取名为“分寒亭”“翼然亭”，其名源自青城山上两座亭。青城山山门匾额“青城山”三字也是张大千晚年在台湾手书。此外，在他的诗文中常有青城山的诗句出现，如“平生梦结青城宅”“自写青城旧佳山”“归来犹得住青城”等，表达了他对青城山的无尽思念。

上清宫传说中既是神仙道士的洞府，也是古代帝王下榻的行宫，还曾作过农民起义的大本营。宫前留有明末张献忠等农民起义军的遗迹，如张献忠的跑马坪、旗杆石、复仇谷等。

日出、云海和圣灯是上清宫的三大自然景观。在上清宫宫殿前有观日亭，是观赏青城山日出的最佳地点。在殿后有观灯亭，在夏日之夜可以欣赏“青城圣灯”。每逢雨后天晴的夏日，夜幕降临之后，在上清宫附近圣灯亭内，可见光亮若隐若现，漂动闪烁。少则三至五盏，多则可达成百上千，山谷一时灿烂无比。传说这是青城山“神仙都会”的神仙们朝拜张天师时点亮的灯笼。实际上，圣灯是一种自然现象，是山中的磷被氧化自燃而产生的景观。宫后不远便是海拔 1 600 米的青城第一峰峰顶老霄顶，上有呼应亭，登高一呼，群山相应。

7. 老君阁

老君阁位于青城第一峰的彭祖峰绝顶，海拔 1 600 米。阁基共六层，下方上圆，寓意天圆地方；层有八角，象征太极八卦。外观呈塔形，顶尖，中呈三圆宝，以昭天地人三才之意。阁内供奉老君骑青牛的巨型铜像，该像以徐悲鸿 1943 年在青城山创作的国画《紫气东来》为蓝本制成，画面表现的是春秋时期著名道学家老子，骑牛西出函谷关，关令尹喜迎老子的情景。老君阁楹联：“寡欲清心求道统，无为自在嗣全真。”倡导寡欲的生活方式和价值取向，劝诫人们抛弃过度的消费型价值观，树立适度消费观念。

8. 圆明宫

圆明宫位于丈人山北山谷之中，始建于明代万历年间。它是道教祀奉圆明道母天尊的宫观，故名圆明宫，传说吕洞宾曾在此结茅修炼。该殿分为四重，第一殿为灵官殿，供奉道教的第一护法神王灵官神像。第二殿为老君殿，供奉太上老君神像。第三殿是斗姆殿，供奉斗姆神像。斗姆为北斗众星之母，是道教信奉的女神。斗姆神像为四首三目，左右各四臂。该像两旁配祀寿星和童子。斗姆殿左侧供地母神像，右侧供金母神像。第四殿为三官殿，又称后殿，殿内供奉天官、地官、水官三官大帝及全真道的吕祖、邱祖、重阳祖师。

9. 玉清宫

玉清宫位于丈人峰的北坡，宫内设有两殿，前殿供奉吕纯阳祖师和邱处机祖师像，后殿祀奉宁封真人和药王孙真人。孙真人即唐代道士、医圣孙思邈，被后人尊为“药王”，道教称其为“药王孙真人”。相传他晚年曾居青城山，并在此完成了《千金方》等多部医书。玉清宫前殿左边有一奇特的天然砾石，形如莲花，故称“莲蕊石”。后殿（宫）

有一“天然泉”，传说天皇真人曾饮用此水。

青城山是历代文人雅士流连忘返之地。唐代的杜甫、岑参，宋代的陆游、范成大，明代的杨升庵，清代的李调元以及近现代的徐悲鸿、张大千等大师都曾在青城山留下足迹和题咏。如杜甫在761年游历都江堰与青城山，后又多次登临，写下了《登楼》《石犀行》《阆中奉送二十四舅使自京赴任青城》等脍炙人口的诗歌十九首。

6.2.2.8 青城山道家四绝

1. 洞天乳酒

中医认为猕猴桃具有滋补强身、清热利尿、健胃、润燥之功。洞天乳酒是青城山道士以山中的野生猕猴桃鲜果为原料，按道家传统工艺榨取果汁，密封于缸中，高糖保鲜，低酒发酵，再配以醪糟汁、冰糖水和少许曲酒酿造加工而成，因产于“第五洞天”，故名洞天乳酒。据说它已有1 500多年的历史。杜甫寓居成都草堂的时候，一次朋友就送了一瓶乳酒给他，他感到味道醇香回味悠长，在《谢严中丞送青城山道士乳酒一瓶》中写道：“山瓶乳酒下青云，气味浓香幸见分。”

2. 白果炖鸡

白果即银杏实，李时珍的《本草纲目》中说它“熟食温肺益气，定喘嗽，缩小便，止白浊；生食降痰，消毒杀虫”。据说很久以前，青城山一位老道长久病不愈，日益消瘦，众人非常着急。当时的人们已熟知白果的营养和保健价值和化痰、止咳、补肺、通经和利尿等功效。天师洞的一位道士多次将青城山上一棵有500多年历史的银杏树的果实，同嫩母鸡等烧蒸成汤羹后给道长补身食用，不久道长便恢复了健康，精神焕发。青城山白果产量多，“白果炖鸡”就是用它配以猪肘炖鸡，汁鲜肉美，清香不腻，具有食疗价值。

3. 苦丁茶

苦丁茶是用木樨种植物序梗女贞的叶子制成，有清凉，散热，除烦、去腻、解渴、治疗痢疾等作用。这种茶有特殊的清香，味苦涩，回味甘甜，汤色黄绿清澈，叶底黄亮，有“香而不艳，浓而不涩，粗而不俗，清而不淡”的名声。食用时不用冲泡，一般用温火熬煮而成。当地流传着这样一句俗话：“好吃不过茶泡饭，好看不过素打扮。”据考证，当地人民一般用苦丁茶泡饭吃。这种茶，刚入口有点儿苦，咽下之后，就觉回味甘甜，所以用苦丁茶汁泡饭，吃起来有一种质朴、清爽的风味。

4. 道家泡菜

道家泡菜是以青城山道士生产的鲜黄瓜、豇豆、红辣椒、萝卜、大蒜、白菜、仔姜、良姜等为原料，经严格挑选、清洗、晾晒后，放入用山泉水、精盐、花椒等配制而成的特殊汁液中制成。青城山道家泡菜脆嫩酸甜，保存数年仍色鲜质坚，是一种能解腻、开胃、增进食欲的佐餐佳品。青城山道家泡菜色、香、味俱佳，保存 8 ~ 9 年的时间泡菜不变黑，不变酸，不变软。

6.3 四川佛教旅游文化

6.3.1 四川佛教旅游文化概况

四川是中国佛教传播的重要地区，素有"言禅者不可不知蜀"之说。四川佛教历史悠久，自东汉时期传入四川，距今已有近 2 000 年历史。四川佛教寺院分布于全川各地，除峨眉山—乐山大佛外，还有成都文殊院、昭觉寺、大慈寺、石经寺、宝光寺、遂宁广德寺和灵泉寺、平武报恩寺、内江圣水寺、绵阳滴水寺、江油云岩寺、阆中永安寺等处。全川佛教寺院可整合为四川禅游文化展示体系，是重要的历史旅游文化资源。而剑阁觉苑寺、彭州涌华寺、新津观音寺、蒲江河沙寺、新繁龙藏寺，其壁画均为明代所遗留，具有很高的艺术价值。四川还是佛教石刻艺术之乡，尤以摩崖石刻造像和题记为其特色。全川摩崖石刻分布广泛，据不完全统计，共有 70 多处。安岳石刻是全国石刻数量最多的地区，以古、多、精、美著称，拥有最大的唐代左侧石刻卧佛以及 21 万字石刻佛经；中国最精美的观音经变像——毗卢洞北宋紫竹观音，被著名英籍作家韩素音称为"东方维纳斯"；唐代最大的道教石刻群——玄妙观，五代最集中的石窟群——庵堂寺等，已被列入世界文化遗产后备目录清单。

四川的佛教旅游文化资源包括佛教名山、佛教寺院、石刻造像、佛塔等几大类。

四川很多佛教寺院主要分布在盆地及盆边地区。峨眉山是中国四大佛教圣地之一，为四川最著名的佛教名山。峨眉山上寺庙林立，其中以报国寺、万年寺、华藏寺等寺庙最为著名。从古至今，每当遇到重大的佛事活动，都会有大量的佛教信众前往进行朝拜和游玩。

金堂云顶山也是四川佛教名山之一，以清幽奇丽闻名蜀中，历史上曾与峨眉山齐名。至清代还有慈云、香林、万年、东映等 41 处寺庙建筑。慈云寺是云顶山规模最大的寺院。云顶山古称石城山，为宋末八大山城防御体系之一。山上林荫霭深，有“云顶日出”“雾山云海”“云顶晴岚”等胜景。

四川著名的佛塔中，彭州市龙兴寺塔是现存的最古老的佛塔，为全国级数最多的塔之一，如今该塔如弓悬天外，历久不堕，有“天彭破塔”之名。邛崃镇江塔是四川最高的塔，通高 75.5 米。此外，建于唐玄宗天宝四年（745）的阆中铁塔，建于宋高宗绍兴四年（1134）的泸州报恩寺塔，以及南充白塔、峨眉山砖殿顶塔、邛崃大悲院石塔等也各具风格。

四川著名的石刻佛像中，乐山大佛为世界上最大的石刻佛像。大足石刻被誉为“东方文化的明珠”。广元千佛崖石窟群和皇泽寺摩崖造像是开凿年代最早、最集中、规模最大的佛教石刻。安岳佛教石刻现有佛教造像 143 处，总数 10 万余尊，被称为“我国古代雕刻又一大宝库”。荣县大佛佛像通高 36.7 米，被称为蜀中第二大佛。茂汶出土的无量寿佛像，为南朝齐武帝永明元年（483）所刻，是四川现存年代最久远的石刻佛像。此外，还有巴中石刻佛像、通江摩崖造像、夹江千佛岩造像等著名佛教石刻。阆中永安寺元代塑像，是四川现存佛教泥塑中最早的作品。

6.3.2 峨眉山佛教旅游文化

6.3.2.1 峨眉山的得名

峨眉山在四川峨眉市区西南 7 千米处，雄踞四川盆地西南缘。晋朝常璩的《华阳国志》中记载：“南安县有峨眉山。”指今天的峨眉山在汉朝时在南安县境内。隋朝隋文帝开皇三年（583），因为峨眉山的缘故，改称峨眉县。关于峨眉山名称的来历，有多种说法，其中以下两种说法最具代表性。

第一种说法出自北魏郦道元《水经注》，说峨眉山“去成都南千里。然秋日清澄，望见两山相峙，如蛾眉焉”。这个“蛾”是虫字旁。而“蛾眉”一词源自《诗经·卫风·硕人》的“手如柔荑，肤如凝脂，领如蝤蛴，齿如瓠犀，螓首蛾眉，巧笑倩兮，美目盼兮”。螓是比蝉小而与蝉相似的一种昆虫，它的额“广而方正”。一种说法认为“蛾眉”本为蚕蛾的触须，借以形容美人的眉毛，后借指美女。在古代小说中，常用“薄施脂粉，淡扫蛾眉”形容女子的妆容。“两山相峙如蛾眉”意思是说峨眉山由两座山组成，看上去像姑娘的两道眉毛一样。唐代的《犍为郡志》也记载因山势逶迤，“如螓首蛾眉，细而长，美而艳”。这种说法是最具有权威性的，认同的人也较多。

第二种说法是因水而得名。大渡河古称“涐水”，而峨眉山就在大渡河的边上。因此，峨眉山的最初意义是“涐湄山”，即涐水之湄的大山的意思。这就是说，峨眉山本因涐水而得名。山虽受名于水，但山毕竟是山，于是人们习惯上称“涐湄山”为“峨眉山”。

此外，峨眉山还有一个名称，叫“大光明山”。《华严经》中有：“善财童子，伫立妙高峰上，观此山如满月，大放光明。”佛教徒据此称峨眉山为“大光明山”。如今，报国寺大门上挂有匾额“普放光明”便与此有关。

6.3.2.2 峨眉山旅游文化

1. 峨眉山概况

峨眉山境内群峰挺秀，山色绮丽，具有“雄、秀、奇、险、幽”的特色，尤以“秀甲九州岛”闻名于世，有“峨眉天下秀”之称，与“青城天下幽”“剑门天下险”“夔门天下雄”并称为巴蜀四大风景名胜。早在4世纪末，从古印度来华的僧人宝掌，赞誉此山为“高出五岳，秀甲九州，震旦第一山也”。唐代诗人李白发出“峨眉高出西极天”“蜀国多仙山，峨眉邈难匹”之赞叹。清代诗人谭钟岳将峨眉山佳景概括为十种：“金顶祥光”“象池月夜”“九老仙府”“洪椿晓雨”“白水秋风”“双桥清音”“大坪霁雪”“灵岩叠翠”“罗峰晴云”“圣积晚钟”。

峨眉山为普贤菩萨的道场，是享誉海内外的著名佛教圣地，与山西五台山（文殊菩萨道场）、浙江普陀山（观音菩萨道场）、安徽九华山（地藏菩萨道场）并称为中国四大佛教名山。1982年11月，经国务院审定为国家级重点风景名胜区。1996年12月与乐山大佛一起，被联合国教科文组织列为人类自然与文化“双遗产”。2007年，峨眉山景区被国家旅游局正式批准为国家5A级旅游风景区。

2. 峨眉山宗教发展概况

峨眉山山清水秀、云雾缭绕，自古充满仙道传说。传说黄帝曾到峨眉山向天皇真人问道，见洞口坐一须眉皆白的老人，惊问道：“一人乎？”对曰：“九人居此。”此九人为“天英、天任、天柱、天心、天禽、天辅、天冲、天芮、天蓬”，都是仙人，故洞称“九老仙府”。《搜神记》中记载，周成王时的羌人葛由曾刻木为羊，并骑羊入峨眉山附近的绥山升天得道，所谓“绥山”便是今天的二峨山。春秋楚昭王时，楚国名士陆通，字接舆，入蜀来到峨眉山隐居，寿及数百年，并传闻成仙。峨眉山的歌凤台就是祭奠陆通的地方。因此，峨眉山被称为“天皇真人论道之地，楚狂接舆隐逸之乡”。

自东汉年间道教在四川鹤鸣山诞生以来，峨眉山一直是道教圣地，与鹤鸣山、青城山号称道教“蜀中三山”。东汉末年的左慈，曾来峨眉山上隐修，至今在洗象池旁边留有左慈洞，伏虎寺旁有左慈的衣冠冢。汉代文士刘向、晋代养生家葛洪，也著文称峨眉山为仙山，有仙人修行，山上有伏羲、女娲、鬼谷诸洞。隋末唐初的孙思邈曾赴峨眉山采药、炼丹，相传就住在今峨眉山牛心寺后的药王洞中。唐代大诗人李白游峨眉山写有“蜀国多仙山，峨眉邈难匹”的诗句，使峨眉仙山之名远播。传说唐代的吕洞宾到峨眉山访仙问道、采药炼丹，并在大峨石上留下有“大峨”二字。后人为纪念他，专门修建有纯阳殿，成为峨眉山中最负盛名的道观。唐代著名道士司马承祯在《天宫地府图》中，将峨眉山列入道教三十六小洞天中的第七洞天。两宋以后，峨眉山道教逐步走向了衰落，但仍有陈抟、张三丰等著名道士前来峨眉访道。其中，陈抟还一度自号“峨眉真人”。宋元明时期，已经是峨眉山道教的衰落期。据南宋诗人范成大的《峨眉山行纪》记载，峨眉山仅有“雷洞坪、雷洞寺、龙神堂、两龙庵、六仙桥、玩丹石、牛心寺、茂真人庵、峨眉新观”等九处地点。据骆坤琪撰写的《峨眉山掌故传奇》记载，在明末时：“二峨山有道观三十余座，大峨山附近和峨眉城郊有道观四十余座，计八十座左右。”明末清初，峨眉山的道教逐渐从大峨山渐渐转移到二峨山。遗憾的是，道教在二峨山也没有发展下来，最近几十年已经绝迹。

林壑优美的峨眉山也被主张清苦静修的佛教看中，作为弘法修行的道场。他们依据《六十华严经》中所说：“西南方有处名光明山，从昔以来，诸菩萨众于中止住。”认为光明山就是峨眉山，早有菩萨住在山中，并以汉明帝时的峨眉山药农的传说为证。相传63 年的一天清晨，年过花甲的蒲公像往常一样上山采药。突然他发现地上有一行大如茶盘、状如莲花的脚印。蒲公沿着这奇特的脚印一直追到山顶，脚印却消失了。随后伴随一阵天籁之音，茫茫云海中升起一轮五彩缤纷的光环。光环中有一头长着长长鼻子的白象，托着一位头戴金冠，手握如意，盘腿坐在莲花台上的菩萨。惊恐万分的蒲公倒头便拜。事后蒲公经高僧的点拨，才知道那就是佛教中的普贤菩萨的瑞相。后来他在发现普贤菩萨瑞相的崖顶，修建了一座专门供奉普贤菩萨的寺院，后人取名初殿，他自己也皈依了佛门。从此峨眉山开始了长达 1 000 多年的普贤菩萨信仰。

普贤菩萨在峨眉山显相 300 多年后，399 年，高僧慧持在峨眉山观心岭坡下建造峨眉山最早的佛寺——普贤寺（今万年寺前身），这是峨眉山山上唯一一座以普贤法号命名的寺院。

隋唐时期，蜀地佛教开始走向繁荣，禅宗在峨眉山一枝独秀。僧人慧通在峨眉山重建普贤寺，改名白水寺。

从宋到明末的 500 年间，蜀地佛教兴盛。北宋时期，高僧继业来峨眉山营造佛寺，译经传法，铸造重 62 吨，高 7.85 米的巨型普贤铜佛像供奉于白水寺（今万年寺），并恢复普贤名，称白水普贤寺。明神宗万历皇帝为万年寺御赐匾额——圣寿万年寺。万历年间，在伏虎寺旁不远处，还建造有峨眉山规模最大的佛寺——报国寺。但到清初顺治九年（1652）时，僧人闻达负责重修寺庙，搬迁到现在位置，成为一座香火十分兴旺的佛寺。康熙年间，该寺还获得皇帝赐名，有“报国忠君”之意。就连唯一存留至今的道教宫观——位于海拔 1 000 多米的华严坪附近的纯阳殿，到乾隆嘉庆年间重修以后也完全成为一座佛寺。今殿内供奉的是药师佛及日光菩萨、月光菩萨等佛像，由比丘尼作主持。纯阳殿殿宇背后的石碑，记录了峨眉山起初佛道并存，后来道教逐渐消失的历史事实。总之，由于普贤信仰迅速兴起和普及，众多的道观相继改成了寺院，形成了佛教独尊的局面。

3. 峨眉山的寺庙文化

据清蒋超《峨眉山志》载，从晋代至清末的 1 600 年间，全山先后建有庵 72 座、寺院 38 座、堂 15 座、阁 12 座、楼 5 座、亭 13 座，以及其他建筑物共 170 余座。在佛教鼎盛的明代中期，峨眉山僧人最多时有 3 000 多人，声名远播。到了民国时期，全山仅剩 73 座，僧人有 600 多人。目前，全山（大峨山）共有大小寺院 29 座，分为报国寺、伏虎寺、圣水禅院、清音阁、万年寺、洪椿坪、仙峰寺、洗象池、华藏寺、大佛禅院 10 个片区，由峨眉山佛教协会统一管理，报国寺为佛教协会所在地。

报国寺坐落在峨眉山山脚，是峨眉山佛教活动的中心，也是登山的大门，为峨眉山第一景。此庙最初名“会宗堂”，取儒、释、道“三教”会宗的意思。寺里供奉“三教”在峨眉山地方代表的牌位：佛教为普贤菩萨，道教是李老君的化身广成子，儒教的代表是楚狂。会宗堂的建立，反映了明清时期儒、释、道有过一段融洽的历史。“报国寺”大匾是清康熙皇帝御题，因佛教教义要求佛教徒中要报“父母恩、众生恩、国土恩、佛恩”四恩，并以报国为首，故名报国寺。报国寺横匾为“普照禅林”和“普放光明”。因佛教称峨眉山为“大光明山”，昼有神奇的佛光出现，夜有万盏圣灯来朝，全峨眉山都被光明普照。报国寺曾有三宝：一是七佛殿内的巨型瓷佛；二是高 7 米的 14 层紫铜“华严塔”，现已迁至伏虎寺；三是高 2.3 米，重 25 吨的大铜钟。

万年寺为峨眉山规模最大的寺庙，创建于晋，原称普贤寺，为普贤道场最具代表性的寺院。唐时改名白水寺，宋代时改名为白水普贤寺。主要是根据中国的五行学说，取水能克火，让普贤寺从此远离火光之灾。普贤道场的兴盛受历代皇帝的重视。蒋超的《峨眉山志》记载，980 年，宋太宗召普贤寺的高僧茂真和尚前往汴京。茂真和尚来到皇宫后，宋太宗请出了身怀六甲的皇后，想请茂真和尚算一算皇后是否能为他生一个太子。

茂真和尚奏请皇帝准许他做三天佛事，这三天茂真一直在普贤菩萨像前焚香诵经。第四天拂晓，皇宫上空出现了一片金色祥云。没过多久，皇后果然生下了一个男孩，就是后来宋真宗赵恒。太宗喜得贵子，为了感谢普贤菩萨的恩德，太宗皇帝御赐三千两黄金在普贤寺铸造普贤菩萨铜像。随后太宗皇帝还颁御旨：全山各寺都要供奉普贤菩萨。并特别增设了官员驻扎在普贤寺，掌管全山宗教事务。从此峨眉山中的佛教寺院越建越多，普贤道场重新兴盛起来。

传说，明代穆宗朱载垕的孝定李皇后，年轻时久未生育，曾经派人到峨眉山白水普贤寺（今万年寺）宋代普贤骑象铜像前进香求嗣，许愿若怀男婴，定为菩萨穿金，重修庙宇。不久，李皇后怀孕了，生下朱翊钧，被立为太子。万历元年（1573），朱翊钧登基为神宗，尊号其母为“慈圣皇太后”。他们母子对普贤菩萨的感激之情异乎寻常，不时赏赐白水普贤寺。寺下方曾经有座小巧的慈圣庵，就是专门用来存放慈圣太后和万历皇帝赐品的，而今改建为客舍。万历二十七年（1599），白水普贤寺罩护普贤铜像的木阁毁于大火。次年，慈圣太后赐金重修，僧人台泉仿印度热那寺建无梁砖殿庇护铜像，于 1601 年竣工。无梁砖殿圆顶方墙，反映了天圆地方的中国古代的宇宙观。墙上一千多尊铁制佛像围绕着当年宋太宗御赐的普贤菩萨的铜像，象征着普贤菩萨与三千弟子永驻峨眉山这片净土。无梁砖殿建成时，恰逢慈圣太后七十大寿。于是明神宗亲笔御题“圣寿万年寺”，取代沿用了一千多年的寺名，简称“万年寺”，一直沿用至今。同时还赐了万历金印。该印长宽各 13 厘米，正中篝刻“普贤愿王之宝”六字，上方刻楷体“大明万历”，左边刻“御题砖殿”，右边刻“敕赐峨山”。

万历金印为万年寺镇山三宝之一。万年寺另外两宝是上古佛牙和梵文贝叶经。上古佛牙长 42.66 厘米、重 6.5 千克，由宋代僧人从佛国斯里兰卡带回。有专家认为它是二十万年前我国南方剑齿象的牙化石。梵文贝叶经长 50 厘米，宽 12.5 厘米，为明代宝物，以泥金书写梵文《华严经》于黝黑色的贝多罗树叶上，共 246 页。

万年寺的景致非常优美，“白水秋风”为“峨眉山十景”之一。诗人李白来游峨眉山时，住在万年寺毗卢殿，常听广浚和尚弹琴。后人曾在白水池畔建亭纪念，上置木牌，刻“大唐李白听琴处”。后来他下山后还写了一首《听蜀僧浚弹琴》：“蜀僧抱绿绮，西下峨眉峰。为我一挥手，如听万壑松。客心洗流水，余响入霜钟。不觉碧山暮，秋云暗几重。”由于广浚的琴声悠扬，不仅让李白如沐春风，而且白水池的青蛙也被琴声吸引，学着琴声一起和鸣，学会了演奏，这就是峨眉山的“弹琴蛙”的来历。

伏虎寺与报国寺相邻。一说因寺院附近山中有虎伤人，寺僧士性在此建“尊胜幢”镇之而得名。一说因伏虎寺的后山形如伏虎而取寺名。神奇的是，寺中几处殿宇虽然被参天古森所覆盖，屋顶却终年不见一片落叶，因此清康熙皇帝曾经题赐匾额“离垢园”，为佛教圣地远离尘垢之意。形成这一罕见景色的原因，据说是特定的地势——寺居山阿之中，山风浩荡，自然清除了屋顶落叶。

清音阁位于峨眉山牛心岭下黑、白二水汇流处，唐朝先后被称为牛心寺、卧云寺。明朝时期，广济禅师根据西晋诗人左思《招隐诗》中的“何必丝与竹，山水有清音”诗句，改寺名“清音阁”。清音阁供奉着华严三圣，左为文殊菩萨，中为释迦牟尼佛，右为普贤菩萨。阁前有接王亭，是康熙皇帝命御前头等侍卫海清伍格亲王朝拜峨眉山时，僧人为了迎接他，拆掉旧亭，重建新亭，取名“接王亭”。清音阁下有双飞亭，左右各有桥，如鸟翼飞凌，故名双飞桥。双飞亭下有黑龙江与白龙江，相传是《白蛇传》中的白蛇和青蛇经普贤菩萨的点化而成。在二水汇流处有一巨石，高丈许，形如牛心，砥柱中流，银涛喷雪，水声如雷。亭下还有明人所题“万古清音”四字的石碑一通。双飞亭柱悬有清末“戊戌六君子”之一的刘光第来此游览时，撰书的概括两桥一石奇妙景观的楹联：“双飞两虹影，万古一牛心。”这里一年四季，无论昼夜，总是回荡着水声，这水声单一而清晰，加上两桥，故被誉为“双桥清音”，成为峨眉十景之一，古今游人多称誉为“峨眉山第一风景”。

金顶海拔 3 077 米，是峨眉山第二高峰，一直被人们称为天堂的阶梯，是峨眉山的象征。金顶的得名来源于“金殿”。金殿瓦柱门窗四壁全为掺了金的青铜铸造，中供普贤菩萨像，旁列万尊小佛，门壁上雕刻全蜀山川道路图。当早晨朝阳照射山顶时，金殿阳光闪烁，耀眼夺目，十分壮观，故称为“金顶”。在佛语中，金顶又称“光明之顶”“幸福之顶”。“金顶祥光”位列峨眉十景之冠，包括云海、日出、佛光、圣灯四大奇观。

金顶是信众心中的圣地，代表着普贤菩萨无边的行愿。据佛经载，普贤与文殊同为释迦佛的主要助手，文殊代表“智”，普贤代表“德”。普贤形象最富特征的是身下骑一六牙白象。峨眉山金顶四面十方普贤金像是世界上最高的金佛，也是第一个十方普贤的艺术造型。金佛系铜铸镏金工艺佛像造像，通高 48 米，总重量达 660 吨，由台座和十方普贤像组成。其中，台座高 6 米，长宽各 27 米，四面刻有普贤的十种广大行愿，外部采用花岗石浮雕装饰。金佛通高 48 米，代表的是阿弥陀佛的 48 个愿望。“十方”一是寓意普贤的十大行愿，二是象征佛教中的东、南、西、北、东南、西南、东北、西北、上、下十个方位，寓意普贤无边的行愿能圆满十方三世诸佛和芸芸众生。普贤的十个头像分为三层，神态各异，代表了世人的十种心态。

峨眉山万佛顶海拔 3 099 米，为峨眉山最高峰，其名表示“普贤住处，万佛围绕”之意。万佛顶建有铜殿一座，殿侧睹光台可观金顶的四大奇观。万佛阁高 21 米，雄伟庄严，悬于楼顶的“祝愿古钟”庄重威严。万佛阁每月共撞击 108 次，其中，晨暮各敲一次，每次紧敲 18 次，慢敲 18 次，不紧不慢再敲 18 次，如此反复两次，共 108 次，其含义是应全年 12 个月、24 节气、72 候，合为 108 次，象征一年轮回，天长地久，祈福国泰民安，人间幸福。佛教认为击钟 108 次可消除 108 种烦恼与杂念，即所谓“闻钟声，烦恼清，智慧长，菩提生”。

4. 峨眉山的神秘佛光

峨眉山最神秘、最引人注目的当是峨眉山佛光：当人们站在峨眉山金顶背向太阳，而自己的前方、下方又弥漫着云雾时，有时会在天幕上看到一个外红内紫的彩色光环，这个光环的中间，会呈现出观看者的身影。而且当观看的人动的时候，这个影子也会跟着动起来，如果人不在这里了，这个光环也会随之消失。更为奇怪的是，即使两个人拥抱在一起，每个人也只能看到各自的身影。

有关峨眉山佛光的出现，据蒋超撰写的《峨眉山志》记载，第一个见到峨眉山佛光而见诸记载的人是东汉时期的蒲公。蒲公在山上采药时发现了佛光，后人认为佛光就是“普贤祥瑞”。东汉明帝知道普贤菩萨在峨眉山显相后，便敕封峨眉山为光明山，下旨在峨眉山修建了第一座寺庙，以佛光昼现之兆，取名普光殿，又名光相寺，又称祖殿或开山祖殿，即今天的华藏寺，供奉普贤菩萨。蒲公因此被认为是峨眉山佛教的奠基人和开山祖师。佛光从被发现起就与菩萨联系在一起，佛教认为“光相”是菩萨用光来显示他们的相，以表示他们的存在。峨眉山的“光相”是普贤菩萨的本相、本身。普贤菩萨因佛光而显得更加庄严，佛光也因普贤应化而得到一种公认的合理的解释，成了千百年来，僧俗人等顶礼膜拜的对象。峨眉山之所以能成为普贤菩萨的道场，能名列四大佛教名山之一，其根本原因之一就是有佛光。

东汉时期道教创始人张道陵也把峨眉山佛光的奇异现象收入《峨眉山灵异记》一书。唐代大诗人李白《登峨眉山》诗中的“泠然紫霞光”就是佛光。对峨眉山佛光进行详细描述的人是南宋诗人范成大，他在《峨眉山行记》中先后写道：“云头现大圆光，杂色之晕数重，倚立相对，中有水墨影，若仙圣跨象者。”“俯视岩腹，有大圆光偃卧平云之上，外晕三重，每重有青黄红绿之色。光之正中，虚明凝湛，观者各自见其形现于虚明之处，毫厘无隐，一如对镜，举手动足，影皆随形，而不见傍人。”清代画师谭钟岳在编绘《峨眉山图志》时，将“金顶祥光”列为峨眉山十景之一，并赋诗云：“非云非雾起层空，异彩奇辉迥不同。试向石台高处望，人人都在佛光中。”

峨眉山佛光每月均有出现，一年中平均会出现 60 多次，多的时候一年甚至出现 100 多次，夏天和初冬出现的次数最多。峨眉山佛光的这种现象在其他的地方非常罕见，因此，峨眉山佛光又称峨眉宝光，为峨眉山四大奇观之一。

千百年来，许多人都试图对神秘的“佛光”做出科学的解释。但绝大多数没有摆脱宗教色彩的牵强附会。如佛家认为，佛光是从佛的眉宇间放射出的救世之光、吉祥之光。只有与佛有缘的人，才能看到这种光。清代康熙皇帝还特地题写“玉毫光”三字，赐予佛光常现的金顶华藏寺。当然这是一种神化的说法，并无科学根据。

有研究者认为，佛光是太阳光衍射作用形成的。峨眉山金顶海拔 3 077 米，与千佛顶、万佛顶并峙，犹如笔架一般。三峰东临悬崖，峭壁高达 2 000 多米，这种独特的地势形成了峨眉山特有的“海底云”。在峨眉山的“海底云”当中，空气中的湿度非常大。在传播的过程中，日光会经过障碍物的边缘或空隙间产生展衍的现象。遇到云层较厚的时候，云层被日光透射后，会受到云层深处的水滴或其他东西的反射。这种反射穿过云雾表面的时候，会在微小的水滴边缘产生衍射的现象，从而产生外面紫里面红的彩色光环，其色带的排列恰好与彩虹相反，所以不同的单色光就慢慢地扩散开来，在人们的眼前，出现一个彩色的光环。如果观看者与太阳和光环刚好在一条直线上，人影就会映于光环之内，人走动的时候影子也在动，于是人们就误以为是菩萨显灵了。

5. 峨眉山的圣灯

在峨眉山月隐星稀的夜里，在金顶摄身岩、洗象池、华严顶、接引殿和伏虎寺外的布金林等地，常常出现一种奇妙的自然现象，俗称“圣灯”“神灯”，佛门弟子说它是“佛灯”。圣灯被人们赞为“万盏明灯照峨眉”“万盏明灯朝普贤”。与“佛光”相比，“圣灯”更难得一见。“圣灯”的出现要具备四个自然条件：一是雨后初晴；二是天上没有明月；三是山下没有云层；四是山顶没有大风大雨。

有关“圣灯”的发现很可能与“佛光”同时。在晋唐以来的佛经故事中有“峨眉山朝看佛光，夜观圣灯，故称大光明山”的说法。古往今来，人们对峨眉山“圣灯”奇观非常感兴趣，许多人前往观看，并加以记述。唐朝诗人薛能在《峨眉圣灯》诗中写道：“莽莽空中稍稍灯，坐看迷浊看清澄。须知火尽烟无烬，一夜栏边说向僧。”五代蜀国皇帝的徐贵妃也曾写道：“圣灯千万盏，旋向碧空生。细雨沥不暗，好风吹更明。”南宋诗人范成大曾在峨眉山逗留多日，并将圣灯、佛光、云海、日出“四大奇观”尽收眼底，在他的《峨眉山行纪》一文中，也对“圣灯”做了一些比较客观的描写：“日暮，云物皆散，四山寂然。乙夜，灯出，岩下盈满，弥望以千百计。”之后，明代的陈文烛、袁子让、尹伸等的《峨眉游记》，清代江皋、宣维礼的《峨眉记游》，何恒的《佛灯辨》和赵尧生的《佛灯》诗，现代散文家许钦文的《峨眉上的景物》以及诗人林藜的《萍踪识小》一书，均有关于峨眉圣灯的记述和题咏。其中，林藜对峨眉圣灯的描写最真实入微：“一点两点千百点，千点万点万万点。小者如豆大如碗，暗者如烬明如焰。定者如珠动者闪，不动不闪光渐敛。敛至于无复冉冉，无量数点将山掩。扑至最近可挨脸，飞至最远更最远。天边疑是万星染，不愧明灯称万盏。”

有关峨眉山圣灯的成因，自宋朝以来便有多种解释。

第一种说法认为是原始森林中古树叶发的光。明代陈文烛在《峨眉游记》中说，圣灯出现后，“疾去睹光台，始现其一如火，渐至数百，时隐时现。僧云：往时吹入殿中，信手掇之，一木叶耳。”但《峨眉山志》说：“圣灯乃现于夜，凡千百数。明莹腾空，冉冉来朝佛台。就近拾之，一木叶耳！然四时皆然，其非枫林霜叶明矣！”

第二种说法是灯光星光倒映于水田之中。许钦文在他的《峨眉山的景物》一文中写道：“用望远镜望去，可知那些光原有着两种：其中一种的数量不多，比较短点、红点、也静点；另外一种绿莹莹的、长长的不断摇荡着。前一种是山下村舍里的灯和光、街上的路灯等等；后一种是峨眉城里和附近集镇青龙、九里一带的水田和河流映出了星星的倒影。”

第三种说法认为是磷火发光。清朝楼藜然在《游峨眉记》中说：“不知此实一磷耳，在荒山为鬼火，在名山为佛灯。”甚至有人证明，峨眉山中有分布较广的含磷地层，圣灯就是磷化氢的燃烧现象。而明《峨眉游记》记载：“予即出观之，隐隐有一二点，如萤飞，如星流，在岩壑上下间，有顷分为数十，有顷渐分为数百，往来楼台栏甃之中，移时而散……”

第四种说法认为是萤火虫发光。张志和的《峨眉游记》中有这样的记述：“传峨山中有萤火虫长寸许，能发此光。在金顶时，曾见一西方传教士从摄身岩下攀援而上，他说在岩下密林中见此萤火虫发光，数以万计，时飞时停，时高时低，时聚时散，飘翔空中，宛如灯火万点。”

第五种说法认为是密环菌在高湿条件下发光。发光的是寄生在树枝上的一种叫作“密环菌”的真菌物质，在水分达到100%以上时即能发光。干燥后光亮即消失。原来说的树叶发光实际是树叶上的密环菌获得充分的湿度后和空气中的氧元素摩擦的结果。

时至今日，经过有关人员的研究表明，“圣灯”光源实际上有三种：一种是发荧光的昆虫，属于萤火虫的一种；第二种就是含磷物质中的磷发光；第三种是树叶上的密环菌。

6. 峨眉山的动物

峨眉山终年常绿，有“古老的植物王国”之美称，为各类生物物种的生长繁衍创造了绝好的生态环境。峨眉山有短尾猴、弹琴蛙、熊猫、环毛大蚯蚓等 2 300 多种动物。

峨眉山灵猴学名藏猕猴，它们的尾巴只有 6 ~ 10 cm，比一般猴子的尾巴要短很多，因此也叫“短尾猴”。因生活在佛教名山，故又有“猴居士”的雅称。峨眉山猴群是峨眉山的精灵，它们见人不惊，与人同乐，已成为峨眉山中独具一格的“活景观”。峨眉山野生自然生态猴区，是我国目前最大的野生自然生态猴区，里面生活着成百上千只猴子。这些猴子，也自成部落，各据一方，互不侵犯，对待游人的态度也各不相同。有人将峨眉山的猴子分为文明猴、强盗猴、流氓猴、隐士猴四种。洗象池一带的猴群属于“文明猴”，它们彬彬有礼，与人相亲，招之即来，挥之即去。有时与游客同席而坐，同桌而食，活泼驯良，十分可爱。平时躲在树丛中，见了游人会从林中钻出来，集聚迎客，等待喂食。钻天坡一带的猴子却见人不惊，蛮横孔武，常常扶老携幼，向游人强迫索食，搞恶作剧，追逐拦截，甚至抢夺游客的衣包食物，可谓“强盗猴”；“流氓猴”会“调戏”女性。此外，九老洞、扁担岩一带的猴群，衣食无忧，深居简出，常隐于树丛之中，不愿见人，游人常常是只闻其声而难见其面，可谓“隐士猴”。

峨眉山万年寺山门左侧有一小池，称“明月池”。池内有一种奇特的蛙，时常发出“135”“135”的曲调，音调十分悦耳，可谓“天才的音乐家”，有“仙姑弹琴”的美称，人们称它为“弹琴蛙”。原来“弹琴蛙”有自己的共鸣箱，这个共鸣箱是用泥巴在水草间构筑而成，上方有一个圆形小洞，蛙在里面鸣叫便会发出悦耳的琴声。

关于“弹琴蛙”有一个美丽的传说。据说唐代大诗人李白访峨眉山时，常与万年寺僧人广浚于池边吟诗弹琴，这悠扬的琴声感染了毗卢殿旁边池塘里的青蛙，其鸣声也抑扬顿挫有如弹琴般清脆悦耳，后来人们给这种青蛙取名“弹琴蛙”。李白和广浚两人也结下了深厚的友谊。此事传开后，广浚和尚声名远播。许多诗人画家纷纷来到万年寺，专门要听广浚和尚弹琴。今天寺前还留有“广浚弹琴处”和“李白听琴处”。

6.3.3 乐山大佛旅游文化

宋代洛阳人邵博在四川做官后，在他的《清音亭记》中说：“天下山水之冠在蜀，蜀之胜曰嘉州，嘉州之胜曰凌云。”嘉州即今乐山，凌云则是凌云山上雄伟壮观的乐山大佛。古往今来到乐山大佛朝拜者络绎不绝，有“上朝峨眉，下朝凌云”之说。宋代大文豪苏轼曾写诗说：“生不愿封万户侯，亦不愿识韩荆州。但愿身为汉嘉守，载酒时作凌云游。”乐山大佛是国家 5A 级旅游景区，在申报世界遗产的过程中，联合国教科文组织世界遗产专家桑塞尔博士、席尔瓦教授实地考察乐山大佛时，也给予了充分肯定，赞誉“乐山大佛堪与世界其他石刻如斯芬克司和尼罗河的帝王谷媲美”。1996 年，乐山大佛被联合国列入世界文化与自然遗产名录。

6.3.3.1 乐山大佛的特点

1. 雄伟壮观

乐山大佛始建于唐玄宗开元元年（713），竣工于唐贞元十九年（803），乐山大佛距今已有 1 200 多年的历史，同时是世界上最大的石刻弥勒佛坐像，它头与山齐，脚踏大江，双手抚膝。大佛通高 71 米，比世界第二高大佛——山西省蒙山大佛高 8 米，比世界第三高大佛——阿富汗巴米扬大佛高 18 米。令人遗憾的是，巴米扬大佛在 2001 年 3 月 12 日，被塔利班政权用炸药彻底损毁。乐山大佛头高 14.7 米，头直径 10 米，头上有 1 021 个发髻（螺髻），每个发髻都可以放入一张大圆桌。每个发髻密密实实地成行排列，样子很像田螺。耳朵长 7 米，耳朵眼里可以钻进两个人。嘴巴和眼睛的长度是 3.3 米，眉和鼻子的长度是 5.6 米，颈高 3 米，肩膀的宽度是 24 米，手指长 8.3 米，从膝盖到脚背长 28 米，脚背的宽度是 8.5 米，脚面可以围坐一百多人。据有关专家检测考察，这尊雄伟壮观的乐山大佛的五官、肩膀、手脚都依中轴线左右对称均衡，完全符合人体比例。在大佛左右崖壁上，还有两尊身高 16 米，手持戈戟、身着战袍的护法天王石刻，与大佛一起形成了一佛二天王的格局；与天王共存的还有数百龛上千尊石刻造像，形成了庞大的佛教石刻艺术群。大佛左侧是全长 500 米的凌云栈道，右边是九曲栈道。

2. 弥勒造像

佛有过去佛（迦叶诸佛）、现在佛（释迦牟尼佛）和未来佛（弥勒佛）等。中国从两晋就开始流行弥勒的信仰。按佛教教义，弥勒佛是三世佛中的未来佛，象征着未来世界的光明和幸福，在佛祖释迦牟尼涅槃后将接替佛祖的地位，广传佛法，普度众生。佛经说弥勒出世就会“天下太平”，所以人们自然渴望他能尽快降临人间，全国各地因此盛行塑造弥勒佛像。到了武周时期，武则天就以弥勒自居，曾下令编写了一部《大云经疏》，证明她是弥勒转世，百姓对弥勒的崇拜帮助她在男尊女卑的封建时代登上帝位。由于武则天的大力提倡，全国盛行塑凿弥勒之风。乐山大佛的修造距武则天时代仅 20 余年，所以当海通修造乐山大佛时，自然选择了能带来光明和幸福的弥勒佛。据统计，中国的巨型佛像绝大多数都是弥勒造像，20 米以上的 16 座大佛中弥勒佛就占了 10 座。

3. 中国特色

中国汉地佛教文化中，弥勒佛造像的变化是很大的，第一阶段是从印度传入中国的交脚弥勒，两足交叉置于左右股上，又称“吉祥坐”。第二个阶段是具有“中国特色”

的古佛弥勒；第三个阶段是布袋弥勒。乐山大佛这尊弥勒佛不是常见的那位袒露大肚皮的弥勒佛，那位成天笑眯眯的“大肚能容天下难容之事，开口便笑世上可笑之人”的弥勒佛。这是因为大肚弥勒佛是根据中国五代时期的一个名叫契此和尚的形象塑造而成的。契此是浙江奉化县（今宁波市奉化区）人，乐善好施，经常拿着一个布袋四处化缘，在圆寂时他曾说“弥勒真弥勒，化身千百亿，时时示世人，世人自不识”，因而大家都认为他是弥勒佛的化身，寺庙里的弥勒佛也塑成了他的形象。乐山大佛是具有中国特色的古佛弥勒雕像。它的外形是按照佛教典籍的规定塑造的，印度佛像“宽肩细腰”的特征在它身上荡然无存，取而代之的是壮实的双肩、饱满的胸脯，这体现了唐代崇尚丰腴的风尚。乐山大佛坐立的姿势是双脚自然下垂，这与印度佛像的“结跏趺坐”也不一样，因为大佛是修来镇水的，这种平稳、安定的坐姿可以带给行船的人战胜激流险滩的勇气和决心。

4. 组合打造

乐山大佛整座佛像在凌云山一面的山体岩石上凿成。乐山大佛是不是通体都是用石头雕成的呢？人们经过考察发现，大佛头上的发髻远看上去与大佛的头部浑然一体，其实并不是和大佛的头一起在整块巨石上雕刻而成的。走近细细观察，你会发现，这些发髻表面抹了两层灰，外面一层是和大佛整体色彩一样的装饰层，里面一层则是石灰，而在发髻根部裸露处则有明显的拼嵌裂隙。原来，它们是单个儿用石块雕刻成形后，再逐个拼装到大佛头顶上的。而且，在这个过程中，人们没有使用一点灰浆之类的黏合剂！此外，在一次维修中，人们在大佛耳垂根部内侧掏出了很多腐烂的木渣。经过研究，大家发现，大佛的耳朵原来并不是在佛头所在的岩石上雕刻出来的。古代工匠用木头做出一个耳朵的形状，再在外面抹上装饰用的灰浆，最后把这个木头耳朵安装在大佛的脸侧。因为制作得非常巧妙，后人在很长时间里都没有识破这个秘密。后来，人们发现大佛的鼻子也是木制的。木制耳鼻能保存至今而不腐化断裂，可见古人在建筑力学和防腐知识方面的水平是很高的。

5. 佛中有佛

1989 年 5 月 11 日，广东顺德县（今佛山市顺德区）农民潘鸿忠到乐山旅游，拍下了一张凌云、乌尤全景照。回家乡后，他突然发现照片上的山形宛如“健男仰卧”，在相关媒体报道后，引起轰动。乐山睡佛的佛头、佛身、佛足由乌尤山、凌云山和东岩联襟而成，形态逼真，南北直线距离约 1 300 米，头南足北仰卧在三江之滨。巨型睡佛的“佛头”最为惟妙惟肖，乌尤山为“佛头”，景云亭如同“睫毛”，山顶树冠各为“额、鼻、唇、颌”，活灵活现，富有神采。佛身由整座凌云山构成，伟岸壮硕，栖鸾、集凤两峰为“佛胸”，灵宝峰是其“腹和大腿”，就日峰是其“小腿”，东岩山南坡则为其“脚”，形成“山是一尊佛，佛是一座山”的奇特景观。观赏大卧佛的最佳点是在乐山古城东面的迎春门码头一带。在此处往南眺望，巨佛可一收眼底。令人叹为观止的是，举世闻名的乐山大佛正好端坐在“巨型睡佛”腋部的深坳处，正好应验了唐代雕佛者寓意的“心即是佛”和古代民间“圣人出于腋下”之说，形成了“佛中有佛”的奇观。据说，乐山大佛的胸口处有一个小佛的影像，需要仔细辨认才能看出。这或许算得上是对佛教修行中“佛在心中”这一术语的印证。传说佛祖释迦牟尼是从母亲的腋下出生的，中国古代民间也有“圣人出于腋下”的说法。乐山大佛端坐的位置可以看作是巨型卧佛腋部的深坳处，这似乎正好印证了这个说法。

“巨型睡佛”的发现过程十分戏剧化，“巨型睡佛”的形成原因扑朔迷离，观佛者疑惑不解，引来无数猜测。这尊卧佛到底是古人有意造就的还是自然的巧合？如果是古人特意雕造出来的，在缺乏现代科学仪器的情况下，他们是用什么方法来保证它的各个部分之间比例适当的呢？也许是历来人工通水、筑路、植树之偶然形成的。像乐山大卧佛这样自然形成的大佛景观也叫“天然大佛”。在中国，这样的天然大佛还有不少，比较知名的有安徽省岳西县司空山天然大佛、辽宁省鞍山千山天然大佛、青海省西宁天然大佛等。它们都是大自然的鬼斧神工之作。

6.3.3.2　乐山大佛的修建功臣

1. 海通和尚

唐代韦皋的《嘉州凌云大佛像记》和明代彭汝实的《重修凌云寺记》等书记载：乐山大佛开凿的发起人是海通和尚。海通是贵州人，他在凌云山当和尚。凌云山位于大渡河、青衣江、岷江三江交汇之处，每当夏季洪水季节来临时，发源于川北大雪山的岷江，带着大量的雪水滚滚南下。来到乐山凌云山下时，同波涛汹涌的大渡河、水流湍急的青衣江汇合后，水势相当凶猛，经常发生船毁人亡的事件。在自然环境险恶、生产力低下的古代，人们在与自然搏斗中，对许多的自然现象既无法战胜，又无法解释，便求助于宗教，因为佛在人们心目中是万能的、超自然的。为了制服江水，让佛保佑在三江上行船的船夫们的安全，海通和尚便发愿化缘募资在凌云山上造佛像，以仰仗佛的无边法力，减杀水势，永镇水患，普度众生。海通禅师遍行大江南北，四处化缘，花了10年时间，筹得不少的钱财。大佛开凿之日，万众瞩目，喜形于色，但地方官吏听说海通禅师集巨资造佛，便前来勒索。海通和尚十分气愤，斩钉截铁地说：“自目可剜，佛财难得。”地方官吏面带嘲弄的神色说：“你要真给我们眼珠，我们就不要你的佛财！”海通和尚马上拿出尖刀，自剜其目，用盘接住，捧到官吏面前，地方官吏吓得赶紧逃离现场。海通和尚忍住剧痛，一挥手，大佛立刻开工。海通禅师为修造大佛“专诚一意，至忘其身”的精神，一直受到后人敬仰和称赞。人们对大佛顶礼膜拜，更对魂系大佛的贵州和尚海通禅师深切怀念、无限感激，为他塑像，修造海师堂供奉他。在乐山大佛头部左后方的凌云山顶还有个海师洞，洞深约 10 米，相传为海通居住过的地方。“海师洞”三字是清乾隆时四川按察使顾光旭手书。海师洞前所塑海通坐像，像高约 2 米，双眼眶中无珠，脸色显得铁青刚毅，面部呈现愤怒之容，一派庄严不可侵侮的神气。在凌云寺内藏经楼下设置“海师堂”，“海师堂”三壁墙面绘有壁画，分别以隋代嘉州太守赵立仗剑斩蛟和唐代海通禅师建造大佛为背景，堂内正中塑有大佛的始建者海通禅师手持佛珠的全身像，神态端庄，正气浩然，令人景仰。

2. 章仇兼琼

由于海通禅师主持修佛时年事已高，当大佛从头部修到胸部的时候，他就圆寂了，修造了 8 年的大佛工程也因此停了下来。大约过了 10 年，开元二十七年（739），章仇兼琼始为剑南节度使，他从成都到乐山坐船来视察工作，亲见船毁人亡，受海通禅师精神的感召，捐赠 20 万继续修造乐山大佛。由于工程浩大，章仇兼琼后找到幕僚杨钊（即后来的杨国忠），通过杨贵妃的关系向唐玄宗申请财政拨款。“开元中，诏赐麻盐之税，实资修营。”即皇帝批准用嘉州的麻盐税来修大佛。有了这样的资金保证，大佛工程持续了大约 7 年时间。到了天宝五年（746），当乐山大佛修到膝部的时候，章仇兼琼赴京担任户部尚书，工程又停顿了下来。章仇兼琼在四川在任 8 年，较好地处理了与吐蕃、南诏的关系，大力兴建水利，与知识分子关系也不错，政绩较著。在乐山大佛建造者海通禅师去世后，章仇兼琼拿出自己的官俸支持了乐山大佛的续建，直至调任，后世蜀人很怀念他。

3. 韦　皋

大约过了 43 年，唐德宗于贞元元年（785），任命韦皋做剑南西川节度使，抗御吐蕃并经略滇南，治蜀凡 21 年，功高绩显，被封为南唐郡王。在此期间，他捐出 50 万钱修佛，征调当地劳动力修大佛，又花了 15 年时间，才完成了从膝部到莲座的最后阶段工程，修建了九曲栈道等配套设施。据说，大佛在建成之初通体都经过了彩绘，有的部位还贴上了金粉，形象十分光鲜。还修建有 13 层楼阁加以围护，名为大佛阁，宋时称天宁阁。大佛阁内则是香烟袅袅、佛音不绝。乐山大佛一直是佛教信徒敬仰的圣地，它与不远的峨眉山共同组成了一个著名的佛教中心。传说一代文豪苏东坡曾经在大佛旁的凌云寺常住。如今，我们还能看到当年他住过的读书楼——载酒堂的遗迹。

乐山大佛的建造，包括从海通筹集资金、开凿和中间停顿的全过程，经历了唐玄宗、唐肃宗、唐代宗、唐德宗四个皇帝，前后花费了 90 年时间。但整个大佛修造工程除去筹措资金及中途受“安史之乱”“藩镇割据”影响的停工时间外，真正用于施工的时间，总共是 30 年左右。

6.3.3.3 乐山大佛的秘密

1. 官方参与之秘

建造乐山大佛，先是民间发起，后由官方组织力量完成。除宗教的目的外，还有政治目的。因为章仇兼琼和韦皋与吐蕃作战所需要的粮草器械等后勤供给，都要从成都经岷江再转大渡河向前线输送。岷江是古代蜀地对外物资文化交流的重要生命线，疏浚岷江，以使航运顺畅，才能保证前线的粮草供给。地方政府主持开凿了 22 年，承担了近 3/4 的工程量。资金方面，海通靠民间募资形式的资金筹措量非常小，章仇兼琼“持俸钱二十万以济经费”、韦皋“以俸钱五十万佐其经费”，地方官员先后拿出自己积蓄的部分薪金支持大佛工程。但由于工程巨大，这些只是杯水车薪，大部分工程款动用了地方财政的税收资金，并且得到了皇帝恩准，修造资金有了根本的保证，才使大佛工程得以顺利完工。

2. 平息水患之秘

海通说修佛镇水妖，镇水妖就是保证航运的安全。以我们现在科学的理性眼光来审视，谁会相信佛像可以镇住水妖呢？但令人奇怪的是，自从大佛修好后，三江汇合之处就很少发生船只被打翻的灾难了。这又是怎么回事呢？

一是大佛修好后，使突出的山崖被削掉，江风变得通畅，巨浪减少，过往的船只也就安全多了。

二是凿佛滚落的碎石填浅了河床，水流变缓，在客观上也减轻了狂野的水势。历史学家郭沫若在《我的童年》中指出，在乐山的凌云山崖壁上雕大佛，“很深很阔地把山崖凹陷了进去。这在当时大约是为减杀水势的原故罢？”他在晚年著作《李白与杜甫》中，再次认为“减杀水势”才是真正的“功利的目的”，而大佛本身不过是“作为永远的装饰”。

三是高大雄伟的乐山大佛坐立的姿势是双脚自然下垂，平稳、安定的坐式，实际上成为大渡河船工的航标，大佛的“俨然圣容”带给行船的人战胜激流险滩的勇气和决心，给了船夫们战胜激流险滩的精神力量。今天，大佛本身的宗教意义渐渐淡化了，人们更多的是将它作为精湛的石刻艺术品的欣赏。

3. 大佛保存完好之秘

乐山地区的气候十分复杂，雨量丰沛，空气湿润，常年潮湿的江风不断，对大佛的侵蚀不容忽视。此外，雕刻大佛的石山是红砂岩，其石质密度比较低，非常容易崩解破碎，很容易风化和被水侵蚀。在如此复杂多变的环境下，大佛历经 1 200 多年，却始终保持着昔日容颜。主要有以下几个原因：

（1）大佛阁的保护。

与古代的许多巨大佛像一样，乐山大佛建成之初，曾建有 7 层楼阁覆盖（一说 9 层或 13 层），时称“大佛阁”“大像阁”，覆盖在外面，遮盖保护佛体，以免日晒雨淋，这对大佛起到保护作用。后“大佛阁”毁于大火，宋朝以后重建，称为“凌云阁”“天宁阁”，它在当年可以称得上是摩天大楼了。可惜的是，这座中国建筑史上不可多得的杰作，后来不知何年、因何原因被毁。有传说是明末张献忠的农民起义军入川时曾劫掠阁内文物并焚毁此阁，使大佛从此失去遮挡。今天的游人还可以从大佛两侧的山崖上看到几十处孔穴，那就是当年建造楼阁时安置梁柱的地方。现在为了保护大佛，防止酸雨及风化作用对大佛的损害。中外专家提出了三种保护大佛的方案，一是重修大佛阁，二是为大佛修建一座玻璃结构的房子，三是在大佛头上建一个防雨顶。

（2）巧妙的排水系统。

在大佛头部的 18 层螺髻中，第 4 层、9 层、18 层各有一条横向排水沟，衣领和衣纹褶皱处也有排水沟，两只耳朵背后靠山崖处，也有长 9.15 米、宽 1.26 米、高 3.38 米的洞穴。这些巧妙的水沟和洞穴，组成了科学的排水、隔湿和通风系统，对防止大佛侵蚀性风化起到了重要作用。清代诗人王士祯的诗中有“泉从古佛髻中流”的句子，正是对乐山大佛排水功能的一个写照。

（3）大佛的位置。

三江的顺河风在这里呈直角对吹，相互削弱，使得吹到大佛身上的江风并不猛烈，相反，徐徐清风还有助于大佛排湿。大佛的身体微微凹进山体，不但使其避开了正午阳光的直接照射，而且早晚的阳光还能对其进行全方位照射，有助于大佛保持干爽。高大陡峻的大佛身体十分光滑，雨水落上去很难存留。在 1 000 多年前的唐朝，工匠们便能因地制宜，充分利用地势、气候等自然条件，合理规避各种因素对大佛的不良影响，不得不让人叹服。

（4）大规模的保护性维修。

从1949年开始，中国政府每10年就对大佛进行一次比较大规模的保护性维修。为了使修补效果自然，在开始修缮之前十几年，人们就选取了几百种材料，把它们放在大佛旁，接受与大佛相同的日照、雨淋，最后选取一种风化、变色程度最小的材料加以使用。而从2001年到2007年，更是进行了三次史无前例的全面维修，目的是恢复大佛原貌并从周边环境入手全面保护大佛。目前的维修成果获得了国内外专家的一致好评。如今，乐山大佛在人们的维护下，又重新焕发出了生机。

4. 藏宝洞之秘

乐山大佛高大雄伟，自建成以来，就笼罩着一层神秘的面纱。一般来说，修造佛寺、佛像，是为了宣扬佛法，祈求平安。自古以来，人们传说乐山大佛胸中有一个隐秘的藏宝洞。

“佛中有佛、佛在心中、佛心藏宝”更是乐山地区经久不衰的传说。但没有人知道它明确的指向。20世纪90年代，有游客偶然在乐山大佛的心脏部位看见了一尊小佛的隐约身影，头及眼、鼻、嘴等五官甚至清晰可见。这尊小佛刚好位于乐山大佛胸前藏宝洞的位置，似乎进一步印证了“佛中有佛、佛在心中、佛心藏宝”的民间传说，使乐山大佛更加具有传奇色彩。

（1）财宝说。

对这个藏宝洞，有很多人猜测里面藏有财宝，也有人说洞里藏着一大两小三尊价值连城的黄金佛像。大佛建成前后募集金银不少，如此大的工程，建成后的佛事活动肯定很多，香火旺盛、八方朝拜，大佛寺庙收到的捐赠善款、奇珍异宝肯定也有很多。虽然利用佛身藏宝，况且是在“佛心”，跟佛经教义相违背。但若是前人考虑长远，佛财归佛，善款专用，将募集来的剩余资金封藏好留予后人，紧要时开启用于维修，这个解释应该是有点道理的。

（2）“佛中有佛”说。

通过一些文字记载，我们可以知道，大佛是有“小样”作为参考进行凿刻的。海通找匠人依照“能仁院”中的弥勒石佛凿刻成一尊“丈余高”的“小样”，然后将“小样”请到施工现场，叫匠人将“小样”按1：13的比例放大开凿。那么大佛修成后，大佛的“小样”应该怎么放置呢？建造者肯定不能让如此重要的“小样”即大佛的“前身”和“母本”失散了。据此推断，大佛藏洞是在大佛修造后期，即韦皋修造时考虑设计的，主要目的就是收藏“小样”，也符合“心中有佛，佛在心中”的佛经教义。甚至可以大胆想象，海师洞不纯粹是海通禅师的寝室，海师洞最初开凿出来是想作为大佛“小样”的保管室。在能仁寺内依标造“小样”时，海师洞就同时在开凿，“小样”一请出能仁寺就住进了海师洞，这样才能体现对“小样”佛像的虔诚。同时，“小样”放在海师洞便于拜祭和保留。否则，大佛前后修造达 90 余年，“小样”没有一个固定的场所保护是难以长时间保留的。而大佛“小样”是统一前后开凿风格的唯一标准，其重要性不言而喻。

（3）舍利子说。

还有人认为洞里藏着海通法师的舍利子甚至海通法师的肉身。1962 年，乐山县（今乐山市）政府组织中华人民共和国成立以后第一次较大规模的大佛维修。修补前胸时，工人发现佛肚前有一个封闭的“藏脏洞”，它的发现似乎印证了大佛身上有“藏宝洞”的千古传说。这个“藏脏洞”因位于大佛胸前的心脏部位而得名，是一个高 3.3 米、宽 1 米、深 2 米的长方形人工开凿的暗室。洞穴的封门石在两位见证人的注视下被打开，室内情形令所有人大失所望，里面仅散乱地堆放着一些破旧的废铁和铅皮。开启现场唯一有价值的就是封门石，封门石是宋代重建天宁阁的记事残碑，此碑有可能原来是嵌在大佛胸前的。由于当时的“藏脏洞”被打开后，没发现什么有价值的东西，随后就被工匠用青砖、水泥灰封闭。如今两位现场当事人说法不一，已无从考证。唯一的线索——宋代“天宁阁记事残碑”因那次维修移至附近的海师洞保管，海师洞是海通和尚建造大佛时的卧室，“文化大革命”期间，洞内的存放物被毁，残碑也下落不明。宋代“天宁阁记事残碑”是近现代史学者一直找不到的一块重要的文物石碑，得而复失令人深感遗憾。那么，“天宁阁记事残碑”上的文字是什么？为什么要用此碑来封“藏脏洞”？大佛胸前的暗室到底是何时所凿，目的是什么？被盗前究竟装了什么东西？如此多的疑问几乎成了千古谜团。

专家分析，在佛身上凿洞多见于泥塑、铜铸的作品中，是佛经教义所允许的。藏洞内所装东西一般是“五谷”及“五金”（金、银、铜、铁、锡）。“五谷”象征菩萨保佑“五谷丰登”，“五金”象征菩萨保佑“招财进宝”。还有的佛身藏洞内装的是仿制五脏六腑的器皿或经书帛卷，以此象征“肝胆相照”或“真经永驻”。这些器皿的象征意义大于它本身的价值。关键是这些藏洞大都开凿在佛体背部隐蔽处，而乐山大佛开凿的位置在佛心部位，这是前所未闻的。从开凿此洞的长、宽、高规模来看，工程量较大，应是唐代同期工程，是造佛时的配套工程，也就是说施工者在设计时就考虑到了这个藏洞功能。

不可否认的是，“藏脏洞”在历史上曾被多次开启，以致洞内的贵重物品早已荡然无存。也许是在唐晚期会昌五年（845），唐武宗的全国范围内的灭佛行动中，“小样”被掘出顶替大佛而惨遭捣毁；也许在唐末宋初就被盗宝者劫走；也许 19 世纪初四川军阀陈洪范组织对大佛维修时就发现了大佛胸前这个藏宝洞，掠宝后再将大佛脚下的“天宁阁记事残碑”移作封门石……无论今人做何推断，洞穴内毕竟没有发现过金银财物和“小样”，神秘的大佛，神秘的宝藏，神秘的传说，这个千古之谜有可能被解开吗？

乐山大佛距今已有 1 200 多年历史，千百年来，历经战火、自然灾害，表面看起来很“健康”，但是却并不能完全掩饰其千年的沧桑，也不能证明其身体内部结构没有问题。历史上，乐山大佛经历了多次维修，但是其身体经受的是不同时期、不同材料的修补，这一点令人不安。同时，乐山大佛的宝藏迷雾长期以来也让人们困惑不已。出于对大佛“健康”的关注和为人们解惑的目的，2006 年 6 月，中国科学院和当地文管所的专家学者齐聚大佛脚下，用了大约一周的时间，动用先进雷达探测器，对大佛进行无损害的“B 超体检”。如同人体内科的诊断需要依赖 CT、B 超等先进透视技术一样，大佛体内的诊断也需要先进的岩体透视技术支持。用配备短波天线的地质雷达对大佛内部结构、基脚结构进行探测，电磁波可深入大佛体内 2 米至 70 米。检测数据的分析结果，可以为大佛基础加固以及判断乐山大佛能否再经受千年风雨提供科学依据。然而专家检测完之后，只公布了简单的结果：“目前内部结构都是很稳定的，没有发现什么异常。”对宝藏问题只字未提。看来，千年的猜测、千年的疑问将继续延续下去了……

5. 小样之秘

在距今 1 200 多年前的唐代，在没有现代勘探的科学仪器的情况下，古人在修建乐山大佛时，如果仅仅依靠一锤一凿地修一点算一点，能修出今天所见的雄伟的乐山大佛，简直令人难以相信。按照建筑学的一般常识，要“依样放大”，或曰“依样画葫芦”，可以断定乐山大佛正式修建前一定有一个或几个“小样”作为参考。那么，这个小样在何处呢？

（1）能仁院“小样”说。

据史书记载，乐山大佛的形象是海通法师依据当时嘉州（今乐山）城外的寺庙能仁院中的一尊石刻弥勒佛像设计的。他先找工匠依照能仁院中的弥勒佛像凿刻成一尊一丈多高的“小样”，然后将“小样”抬入施工现场，叫匠人将“小样”按 1∶13 的比例放大开凿。南宋爱国诗人陆游（1125—1210）任嘉州监郡曾目睹过所谓“小样”，他为此写有《能仁院》诗，诗前有小记：“能仁院前有石像，高丈余，盖作大像（即乐山大佛）时样也。”其诗云：“江阁欲开千尺像，云龛先定此规模。斜阳徙倚空三叹，尝试成功自古无。”有此记和诗作稽考，很是明白不过。但能仁院在何处呢？查《方舆胜览》载：“石像山，在城西二里为能仁院遗址。”又《舆地纪胜》谓：“古像山在府城西门外，有镌弥勒佛如凌云像（即乐山大佛）而小，咸谓当初作此为大像之式。”据以上两处典籍所言，确有“小样”存世。且所在地名“石像山”或“古像山”，实为一地而异名。可惜宋代以后无人提及此事。能仁院大约毁于某次战乱之中，以后再也没有重建，能仁院“小样”也不知去向。

（2）仁寿大佛“小样”说。

有人认为，原乐山市仁寿县（今属于眉山）城北偏东 35 千米处的高家大佛是乐山大佛的模型。仁寿高家大佛在 795 年建成，早乐山大佛 7 年。大佛坐西向东，坐高 15.85 米、宽 11 米。大佛周围还有摩崖造像 2 480 尊。仁寿高家大佛是试雕“小样”的证据有：

一是仁寿高家大佛违背佛教造像规范，未雕刻全身像。按照佛教造像规范，大佛都是全身像。仁寿大佛只凿胸像，是全国最大的也是唯一的一尊胸像，真可谓“中华第一胸佛”，这违背佛教造像规范。可能是由于经费不足，半途而废，但当地保留下来的巨大而精美的础石以及数以千计造型生动、布局完整的摩崖造像龛窟，可以推想当时该寺僧侣众多，香火旺盛，经济实力应较为雄厚，完全能够排除经费不足的假说。

二是仁寿大佛五官的造型比例失调。按《佛教造像度量经》要求，眼眶和嘴唇线的尺度应当一样，乐山大佛的眼长与嘴唇长均为 3.3 米。但高家大佛像的眼、唇长度相去甚远，破坏了应有的和谐比例关系。

三是仁寿大佛雕像建造的位置决定了大佛下半身必定残缺不全。因山体高度不能为仅上身就达 12.4 米的仁寿大佛雕像提供载体。雕刻大佛的石头固然十分坚固，但二十米以下却是一片石谷子地带，是易碎石。根据其高度和下半部的石质，无论是站像，还是坐像，都无法给大佛一个全身。我们的祖先并不愚蠢，不至于如此选地造像，所以仁寿大佛只是作为蓝本，只需对大佛最难的头像部分进行精雕细琢，胸部以下无须做过多的要求。

四是仁寿大佛与乐山大佛有很多相同之处：都是三面凿山为岩，山佛合为一体，坐西向东，面对水面；都有龛窟，龛壁两侧都配二位金刚，两龛造像都无龛盖；都建大佛楼阁保护；排水系统都一样，在大佛头背处开凿隧道排水；两尊造像都是弥勒佛，他们的面相很丰满，嘴唇略微闭着，眼睛微微启开，眉毛像弯月，慈眉善目，平视着东方，神态安详自如；头发围成螺髻，线条流畅。如果只看照片的话，简直就是同一佛像，只是仁寿大佛较小些。

6.3.3.4 乐山大佛景区其他景点

1. 凌云寺

位于大佛头部右后的凌云寺，修建时间距今约 1 400 年，因乐山大佛坐落于此，又称大佛寺。凌云寺建于初唐高祖李渊时期（618—626），寺名取意高入云霄，象征佛法远播。凌云寺与杭州灵隐寺、洛阳白马寺并称中国“三大寺庙”。现存凌云寺是清康熙六年（1667）重新修建的。寺门正中匾额所题“凌云寺”三字，其中“凌”字偏旁为三点水，意指岷江、青衣江和大渡河之三江水。苏东坡书写的“凌云禅院”四字，两旁是嵌字联“大江东去，佛法西来”。此联切景切事、言简意赅、大气磅礴，既使人有佛法庄严之感，又表明了凌云寺所处地理位置，还巧妙地将“大佛”两字嵌于其中，显示了这座千年古刹的不凡气势，为海内不可多得的佳联。

凌云寺内有天王殿、大雄宝殿、藏经楼。天王殿供奉的布袋弥勒佛像，笑口大开，大肚包容，手握乾坤袋，显现出中国人民宽厚仁慈、乐观向上、助人为乐的精神。后人根据这尊佛像所包含的高度文化内涵、艺术内涵，在其佛龛两旁配了一副妙趣横生的楹联：“笑古笑今，笑东笑西，笑南笑北，笑来笑去，笑自己原本无知无识；观事观物，观天观地，观日观月，观上观下，观他人总是有高有低。”该联警示我们对待一切事物和人要有宽容之心，与佛像珠联璧合，相映成辉。凌云寺的大雄宝殿有十三扇门，是寺庙中级别最高的，香火也极旺。藏经楼楼下塑有修建乐山大佛的三位功臣——海通禅师、章仇兼琼和韦皋的像，供人瞻仰。

凌云塔，又名灵宝塔，因其耸立在凌云寺后的灵宝峰而得名。该塔既是三江合流处的标志，也是航船标志，可使船工提高注意力，以便安全渡过急流险滩。如今，灵宝塔已成为嘉州古城的一座标志。

2. 乌尤山

乌尤山与凌云山并肩立于岷江之滨。据《史记》《汉书》记载，乌尤山原与凌云山相连，蜀郡太守李冰治理沫水（大渡河），开凿江道，引部分江水绕乌尤山而下，使之成为水中孤岛，也被称为青衣别岛。乌尤山即古离堆，现山上有“离堆”石碑，离堆即离岸之意。乌尤山因孤卧江中，好似一头乌牛，故又名“乌牛山”。相传宋代诗人黄庭坚至此，嫌其名不雅，而见山上古木繁荫、绿荫重叠，便更名“乌尤山”。乌尤山上有创建于唐代的正觉寺，宋代改名乌尤寺。乌尤寺寺门正中书写“乌尤寺”三个大字，两侧的对联为：“寺门高开洞庭野，苍崖半入云涛堆。”山门上还有“青衣别岛”“慈云”“法雨”等题字，使气氛顿然庄严、静穆。寺中有尔雅台，传为汉犍为郡郭舍人注释我国最早的一部解释词义的专著《尔雅》之处。宋代文学家苏辙在《初发嘉州》诗中写道：“云有古郭生，此地苦笺注。区区辨鱼虫，尔雅细分缕。洗砚去残墨，遍水如黑雾。至今江上鱼，顶有遗墨处。”称赞郭舍人长年勤奋写作，洗砚的残墨竟染黑了江水，染黑了鱼头。尔雅台右侧临江绝壁凿有“中流砥柱”四字，字径 5 米，为明嘉靖乐山人彭汝实所书。寺中还有罗汉堂等许多楼台殿宇，绿瓦红墙，掩映其间，景色佳丽。清代大诗人、大书画家张船山在《嘉定舟中》云：“凌云西岸古嘉州，江水潺潺抱郭流。绿影一堆漂不去，推船三面看乌尤。”

3. 麻浩崖墓

麻浩崖墓位于凌云、乌尤两山之间的溢洪河道东岸，以内涵丰富、雕饰精美而被誉为“南安（乐山古称）名墓之首”，为全国重点文物保护单位。墓中保存着许多汉代建筑、车马伎乐、鸟兽虫鱼图形，且有不少历史题材的神话故事，以及画像石棺、书法题刻。同时，还有中国乃至世界遗留最早的佛教石刻造像。崖墓图像雕刻精美，出土文物内容丰富，是研究古代社会政治、经济、文化、历史的重要实物资料。

6.4 四川其他宗教旅游文化

四川伊斯兰教的清真寺全盛期有 190 余座，今存 113 座，多数集中分布在成都市、绵阳市、广元市、阿坝州和凉山州。伊斯兰教的寺庙建筑、礼拜仪式、经唱习俗、宗教节日、饮食等都是组织旅游产业的良好资源。阆中巴巴寺是四川省著名的清真寺院，又名“久照亭”，巴巴，即阿拉伯语“祖先”之意。康熙年间，沙特阿拉伯麦加城穆斯林华哲·阿卜杜拉希在阆中传授伊斯兰教时，去世而安葬于此并建寺，至今已有 300 多年的历史。

四川天主教全省有 8 个教区，共开放教堂和会所 75 所。四川天主教堂和修会、修院都有开发交流旅游价值。其四大瞻礼（圣诞节、复活节、圣神降临节、圣母荣召升天节）节日，既是教徒的教学顶礼仪式，也是群众观赏游览的好时机。

四川基督教礼拜堂共 71 处，聚会点共 73 处。主要教堂有成都上翔街礼拜堂、圣约翰福音堂、成都四圣祠礼拜堂等。

7 四川少数民族旅游文化

四川少数民族众多，少数民族文化内涵丰富。本章主要介绍四川藏族、彝族和羌族的基本概况。四川藏族、彝族和羌族的饮食文化、服饰文化、居住文化、节庆文化、宗教信仰、禁忌文化、文学艺术等方面的旅游文化基本知识，以加深学生对四川藏族、彝族和羌族等少数民族旅游文化的认识。

7.1 四川少数民族概况

四川少数民族众多，其中世居少数民族有彝族、藏族、苗族、羌族、回族、土家族、蒙古族、傈僳族、满族、纳西族、白族、布依族、傣族、壮族等 14 个。在 2010 年全国第六次人口普查中，四川少数民族人口有 490.8 万人，约占全省总人口的 6.1%左右，居全国第六位。四川各少数民族大多居住在盆周山区，辖区面积共 29.29 万平方千米，占四川总面积的 60.26%。这些少数民族各有自己独具特色的文化。

7.2 四川藏族旅游文化

四川藏族主要分布在川西北高原，北接青海、甘肃，西连西藏，南接云南，东南接四川盆地及川西南山地，涵盖甘孜藏族自治州、阿坝藏族羌族自治州、木里藏族自治县以及绵阳平武等十余个藏族乡，总面积 24.97 万平方千米，占四川省总面积的 51.49%。其中，甘孜藏族自治州有 15 万平方千米，辖 18 个县；阿坝藏族羌族自治州有 8.42 万平方千米，辖 13 个县和卧龙大熊猫自然保护特别行政区 1 个；木里藏族自治县有 1.2 万平方千米。据 2010 年全国人口统计数据，四川藏族人口约 122 万人。

7.2.1 四川藏族饮食文化

青稞、玉米和小麦是四川藏族人民的主要农作物和主要食物来源。据调查，藏民很少患糖尿病，这与食用青稞食品有很大关系。藏族日常的食物主要是糌粑、牛羊肉和奶子。糌粑是用青稞炒熟磨制的炒面，用酥油茶或青稞酒拌和，用手捏成小团而食。糌粑是藏族人的主食，被看作是藏民族的饮食精华和藏民族象征。此外，小麦、玉米、胡豆、土豆和其他杂粮也是四川藏族主要食粮。蔬菜有萝卜、白菜、圆根、莲花白等。藏族人喜欢吃酸菜和腌菜，有“三天不吃酸，走路打偏偏”的说法。

四川藏民食用的肉有牛肉、羊肉、猪肉等。牧区藏民的主食是牛、羊肉，吃法有手抓肉、生吃肉或肉干。农区与半农半牧区有把牛、羊、猪肉煮成“坨坨肉”吃的习惯，但比较普遍的是把猪肉制成各种肉制品，如猪膘、香猪腿、臭猪肉等。奶制品包括牛或羊的酸奶、奶饼、奶渣等，是农牧区藏民生活中不可缺少的食物。

茶为藏民的普遍嗜好，民间有“宁可三日无粮，不可一日无茶”的谚语。这是因为藏族以高蛋白油腻食物为主食，故在饭后须饮茶以助消化。藏民喝的茶有清茶、奶茶、糌粑茶、酥油茶等。藏族居住的地区多为寒冷的高原，而酥油茶中含有极高的热量，可以驱寒保暖，是最适合高原气候和地理环境的饮品，被视为茶中上品。喝酥油茶不但可以起到很好的御寒作用，还可以缓解高原反应，预防天气干燥导致的嘴唇爆裂。藏族饮用酥油茶有悠久的历史和传统，至今已有 1 300 多年。据记载，唐朝文成公主与吐蕃松赞干布和亲时，创制了奶酪和酥油，并用酥油茶待客。酥油是藏族人民用传统的手工工艺从牛奶中提炼分离之物，食用时根据每个人的不同口味，按比例兑烧滚的茶水、食盐和酥油，在特制的筒中搅打，使三者融为一体，从而形成色香味俱全的酥油茶。

藏族人喝酥油茶有一定的讲究。平时在家喝茶时，自己使用自己的碗。有客人来时，女主人取出瓷碗放在客人面前，端起茶壶轻摇数次，壶底低于桌面，倒满后双手端碗弓身献给客人。客人接茶后不能张口就喝，应缓缓吹开浮油，饮啜数次后碗内留一半，将茶碗放在桌子上，女主人会续满。客人不能立即端起就饮，而是在主人的邀请下边同主人聊天边慢慢啜饮。客人每次饮茶后主人会很快续满。客人一般饮茶三碗，若只喝一碗就会被认为不吉利，故藏族谚语中有“一碗成仇”的说法。喝茶时不能喝出声音，也不能喝光，否则会被认为是没教养。最后也不能喝完，要留下少许，表示茶永远也喝不完、财富充足。对于没喝过酥油茶的人，第一口异味难耐，第二口醇香流芳，第三口永世难忘。

藏民还喜欢饮酒。酒用青稞酿制，味淡而微酸，又称砸酒或“杂酒”。藏族同胞饮酒的礼仪和习俗极为丰富。每酿新酒，必先敬神，然后依循“长幼有序”的古训先向家中年长者敬酒，之后家人才能畅饮。逢年过节和喜庆聚会时，敬酒先从长者开始，然后按顺时针方向依次敬酒。敬酒者一般用双手捧酒杯，敬献给受酒者。而受酒者先双手接过酒杯，用左手托住，再用右手的无名指轻轻地蘸上杯中酒向空中弹一下，如此反复三次然后再饮。弹酒三次是对天、地、神的敬奉和对佛法僧三宝的祈祝。接受第一次敬酒，饮酒时不能一饮而尽，要遵循“三口一杯”习俗。在弹酒敬神后，要连续喝三口，每喝一口，主人就给你添上一次酒，当添完第三次酒时客人就要把这杯酒喝干，滴酒不剩者才是最有诚意的。

唱祝酒歌也是藏族人民的习俗之一。藏族有一句俗话：“喝酒不唱祝酒歌，等于驴子喝水。”谁来敬酒，谁就唱歌。敬酒的人若不唱，受酒人可以拒绝饮用。受酒人接过酒杯，即可以要求敬酒人唱歌。有时敬酒者斟满酒杯，走到客人面前即开始唱歌，唱到一半，再将酒杯献上，唱完酒歌再进行弹酒仪式。祝酒歌词也可由敬酒的人即兴编唱。唱完祝酒歌，喝酒的人必须一饮而尽。

7.2.2 四川藏族服饰文化

四川大部分地方的藏民服饰主要为藏袍。藏袍大体上可分为氆氇袍、羔皮袍、羊皮袍、羊毛袍和单褂袍等。氆氇袍属羊毛织品，保暖性强，可兼作雨衣，结实耐用，一年四季均可穿。羔皮藏袍为羊羔皮加工制品，外面加面料缝制而成，多用作礼服。一件中等羔皮藏袍，一般用 40 余张羔皮。羊皮藏袍为藏族人民普遍穿用的皮制品，类似北方的棉衣，只是棉花改为羊毛，短装改为长袍，特点是穿着轻巧、保暖，活动自如。单褂袍类似旧时长衫，特点是凉爽、宽松舒适、落落大方，男人穿之则显现阳刚之气，女性则显纤巧之美。

藏袍的基本特征是长袖、大襟、右衽、宽腰。长袖除可御寒外，还可借助长袖伴舞，显示富有节奏的优美舞姿。右衽指将右袖缠在腰间或搭于肩上，右臂露出袖外，即"穿一手，露一手"，主要是为了方便用右手从事劳动，握持重物，也体现出藏民精悍、潇洒、豪迈之美。藏袍宽大超长，日当衣服夜当被，既可遮风避雨保暖，又可装物当坐垫，具有一衣多用的性质。藏袍还是一种古朴典雅的装饰，常用作舞台服装。藏袍多用兽皮饰边，据说起源于先王朝时期。先王为奖励争战中的勇士，依兽皮的等级奖给勇士水獭皮、豹子皮或虎皮，勇士为了炫耀功绩，让大家共享荣光，将兽皮缝在衣领或衣襟边，后演变成装饰品。穿上镶了兽皮的藏袍，男性显出阳刚之威武、剽悍，女性则显出妩媚、高雅。

四川藏族服饰品样式繁多、造价昂贵、奇异多彩，除了有装饰美之外，还象征佛祖保佑和吉祥如意，标志家庭富裕、生活幸福等。多数地区藏民有尚红、白、黄、蓝、绿五色的传统。藏民服饰的五色既有宗教象征意义，又表现了雪域大自然所呈现的直观特征。他们认为蓝、白、绿、红、黄五彩是菩萨的服装，蓝色代表蓝天，白色代表白云，绿色代表河流，红色表示空间护法神，黄色代表大地。此外，这些颜色还具有其他象征含义，如蓝色是天空的色彩，给人以辽阔、广漠深远、凉爽之感，展示着人们的理想和无限之情。白色是纯洁的象征，可以带来吉祥、幸福，标志着崇高的感情，如哈达多采用白色。绿色是生命与青春的象征，使人联想到生存、成长、安全、和平。藏民认为金色是光明和希望的象征，佛殿经堂供奉金色佛祖像。黄色是非常神圣的颜色，标志着富贵、华丽，因此活佛、高僧们常穿戴黄色织品，而一般的藏民不穿戴黄色。由于传统习俗的制约，藏服多不采用过于鲜艳的单一暖色或冷色。如嘉绒地区以黑色服饰为主色，大渡河流域人群则偏爱天蓝、粉红及黑色等，白马藏民的服色中紫色、白色居多。

四川藏族服饰的色彩都有一个共同点，那就是色块递增和排比规律。五色彩边（下摆、领口、大襟胸口、肩、臂等处）以绿、紫、黄、朱等竖立色块依次递增，有醒目、振奋的特点；腰带扣饰、发辫、连衣饰物等，一排排有规律地佩戴，形成色彩强烈对比，但又与整体协调一致的风格。

藏族男女都很讲究装饰，广泛运用珠宝、金银、象牙、玉器、玛瑙来打扮自己。头饰和佩饰多以金、银、铜制作精美的器具，如花纹镯子、变形戒指、项链、发饰、鼻烟盒、“卡乌”（ག་ཝུ，内装护身符之类的精细小盒），头饰之冠以为珊瑚、琥珀等为骨架做成的。此外，玲珑剔透的小腰刀、银圆、铜币等都可作为饰物。

藏族装饰与人们的民间信仰、生活环境息息相关。装饰纹样主要有日月造型、朗久旺丹图案、雍仲和吉祥八宝等。其中，“朗久旺丹”图案即十相自在图，是藏传佛教时轮宗的一种极具神秘力量的图符，它由7个梵文字母加上日、月、圆圈共10个符号组成。雍仲即卍字图符，吉祥八宝指吉祥结、妙莲、宝伞、右旋海螺、法轮、胜利幢、宝瓶、金鱼等八种具有深刻象征内涵的宗教图案。松潘一带的妇女头戴用琥珀、玛瑙、珊瑚等制成的袋状饰品，据说是吐蕃时期为了平息天神怒气，而让女人戴上的魔石和蛇。

藏族佩饰也与藏族人艰苦的物质生活环境有关。藏族是一个以游牧生活为主的民族，他们把自己的主要财富转换为金银珠宝佩戴在身上，这样便于迁徙时携带和保存。一个家庭比较富有的藏族姑娘，着装佩饰的价值少则数万元，多则百余万元，这是一家数代人经过艰辛积累的全部财富。每逢佳节或喜庆的日子，牧民们都喜欢把自己家传所有的装饰品佩戴出来，既是对自家财富的炫耀，也是一种精神美的展示。安多地区男女都佩戴珊瑚、项链及耳环。男子只带右耳，较大、不嵌珊瑚珠。在当地，男性戴耳环是英武的象征，标志男性威武、雄壮之美。

男子的服饰品较少，除胸前佩戴“卡乌”外，还有“果扣”（སྒོར་ཁུག）、藏刀等装饰品。卡乌是装有护身符或护身像的金、银制作的小盒子，系于胸前左侧，用红布系拴。其形状有圆、方两种。中央一般是装置佛像或护身符的地方，上方雕有双狮或二龙戏珠的图案，下面分别刻有似鱼或青稞之类的图案纹样，看上去造型优雅，风格别致。一般在节日、佛法盛会时男女都要佩戴，以示信教之虔诚，也是一种精神寄托。“果扣”指钱包，是藏族男子独特的专用品，因具有极强的装饰意味，故归于装饰类。藏刀最早是防身武器，也是吃肉、屠宰的工具。主要有两类，一种主要是防身器械；另一种叫腰刀，专门用来吃肉，基本上是餐具。长刀平时很少带，而腰刀常不离身，渐渐成为藏族男青年非常喜爱的装饰品。藏刀刀柄大多用熟铜、银、翡翠、骨等压制成精细、秀丽的纹样。刀鞘通常用铜制成，内夹木梢。藏刀历史悠久、制造考究、造型优美、式样繁多，是一种奇异别致的民族工艺品。

7.2.3 四川藏族居住文化

7.2.3.1 藏寨民居

四川藏族农区的居住建筑，一般以土石结构的平顶房为主。在汉文记载中多称为“碉房”或“康房”。多单门独户，三到五层。一般底层做畜圈，二到三层为居室，用木板分隔成寝室、储藏室和活动室等。四楼一般只有一间房，用作经堂。房背面和靠房间的两方是开放性的房屋，用于存放粮食和杂物。其余部分是晒坝，供脱粒、晒粮等家庭生产劳动用。做饭、喝茶、吃饭、休息和待客等家庭活动主要在锅庄房内。锅庄房是藏民活动的主要场所，位置有尊卑之分。一般在房中，正对着门的位置为最尊贵，是家中长者或喇嘛的位置，左边是男性位置，右边是女性位置。离门最近也即背对门的位置最低，一般是家中女性进出为全家人添饭倒茶的位置。藏族民居的造型丰富多彩，不仅与自然环境结合紧密，并且充分利用当地材料。采用乱石砌墙或土筑墙，墙面厚实粗重，具有显著的地域特色。藏族民居普遍较为重视大门的装饰，通常在房顶上都插有蓝、白、红、黄和绿五色经幡。经幡每年藏历新年更换一次，以此祈求来年祥和。

7.2.3.2 土司官寨

四川阿坝州的卓克基土司是元代设立的，到 1955 年马尔康解放，土司制度废除，卓克基土司前后延续时间 665 年，共传了 17 代。清代乾隆十三年（1748），卓克基土司跟随朝廷征伐大小金川有功，被授封为长官司，并颁给长官司印信号纸。乾隆十八年（1753）又加赏顶戴花翎，此后逐步成为川西北地区著名的嘉绒十八土司之一。民国初年，由于卓克基第十五代土司是黄教喇嘛，不娶绝祀，1913 年，过继当时嘉绒十八土司中地位最高的汶川瓦寺土司索代兴独子索观瀛继承卓克基土司位。索观瀛即位后，外联内合，逐步扩张自己的势力，到 20 世纪 30—40 年代成为嘉绒四大土司之一。土司官寨又称土司衙署，是土司巡视时在各村寨的临时住处。土司官寨建筑规模及风格与当地普通百姓的住宅相似，只是较为讲究内部装饰，比较华丽，平时由当地头人管理。卓克基土司共有六处小官寨，其中，卓克基官寨地处马尔康市南 7 千米处。现存的卓克基官寨是 1938—1940 年卓克基末代土司索观瀛重修的。1935 年 7 月初，毛泽东、朱德及中央红军长征时曾经过卓克基，在官寨休整，毛、朱等人住在官寨内。1936 年，老官寨毁于大火，仅存北面少许墙体。1938 年至 1940 年，索观瀛在原有的基础上重新扩建，就是现存的卓克基土司官寨。1984 年，美国著名记者、作家、《纽约时报》总编索尔兹伯里为搜集红军长征史料,到访过卓克基官寨,惊叹官寨为“东方建筑史上的一颗明珠”,并建议中国政府认真保护。1988 年，卓克基官寨在索尔兹伯里的推动下被列为国家级重点文物保护单位。卓克基土司官寨是目前保存最完整、最有代表性的土司官寨。

7.2.3.3 碉　楼

碉楼在今天的四川甘孜、阿坝等地有广泛分布，汉文称为“邛笼”。碉楼的高度一般在 30 米以上，最高可达 50 ~ 60 米。从用途上看，有传递情报的烽火楼、专门用来求神祈福的风水楼、避邪祛病的伏魔楼和作为防御工事的碉楼。防御碉楼具有战攻不破、火烧不燃、箭射不穿的特点，是最坚固、最安全的防御房屋。乾隆年间，大渡河上游大、小金川境内分布着各种石碉，几乎每个村寨、每座山岗都建有碉楼。由于这些碉楼地处险峻之处，易守难攻，致使乾隆年间的两次大、小金川之役前后长达 7 年。在两次战争中，大、小金川境内石碉多数被摧毁，因丹巴境内的土司随同清兵一起征伐大、小金川有功，丹巴碉楼才得以比较完整地保存下来。丹巴几乎每个村寨都有一座高出山寨几十米的古碉，成为四川古碉最集中的地方。仅丹巴梭坡乡就聚集大小古碉 116 座，其中在不到 1 平方千米的核心区就有 82 座，素有“千碉之国”称誉。

此外，还有警碉、界碉和房中碉之分，可以说是各司其职。丹巴的碉楼寨房一般有三层，也有四层的，其一侧大多配有厢房。无论碉楼和寨房，其顶层的外缘围绕着黑、白、黄三种色带。

1996 年，法国著名女探险家弗德瑞克·达瑞根女士来到中国四川和西藏自治区追踪观察稀有动物雪豹时，意外地看到一座座高耸入云的“古代碉楼”，开始对这些建筑产生了兴趣，并将全部精力都放到碉楼的研究上。她拍摄的四川的碉楼题材短片《喜马拉雅的神秘碉楼》，被美国著名的“探索频道”以数十万美元的价格买下了 5 年海外播放版权。在她的努力下，世界遗产基金会于 2005 年 6 月宣布将碉楼列入“濒危遗产”的名录，从而使四川的碉楼被外界广泛认知。

7.2.4 四川藏族宗教文化

7.2.4.1 藏传佛教

藏传佛教又称藏语系佛教,属于大乘佛教或北传佛教,因最早形成于我国藏族地区,故称藏传佛教，它是佛教在我国藏族地区的地方化及民族化的结果。藏传佛教在四川有1 300多年的历史，有宁玛（红教）、噶当（后大部分寺庙并入格鲁派）、萨迦（花教）、噶举（白教）、格鲁（黄教）5 个教派。四川的藏传佛教寺院近千座，具有分布广、教派全、寺院多、影响大的显著特点。藏传佛教在四川的社会生活中影响巨大，几乎每个山口关隘都有经幡阵，几乎每条通衢大道都有嘛呢堆，几乎每座乡镇城池都可礼佛拜寺，几乎每户农牧人家都颂“唵、嘛、呢、叭、咪、吽”（ཨོཾ་མ་ཎི་པདྨེ་ཧཱུྃ）的六字真言。

农牧区家庭中一般都设有经堂。经堂是一个家庭里最好的房间，里面往往雕梁画栋、金碧辉煌，酥油灯长明，供奉着各种佛和菩萨，集中了许多贵重的宗教器物。即使经济条件差、无力专设经堂的家庭，也会悬挂佛像，每日供奉清水。屋顶平台还设有煨桑炉，用于日常宗教仪式“煨桑”。一般农牧民家庭每年在宗教方面的支出，如购买宗教器物、向寺庙捐赠、请喇嘛念经等，约占全年总收入的 1/3。即使再贫穷的家庭，也会省吃俭用，请喇嘛念经，给寺庙捐少量钱物，宗教消费成为日常生活的必需。

农牧区家庭中的重大事件如生、老、病、死等，都与藏传佛教紧密相连。一个人出生后，家人会去寺庙请活佛或喇嘛取名字。结婚时婚礼要有喇嘛主持，盖房要请喇嘛做法事、念经辟邪。进入老年后，更多的时间消磨在朝佛念经中。生病时，去寺庙打卦念经和看医生往往是同时进行。死的时候更是要请人念经超度，甚至丧葬方式也由活佛喇嘛打卦决定。

为了获得宗教上的方便，包括获得某种功德，传统农牧区家庭习惯将至少一个儿子送去寺庙出家。从经济角度来看，这实际上是消化多余劳动力的一个途径，成为一种就业渠道。尤其是在牧区，进入寺庙跟随师父到各家念经，可以使儿童较早就获得一些经济收入。

农牧区社区聚落具有宗教聚落特征，以寺庙等宗教活动场所作为村落的公共生活场所。村民日常拜佛、转经等宗教活动，都在寺庙里及寺庙周围完成。对老年人来说，寺庙也成为老年活动中心。各家各户的消息在每日的转经中得到交换和传递。传统的民俗活动如赛马会、看花会等，一般由村里人自发组织，活动场所也往往以寺庙为中心，并邀请寺庙的活佛、喇嘛参加。而一些重要的宗教节庆礼仪，如表达藏族人民期盼庄稼丰收的祈祷活动擦擦会、拜神山、跳神法会等，则往往演化为宗教性民俗活动。

7.2.4.2 苯波教

苯波教（བོན་པོ，又译作本教、本波教），俗称“黑教”，源于西藏的原始宗教，是萨满教在西藏的地方形式。苯波教的主要活动形式有占卜、治病送死、驱鬼降神、祈福禳灾等。苯波教寺庙都供奉有苯波教的始祖丹巴辛饶像、度母佛，代表天地、山石、树等自然界精灵化身的各种神。还供奉佛教的佛、法、僧三宝，以雍仲（卍）作为苯波教的象征。

7.2.4.3 民间信仰

四川的藏族民众除了信仰藏传佛教之外，也存在其他民间原始崇拜与信仰。其中，对山神的崇拜是藏民原始崇拜的基础。神山崇拜要对神山进行祭祀和供奉，在神山上挂或散放“隆达”（རླུང་རྟ，风马），堆置“嘛呢经堆”，修建“拉则”（路标）。在祭祀日，要到神山转山、“煨桑”、供奉各种食物，或将一些牛、羊等牲畜进行放生。牧区还会对山神举行血祭仪式。农区的一些地方还在房屋门框或屋顶堆放作为山神象征的白石，平时进行崇拜和供奉。经过神山时，要口念祝福经文。除了对山的崇拜外，还有对水的崇拜。甘孜、阿坝的海子很多，被称为圣湖。一些河流、河流的源泉、温泉等被当地藏民崇拜和供奉。人们常去温泉、海子沐浴，取回“圣水”饮用。

除了自然崇拜外，藏族人民还有祖先崇拜，崇拜祖先的灵魂以及祖先英雄。在家庭中，房屋的中柱或三锅庄的上方被视为家庭祖先的化身，在庄稼出苗和庄稼收获时，都要将最好的青苗和最饱满的青稞穗、麦穗等挂在柱上，进行供奉。每次吃饭前，都会先敬锅庄，在锅庄柱上洒点酒、放一点吃食等。

甘孜、阿坝也有专门为人施行巫术的巫师，他们一般用苯波教的经典，使用与藏传佛教基本相同的法器，常做的法事有为诸神祈福、禳灾驱鬼、占卜、诅咒投食等。在丹巴、康定两地，一般藏族民众除了请寺院僧人念经外，也常请巫师做法事。

7.2.4.4 宗教习俗

对大多数藏族信徒而言，很难通过自身内在的参悟、修炼接近最高目标，只能通过一般的修行方法，来积累功德求得来世的更好处境。修行的方法主要包括礼敬、供养和诵经。日常生活中对佛、菩萨的信仰崇拜习俗主要有献供、磕头、转经轮、诵经、放风马、挂经幡和煨桑等。

献供是向佛、菩萨像敬献供品，表示崇敬。有净水、酥油灯、香、食物和鲜花等物。一般早上在佛前供净水，晚上点酥油灯（有些只在节日点灯，也有用菜籽油的）。在节日期间，家家都要对神佛献各种供品，如专门制作的神馐，上饰以酥油花，并将美味的糖果等呈献在佛堂中，以示庄重；还要常到寺中献供养，给佛、菩萨点灯献供，给寺院僧侣献茶供饭，发放布施。对佛法僧三宝的供养，被视为善行和善念，有无量功德。

磕头也是一种供养，即用自己的身体来供养，通过五体着地来表达内心的虔诚信仰。在藏传佛教中，磕头是最常见的崇拜佛与菩萨的方式。

转经轮有手转、风转、水转等。转经轮的方式从印度传入，因印度人尚右，转经按从右向左顺时针方向，而源于西藏本土的苯波教转经轮则是按从左向右逆时针方向。

诵经是念皈依辞，即念皈依上师、佛、法、僧；或念行愿、佛经以及咒语真言，意在自我净化。向佛法僧三宝表达感恩、敬仰之情。

“风马”是指印有飞马驮经等图案和经文的小型纸片，放风马就是将一沓一沓印有飞马图案的纸片用力撒向高空，并高呼颂词或经咒。风马飞扬得越高远越吉祥，说明山神喜欢，接受了供祭，预示这一年的气数、运气会好。

经幡在藏族的习俗里是有说法的，因为经幡上写满经文，因此当风吹动经幡，每次经幡的摆动，就相当于挂经幡的人诵一遍经文，可以给挂经幡的人带来平安和好运。经幡上的五色象征五行。一般家里挂的经幡颜色非常讲究，以家中年长者的五行命相为主幡的颜色，属木则绿色，金则白色，火则红色，水则蓝色，土则黄色。主幡的镶边则运用五行相生原理，即水生木、木生火、火生土、土生金、金生水。如主幡的颜色是绿色，边镶布条的颜色应该是蓝色，寓意水生木。经幡上使用五行相生的原理，使年长者或代表全家之人的生命不断旺盛，从而使全家兴旺发达。经幡的中心是一匹骏马，骏马形象是神速的象征。经幡四角画着四兽图像，老虎栖息在森林中，老虎的形象象征着木或风；狮子居于山上，狮子的形象象征着土；鹏鸟飞翔在天空，双角喷发出火焰，这种形象象征着火；龙生活在大海中，鱼龙的形象象征着水。风无处不在，风即天。马背上画的那个象征财运的“喷焰末巴”，就是促成实现人们心愿的如意吉祥。经幡上的文字选自佛教密宗经咒，每一类经幡都有其主要的功能或针对性。经幡有时与风马混同，因为经幡的边上也往往印有风马图案，经幡因此也被译为风马旗。

煨桑是藏族人所举行的最频繁的祭招仪式之一，俗称“秋烟烟”。就是把高寒地带的柏枝、艾草、药草，撒上新糌粑等点燃，让香味飘向天际，再辅以叩头和转桑台，同时呼神的尊名，念诵赞美祈祷之词，借以传递对神的崇拜、自身的期望。

7.2.5 四川藏族禁忌文化

在食肉方面，藏族禁忌较多，只吃偶蹄类牲畜，不吃奇蹄类牲畜。一般人只吃牛羊肉，吃的牛羊肉要由专门从事屠宰工作的人去屠宰，也不能吃当天宰杀的鲜肉，必须要过一天才食。人们认为牲畜虽已宰杀，但其灵魂尚存，必须过一天后灵魂才会离开躯体。藏族不吃马、驴、骡、狗肉。藏民偏爱马，不吃它的肉，不挤它的奶，不用它的皮，由它自然繁殖和死亡，还不能在拴牛套马的地方或羊圈里大小便。藏族对狗是十分敬重的，倘若有人打狗，便被认为是对主人的侮辱，因而会受到谴责。在一些牧区，藏民不吃猪肉，那是因为看到猪吃人类粪便，因此视为不洁。藏族人由于受佛教的影响，一般尽量避免吃鸡鸭鱼肉。藏族人认为，不管是牛羊或鱼虾，从生命的角度都是一样，因此不吃肉是最好的。如果一定要吃肉，就要吃大动物的肉，大动物可以使很多人吃饱而且可以吃很久。藏族人认为鱼和鸡是卵生动物，杀一只，同时会杀死很多只，要害很多条生命才能填饱一次肚子，因此藏族人一般很少吃小动物。兔子肉部分地方可食，但孕妇不得食用，据说违禁食用生下的孩子会成豁嘴。藏族人视鸟类为神鸟，不能用枪射击秃鹫和老鹰。

藏族人对吃大蒜有较多的禁忌，大蒜作为调味品，平时人们也食用，但如果要去转经、拜佛、朝拜神圣之地，则绝对不可食蒜。藏族人认为食蒜后，清除大蒜的恶臭需要一段时间，否则臭气会玷污和熏脏了圣洁之地。有人说吃蒜的当天不能去佛堂庙宇，有人说需 3 天后才能去，甚至有人认为吃大蒜之后，7 天内不宜参拜庙宇、寺院和其他圣洁的地方，一些虔诚的信仰者几乎不食蒜。

外出路过嘛呢堆时，不能动嘛呢经幡。要按顺时针方向绕行，忌讳反转。忌讳从有经文的板子上踏过或将刻有经文的东西乱丢。途中经过寺庙、佛塔要下马脱帽步行，表示对佛的虔诚和敬奉。进入寺庙要脱帽，进入经堂要脱鞋，表示敬奉三宝。过海子时不能高声喧哗，否则会惊动龙神，就会下冰雹大雨。过山口危险处要插嘛呢旗、撒风马，求神保佑平安。朝拜藏传佛教寺院，只能上午去，不得下午去朝拜，不得将刀枪等武器带入寺院，须摘掉帽子和墨镜。不得在寺院内大声喧哗，禁止在寺院内指指点点，忌摸寺院内的各种佛像、经书、法器，不能用食指指点佛像。在寺内不得跨越法器、火盆；经筒、经轮不得逆转；一般拜见活佛、高僧和朝拜神山、圣物、佛像时要磕短头。而教徒在朝圣途中为了表示对圣地的仰慕和虔诚，往往会磕长头，从家里出发开始，一直沿路不断磕头直到朝圣地。

赠送或接受哈达忌讳用一只手拿哈达。德高望重的活佛或师长在受赠哈达后，通常会把哈达回赠给敬献者。此时敬献者应上身前倾，使回赠哈达者只需双手微过头就可以把哈达挂在敬献者的脖子上，身体前倾则表示感谢。人们领受的哈达一般都会珍藏起来或挂在屋内较高或洁净的地方。

在藏族家做客时，进帐篷或家门，忌讳抢门或不让而进。在进入牧区帐篷时应以男左女右的方式进入就座，在座位上盘腿而坐，不能把脚伸开或东倒西歪而卧，腿不能伸向供佛和老年人的方向。到了别人家里，即使是刚吃过饭也要喝碗茶，不然主人家不高兴，意味着失礼。切忌自己去倒茶酒，要由主人或其子女为客人倒茶酒。用水时，须用藏家的勺子舀水，并不得反舀反倒。取水必须使用水瓢，舀茶不能直接把碗伸入锅内，不能把脚踏在锅庄上。在屋里不能吐痰、放屁。不能在供有神佛的酥油灯上点烟或点蜡烛，甚至将酥油灯吹灭。忌用印有藏文的纸擦东西、当手纸。

藏族人比较忌讳别人拍自己的脑袋，忌用手随意抚摸男子头颅和帽子，尤其忌讳女士拍男子的脑袋或肩膀。因为藏民认为有五种神保护着自己，每人都有自己的保护神，比如说头上、肩膀上都有神保护着自己。假如说有不洁的东西放在头或肩膀上，就有可能使得神灵遭到亵渎而脱离自己的身体，给自己带来疾病。这个活在肩膀上或头上的神就像一盏灯，平时照得非常亮。假如受到了亵渎，就有可能使这个光暗淡甚至熄灭，对生命造成威胁，因此是比较忌讳的。还禁忌在别人后背吐唾沫、拍手掌。

藏族认为火塘中有灶神，甚至将其奉为家神，要小心伺候，绝不能亵渎得罪灶神，否则会带来灾难。对火灶要怀有神圣的敬畏之情，一般严禁跨越火灶，忌讳往火灶里吐痰，在灶中烧骨头、皮毛等物，认为这样做会招来鬼怪。火塘要保持洁净，不得把不洁的东西放在火灶旁。坐在灶边时，不能把脚搁到灶上，清扫垃圾时不能将垃圾投入火灶内烧，也忌讳直接在火上烤肉。家人外出时，须祈祷灶神以求护佑。在野外用三块灶石搭建的火灶，离开时也须清理干净，每块灶石上需放置少许茶叶或食物，以示对灶神的敬奉。忌在家中吹口哨，因为只有送鬼时才吹口哨。家有病人，忌人来访。晚上忌讳往外倒垃圾。亲属去世后，49 天内忌办喜事、唱歌跳舞，以便让亡灵安静地升上天堂。忌讳反穿衣服，因为家里死人才会这样。忌讳反手倒水，也是有死人才会这样。清早出门忌讳遇到空桶，认为这天办事必然不顺利。翻越高山顶时，不能发声，否则会招致风雪、冰雹。

7.2.6　四川藏族民间技艺

藏族性格豪放，能歌善舞，有“会说话的就会唱歌，会走路的就能跳舞”的说法，因此，四川藏族民间歌舞十分兴盛。藏族民间歌舞有弦子、锅庄、踢踏舞、热巴舞等之分。

弦子藏语为“谐”(གཞས)，是一种以歌为主、歌舞结合、载歌载舞的舞种形式。它有舞必歌，有歌必舞，依托唱词，通过舞蹈动作抒发感情，表达舞蹈内容。跳此舞时，多由领舞者操牛角二胡伴奏，故人们称之为“弦子”。弦子起源于四川巴塘，有“巴谐”的美称。弦子曲调悠扬舒缓，欢快明畅，很富有抒情情调。其动作特点可用轻、柔、颤、顺四个字概括，上肢动作中的挥（袖）、摆（袖）、盖（袖）、抛（袖）、托（袖）的优美姿势，是巴塘弦子的一个明显特征。弦子一般是结婚、节庆等喜事场合时唱，若在寺院举办宗教活动、庆祝宗教节日或民众有丧事等庄重场合则不唱。

锅庄就是圆圈舞，是以舞为主，歌舞结合，歌时少舞，舞时不歌，歌舞穿插进行的一种参与性很强的大众化集体舞蹈。安多、康、卫藏方言中都称“锅庄”为“果卓”(སྒོར་བྲོ)。甘孜、阿坝都盛行跳锅庄舞，而且各地对锅庄的称呼有异，跳法也各具特色。一般把锅庄分成两大类，即草地锅庄和嘉绒锅庄。草地锅庄主要流行于牧区，舞蹈者人数不限，排立成圆圈，一半为男，一半为女，边唱边跳，脚步按顺时针方向移动（信仰苯教的人则按逆时针方向移动）。脚上动作以三步和四步较多，用舞曲的旋律控制节奏，以长袖的挥舞完成舞蹈的语言变化。草地锅庄舞的特点是奔放、热烈，似群鸟腾飞，如万马驰骋，把对生活的热爱和对美好未来的憧憬，表现得淋漓尽致。流行于嘉绒藏族地区马尔康市境内的党坝、松岗、卓克基、梭磨等四大土司的四土锅庄，与巴塘弦子、西藏踢踏并称为藏族群众的三大舞蹈。

踢踏舞藏语称“夏卓”（ཞབས་བྲོ），表演者人数不限，但皆为男性，一般都是面对尊者表演，也有围圈而舞的队形。表演时，舞者身着盛装而不佩刀，但脚部或腰部均要系上一串响铃，以增添舞蹈的音乐美。

热巴舞（རལ་པ）是藏族的民间艺人常表演的一种歌舞形式，由于艺人们是以铃、鼓伴舞而进行表演，因此又有“铃鼓舞”之称。早期的热巴铃鼓舞是一种宗教舞蹈，与酬神驱魔有关，借用铃鼓轰鸣之声驱邪逐疫，祈愿四方吉祥。热巴舞的表演一般以家传为主，以一个家庭为单位，人数 2 ~ 5 人不等。

藏戏是一个比较古老的剧种。四川藏戏的剧目多取材于佛经故事和藏族历史人物，在发展的过程中形成了一批具有代表性的剧目。《智美更登》《诺桑法王》《朗萨姑娘》《卓瓦桑姆》《苏吉尼玛》《白马文波》《文成公主》和《顿月顿珠》被称为八大藏戏。

四川藏族人民的民间曲艺有折呷、仲谐、百翁等几种形式。折呷是藏语“白胡子老人说吉祥”的意思，是指行乞之人在行乞时的说唱艺术形式，因行乞者表演时头戴着用牛或羊皮制成的白胡子吉祥老人头像面具，所以被称为“折呷”。藏族民间所有的说唱艺术都被称为“仲谐”，内容多为长篇神话、传说故事等，但一般不包括格萨尔说唱。百翁是指用民间乐器牛角琴伴奏的说唱形式，用这种乐器伴奏的说唱又被称为“胡琴说唱”。

格萨尔是藏族传说中的一位英雄人物。《格萨尔王传》是藏族历史上的一部伟大的史诗，被誉为东方的《伊利亚特》。格萨尔说唱是藏族民间的一种重要艺术形式，格萨尔说唱的产生是藏族历史上的一大奇迹，格萨尔研究是中外藏学界十分重视的研究领域，有关格萨尔的一切构成了目前国内外十分关注的格萨尔文化现象。

藏族的绘画多见于寺院建筑与装饰中。寺院的壁画色彩对比强烈，内容以鬼神居多，也有极富生活气息的人物和山川、花卉、鸟兽。绘画的种类有壁画、版画、唐卡画等。其中，唐卡特指藏传佛教的一种卷轴画，在藏地任何一座寺庙、佛堂、僧舍乃至信徒家中，都供有唐卡。唐卡品种多种多样，除彩绘唐卡与印刷唐卡外，还有刺绣、织锦（堆绣）、缂丝、贴花及珍珠唐卡等。

酥油花是藏族人在祭祀供奉、举行盛大佛事活动、年节喜庆、纪念誓愿、民间俗信活动中常用的一种供奉品。人们把各种矿物颜料放在酥油里，用手捏制成瑞禽灵兽、祥瑞图案、花卉草木等形象，与酥油灯一起供奉在寺院殿堂佛堂、家庭经堂佛龛、灶房厨壁等地方。

藏族人民在长期的历史实践中创造了独特的治疗疾病的方法，逐渐形成了藏医学。《四部医典》是藏医学的经典。四川的藏医藏药以德格最为出名，也最具代表性。

德格印经院素有“藏文化大百科全书”“藏族地区璀璨的文化明珠”“雪山下的宝库”的盛名，是佛教宝库，居三大印经院（拉萨印经院，拉卜楞寺印经院，德格印经院）之首。共有印版约 25 万块，画版 300 多块，文献总字数约 3 亿。院藏书版分为宗教、文化、杂集三大类，以宗教为主题的有近 10 万块，著名宗教文献有《甘珠尔》《丹珠尔》；以文化为主题的有 10 万块，涉及历史、传记、藏医学、数学、语言、文法、逻辑、修辞以及文集等。2009 年，作为传统技艺的德格印经院雕版印刷技艺被联合国教科文组织列入人类非物质文化产业代表名录。

7.2.7 四川藏族节庆文化

藏民族是一个拥有着丰富节日资源的民族。按藏历计算，几乎每月都有一个节日，有时一个月中有好几个节日，而且有的节日持续时间长，达半个月以上。其中，沐浴周、藏历年为时令性节日，传召大法会、酥油花灯节、萨噶达瓦节和燃灯节为宗教性节日，春播节、望果节和赛马节为生产性节日，雪顿节为社交娱乐性节日。

7.2.7.1 藏历年

藏历年是藏族最隆重、最热烈的传统佳节，从藏历元月一日开始，至十五日结束。

节日活动洋溢着浓厚的宗教气氛，是一个娱神和娱人、庆祝和祈祷兼具的民族节日。朝佛是藏历年最重要的活动之一，藏民族有着虔诚的宗教信仰，藏民到寺里去朝佛、祈祷，以迎接藏历新年的到来。朝佛的人们不断地为香炉里增添桑叶，撒糌粑、青稞、小麦和青稞酒，祈祷新年生活幸福安康。

7.2.7.2 晒佛节

晒佛节是藏族传统节日。时间各地不一，一般在藏历二月初和四月、六月的中旬举行。届时，各寺将珍藏的巨幅布画及锦缎织成的佛像取出，展示于寺院附近的山坡上或高大的石壁上，让广大群众观瞻。僧人口诵佛经，信徒们顶礼膜拜。

7.2.7.3 耍坝子

耍坝子是四川藏族人民对春暖花开时节到草地上进行踏青活动的称法。每年 6 至 9 月，是当地气候最为宜人的时节，满山遍野盛开着鲜花，各地民众都会根据传统的习惯携带全家老幼或邀请邻居、亲朋好友，带上帐篷、炊具、饮食到风景优美的草坝、园林、河岸或温泉地游玩，少则一日，多则数天，统称为“耍坝子”。

7.2.7.4 燃灯节

有些地方称燃灯节为元根灯会，是为了纪念格鲁派创始人宗喀巴的圆寂而兴起的节日。每年农历八月十五举行，也有在藏历十月二十五日举行。格鲁派的大小寺院会摆酥油花，点灯供佛，举行诵经法会。寺院所属的各村寨的农牧民都要在院子内外的神坛上、家中的神龛或经堂里点燃长明酥油灯。人们会穿上节日盛装，到寺院前高声祈诵六字真言，向神灵祈愿磕头。男子们则带上柏树枝骑马到村旁的神塔前，举行煨桑仪式，并向空中抛撒风马。随后，骑手们表演马术，人们跳起锅庄，说唱艺人说唱藏族格萨尔王的故事。

此外，各地还有其他节日。如嘉绒年又称代汝节，是嘉绒地区特有的节日。四月八转山会是甘孜州康定市藏民的节日。央勒节即送夏迎秋节，是甘孜州巴塘、德格一带藏民过的节日，源于藏历八月十五的宗教节日。采花节是阿坝州九寨沟博峪一带藏族的传统节日，时间在每年的 8 月 18 日。黄龙庙会是安多地区民众最重要的宗教节日。理塘赛马会是四川最大的赛马活动。白马歌会是白马藏民的节日习俗。

7.3 四川彝族旅游文化

彝族主要分布于中国西南川、滇、黔三省及广西壮族自治区西北部，以云南最多，占彝族总人口的60%以上。彝族是四川境内人数最多的少数民族，四川彝族主要聚居在大、小凉山与安宁河流域，主要分布在凉山州、乐山市和攀枝花市等地。凉山彝族自治州面积约6万平方千米，辖1市16县，总人口约530万人，其中彝族约284万人，是全国最大的彝族聚居区，也是四川省民族类别最多、少数民族人口最多的地区。四川的彝族自称“诺苏”。西昌市邛泸山有我国唯一的单一民族、单一社会形态的民族博物馆——四川省凉山彝族奴隶社会博物馆。

7.3.1 凉山彝族饮食文化

凉山彝族的饮食产品主要由农作物类、家禽畜肉类、少量的野生动植物和鱼类，以及种植、购买的茶叶和酿造、购买的酒类构成。农作物类以燕麦、荞麦、玉米、土豆、黄豆、大米、南瓜、圆根萝卜、青菜和四季豆等为代表，家禽畜肉类以牛、羊、猪、鸡、鸭等为代表。彝族的饮食习俗与火和火塘分不开，几乎所有的饮食活动都是在火塘上和火塘周围发生和完成的。

凉山彝族人民十分好客，吃鲜肉的机会很多。当有亲朋好友来家做客时，一般都会宰牲畜待客，并将待客后剩下的肉食，分送给邻里，以至全村寨的家庭。彝族人民常说：“欢度年节的三天，没有吃错的坨坨肉，没有喝错的转转酒；举行婚礼的二天，没有说错、骂错的话。”凉山彝族人只要有人生病，都要宰杀家禽牲畜来诵经、驱鬼、换魂来治病救人。当有客人来或治病救人所需，而家中喂养的猪、羊或鸡不适合宰杀，就去邻居家买或赊来招待和祭献。彝族人杀牲后有吃烧烤肉的惯例。烧肉一般选取宰杀畜禽的部分肉，如鸡翅膀、鸡腿和牛、猪、羊的肺、肝、脾等。烧好后放在木钵里撒上盐，与酒一起先用来祭祀祖先神灵后方可食用。若是专门用来治病救人的，在祭祀祖先神灵后，先给病人象征性地吃一口后，其他人才能食用。若请毕摩或苏尼来治疗驱鬼，烧肉要祭祀祖先神灵后方可食用。若是过年过节宰杀的畜禽肉，在敬祖先神灵和自然神灵之后，由家里男性长者象征性地先吃一口，祭祀仪式方算结束，人们才可以食用。无论哪种形式的烧肉，在未祭祀神灵之前，任何人、畜禽不得食用。

“坨坨肉”是彝族人民招待贵宾的佳肴。坨坨肉的做法有多种，其中最常见的一种是将猪（或牛、羊、鸡）宰杀后，将肉砍成 2～3 两[①]重的肉块，下冷水锅里用猛火煮，煮到汤面上的血沫散尽后再煮一会儿即捞起，放入盐、海椒面、花椒面、木姜根粉、蒜泥等作料，簸匀后盛在装肉的木盘中，有客先敬客，无客则先敬老人，年节及祭祀活动则先敬祖先或有关的神。

凉山彝族地区盛产荞麦酒、玉米酒和米酒，有“彝族爱酒，汉家爱茶”“无酒不成礼，无酒不成席”“以酒为贵，以酒为大”“没有酒，就等于白天没有太阳，晚上没有火塘。任何时候，只要有了酒，人与人靠近了，山与山挨拢了，心与心贴近了，血与血相通了”等说法。彝族人处处事事都离不开酒。彝族酒歌中有：“房圈屋内酒，女儿姑娘酒，缝衣刺绣酒；结婚嫁女酒，迎亲待客酒，民族团结酒，弟兄和睦酒；聚会议事酒，说理解冤酒；亲朋好友酒，早晚问安酒。”酒在彝族人民的生活中，使用的范围非常广泛。出征时喝酒表示视死如归的决心；被怀疑时喝酒表示自己的清白；双方言归于好、不计前嫌时喝酒表示双方的诚意；还可用喝酒表示遵守信义、联络感情。真可谓大小事情都喝酒，男女老少都爱酒。彝族俚语说“蠢见酒聪明，怯见酒勇敢，吝见酒豪爽”，足见彝族同胞爱酒之深。

凉山彝族人喜欢坐在一起喝杆杆酒和转转酒。喝杆杆酒就是人们围着一坛插进数根细长吸管的坛坛酒，各取所需，各自喝酒。喝转转酒就是喝酒时围成一圈，你一口，我一口，依次轮流把酒碗传递。传递时要一只手端碗，另一只手伸到前一只手的腕部，以示尊敬。因为喝时把酒碗转圈传递，故称“转转酒”。关于彝族爱喝“转转酒”的由来，民间流传着一个美丽的传说：从前，在一座山里有汉、藏、彝三家人，毗邻而居，和睦友好并结拜成兄弟，汉族为大哥，藏族为二哥，彝族为幺弟。每逢节日，三家人都要团聚在一起过节。有一年，幺弟种了许多荞子，因风调雨顺，荞子大丰收，磨了许多荞麦面请大哥、二哥吃。因没有吃完，待第二天再吃的时候，荞麦面变成了喷着浓香的水，舀起一喝，醇香可口，幺弟请大哥、二哥来喝，人人谦让，谁都舍不得多喝，把酒碗递来递去，从早晨喝到黄昏都没有喝完。这时，突然天上一道金光闪过，飞来一位老人，对他们说：“你们尽量喝吧，只要人勤快，喝完了还会有的！”说完，老人就和他们坐在一起喝起酒来，他们几个开怀畅饮，酒碗在他们之间转来转去，直到都喝得酩酊大醉，碗里的酒还是满满的。他们后来才知道，这位天上飞来的老人是“幸福之神”，因为有酒喝，幸福之神也留在彝家不走了。

“转转酒”还有调解纠纷、化敌为友的特殊功能。彝族谚语中有“仇恨因酒引起，纠纷由酒解除”和“一人值一匹马，一匹马值一杯酒”的说法，体现了酒在调解纠纷时

① 1 两 = 50 克。

的作用。彝族常以饮酒盟誓，故有“牛皮血酒誓心同”的诗句广为流传。盟誓时，先将一头牛打死，剥下牛皮用木棍撑起，盟誓双方从牛皮下钻过，然后同饮鸡血酒。所谓“鸡血酒”，就是先把酒倒进碗里，将一只大公鸡杀死，将血滴在酒中，盟誓双方高举酒碗（杯），发过誓言后，将血酒一饮而尽，以示联合友好、永不变心。

彝族人民饮酒讲究酒德、酒礼、酒规。彝谚语说：“文明饮酒的人，抿着双唇饮，所言有条理，所答有所问。不文明饮酒的人，好比馋盐羊，好似贪食猪，喝进嘴里，张口结舌的；喝进头脑里，头昏眼花的；喝进身腰里，腰酸背痛的；喝进手足里，手舞足蹈的。贤人饮酒似花开，愚人饮酒出丑像。”此外，还有“喝一杯，值千金；喝两杯，值条银；喝三杯，不如猪和狗”的说法，就是劝诫人们不要酗酒。

彝族同胞喜吃酸，吃饭不离酸，宴客不离酸，婚丧酒席不离酸。“酸菜汤”是彝族的传统风味佳肴。酸菜以青菜为主要原料，洗净后放入坛内泡水发酵变酸即成。酸菜汤佐坨坨肉制成的佳肴，香味浓郁，味道别致，独具一格。酸菜汤还具有驱寒、祛湿、调味、促进食欲、增强人体消化功能的作用。

7.3.2 凉山彝族服饰文化

凉山彝族服饰种类繁多，款式和纹样独具特色，异彩纷呈。据不完全统计，服饰品种多达 30 多种，各种配饰和花纹图案上千种。凉山彝族受儒家思想以右为贵、为尊的影响，着衣必须是右衽，胸前左边衣襟压在右边衣襟上面，门襟朝右开。从服饰的实用性来说，门襟朝右，穿衣时系、脱纽扣顺手而方便。

凉山彝族男装有两大特色，一是头戴深蓝色头帕一匹，一般长三丈多，前端扎成束状，偏竖于额前右方，俗称“英雄结”。二是男裤的裤脚大小因地区而不同，分大裤脚、中裤脚、小裤脚三种，最宽者可达五尺六寸，视裤脚大小即可分辨穿者所在地区。

女子穿右衽绣花上衣，高高的立领与衣身分离，领面上贴银泡、绣精美的纹样，领口装饰各式夸张的长方形银领牌，使颈部修长而更显仪态端庄；下着百褶裙，在右边配挂富有装饰感的三角形荷包。青年妇女婚后生小孩后要将帕换帽。凉山彝族女子无论老幼皆穿百褶裙。成年妇女的裙子一般分为三节，上两节由不同颜色的衣料相接成一筒，最下一节为褶纹，裙长及地。褶纹节很宽，一般有 33 褶左右，最大的裙子展开可达 99 褶，俗称“百褶裙”，构成彝族妇女服装的最大特色。1985 年，在芭蕾舞服装设计比赛中，凉山彝族妇女百褶裙舞蹈装为我国夺得了国际比赛中的第一个服装奖。

关于彝族百褶裙的来历，各个地区都有不同的神话传说。其中之一是说很久以前，北方的皇帝将自己的一位公主嫁到南方山里，十几年过后，皇帝思念女儿，派大臣去接女儿回京城，公主因长期居住于山中，没有合适的衣服穿。于是大臣就把所带的油纸伞给公主，公主抽去伞把，将油纸伞套在腰间刚好合身，就像一条百褶裙，大臣又到池塘里摘来一个大荷叶给公主顶在头上化为荷叶帽，于是百褶裙就流传了下来。

彝族男女喜披羊皮坎肩、披毡（披肩）和擦尔瓦（披风）。羊皮坎肩主要起装饰作用，一般中青年在赶集、聚会时穿，劳动时作垫肩。披毡是彝族基本服装之一，可作为上衣的一种，由羊毛擀制而成，形似斗篷，上方用一毛绳收为领，颜色有原毛白色、麻灰色、深蓝色和青色，分单层和双层披毡。擦尔瓦是凉山男女老幼四季不离的外套，多用粗羊毛线或牦牛毛织成。系绳为领，下垂尺余绳穗。颜色有原毛色、青色、蓝色三种。

彝族服装的花纹图案多绘日月星辰、山川及动植物等，极富浓郁的生活气息。在装饰方面，妇女多佩戴发簪、半月形小木梳、耳珠、耳牌、领花、手镯、戒指及头、胸、背饰物。材质有金、银、铜、珊瑚等。男性除佩戴黄色密蜡大石耳珠外，还腰佩鱼肚形带花纹小刀，头戴竹制小笠。

7.3.3 凉山彝族居住文化

凉山彝族非常注重选择居住环境，一般依据自然、地理和气候本身的条件，选择便于人们生产、生活、放牧、游乐、避害、防祸的高寒山区和半山区定居。凉山彝族古籍《勒俄特依》中说，理想的人居环境是“屋后有山能放羊，屋前有坎能栽秧，中间人畜有住处，坝上有坪能赛马，沼泽地带能放猪，寨内又有青年玩耍处，院内又有妇女闲谈处，门前还有待客处”。选择这样的地方居住，除了有利于生产、生活之外，还与历史上凉山彝族人迁徙频繁、部落分居等有一些关系。同时，也有利于同一个家支成员及其子孙后代聚集而居，便于互助互济和防御外敌。

凉山彝族人修建的房屋种类繁多，样式有别，风格各异。以房屋结构分，主要有木板房、土木房、竹竿房、石木房和土墙房。凉山彝族民居整个房屋分为左、中、右三部分，中间为堂屋，左部为畜圈，右部为内室。火塘设于正屋门后左上方或右上方距离墙1米左右的地方。左边和左上方是主位，一般为一家之主座位。左上方靠墙的木柜上或墙上设祭祀祖先神灵的祭台，一般只有主人家才能进出。凉山彝族有以右为贵、为尊的观念。右边和右上方是客位，客人一般自上而下按尊卑长幼秩序排列而坐，右方也是毕摩、苏尼治病救人放神位和法事的地方。火塘下方是烧火、添柴、做饭的场所，也是彝族举行婚嫁、丧葬仪式的主要场所。

彝族对火塘有诸多的禁忌规范：严禁从火塘上跨过，只能从火塘两边绕着走；不能将脏东西拿到火塘里烧烤，不能将污水泼进火塘里；祭祀用的食品均要在火塘上方绕转一下以示净化，从外边带来的生肉在进屋前必须用火或灶灰烤一下；不能用脚蹬火塘的锅庄石和三脚架；火塘有主客位和上下方之分，客人不能坐主人的位置；烧柴时必须从下方加柴，不能从其他方向加柴，还得分清大头小尾，须先烧大头。

7.3.4 凉山彝族宗教文化

凉山彝族的宗教信仰主要是崇拜自然、鬼神，认为万物有灵，还流行祖先崇拜。在自然崇拜中，最主要的是对精灵和鬼神的信仰。对祖先的崇拜，主要包括为父母辈“安灵”与“送灵”。主持宗教祭祀活动的是祭司毕摩和实施巫术的巫师苏尼。毕摩均是男性，可世袭，一般识经文，懂经书。苏尼男女均可，不世袭，一般不识经文，不懂经书。人们有疑难或要事，往往请巫师裁决、祭祀、祈求、占卜等。

7.3.4.1 祖先崇拜

彝族祖先崇拜来自他们对灵魂的崇拜。彝族人认为人死后有三魂，一魂由毕摩指路，送到祖先发祥地，一魂守坟茔，一魂作为祖灵留在家中供奉。人们认为，祖先亡魂既能降人以灾祸，亦能赐人以福禄。因此人们产生了对亡魂的恐惧、崇敬心理，集中表现在对祖先的崇拜，祈求祖先保佑子孙后代繁荣昌盛、幸福安康。凉山彝族祖先崇拜的突出特点主要表现在安灵仪式、送灵仪式，以及年节祭献祖先灵牌。凉山流传着一个关于祖灵崇拜的传说：远古时，凉山彝人祖先古侯、曲涅部落，在往北向凉山迁徙的途中，突遇波浪滔天的大江，前面又是悬崖陡壁，在这生死关头，先民们发现悬岩上长着一种苍劲的草，便牢牢抓住这草走出了险境。彝族人认为是这种草拯救了祖先，是祖先灵魂的化身，因此用“灵魂”一词将它命名为“依依草”。至今凉山彝族在“超度祖灵”、招魂等时必须要用“依依草”来唤祖先魂。

7.3.4.2 吉尔崇拜

吉尔是凉山彝族人所敬重的一种保护神。“吉尔”指幻想中某些具有神奇力量的事物。彝族人认为每一个人都有一个自己的吉尔，人们相信它们能驱邪避灾、逢凶化吉，因此崇拜它们。吉尔崇拜作为一种灵物崇拜，在彝族的信仰习俗中具有很强的特色。吉尔可分为两类：一类是苏呷吉尔，即主发财的吉尔。另一类是吉时吉尔，即主械斗取胜的吉尔。苏呷吉尔多是金银首饰、玛瑙梳子等贵重物品。贫穷人家甚至将一块红布或一束丝线当作吉尔。苏呷吉尔被认为能保佑五谷丰登、六畜兴旺和人丁繁衍，一般放在清洁、隐蔽之地。吉时吉尔的崇拜物很特别，如瞎母马、仿盔甲、牦牛尾巴乃至一团白雾都被幻想为吉尔，它们能帮助人们在械斗征战中获胜。

7.3.4.3 神　判

彝族人信仰万物有灵，认为世间的一切都受神主宰，神能洞察和判别是非曲直，并为人主持公道，所以许多世俗的能力无法解决的疑难问题就采用“神判”。如怀疑某人偷盗，通过调解不能使问题得到解决，则只能求助于神来进行裁决，举行神判或诅咒仪式，常见的有端铧口、捧烫石、捞开水、捞油锅、饮血酒等。

7.3.4.4 毕　摩

毕摩是彝族民间一种替人礼赞、祈祷、祭祀的祭师，专门从事安灵送灵、禳灾祈福、驱鬼治病、求育招魂、盟誓神判、占卜历算等。毕摩不但是本土宗教的代表人物和仪式活动家，而且是彝族民间的智者，他们掌握、整理、规范、传授彝族文字，撰写和传抄各类典籍。毕摩在彝族人的生育、婚丧、疾病、节日、出猎、播种等生产、生活中起到极其重要的作用。在彝族民众的心目中，毕摩是整个彝族社会中的知识分子，是彝族文化的维护者和传播者。

毕摩仪式有祭祀、占卜、诅盟三个方面。祭祀是毕摩仪式活动的重要方面，通过祭祀仪式反映彝民对亡灵的眷恋，并借超度仪式祈求五谷丰登、六畜兴旺。祭祀活动在毕摩仪式活动中最具有普遍性和群众性。彝族骨卜是彝族的一种特殊占卜文化，骨卜有羊骨卜、鸡骨卜和猪骨卜，彝族社会里最为重要、最为使人信奉的是羊骨卜。此外还有木刻卜、鸡蛋卜、草卜、胆卜等。诅盟包括盟誓和诅咒两方面。盟誓由双方结盟发誓，表明诚意并借助冥冥之中的鬼神力量加以约束的仪式。在彝族人民的生活中，但凡战争、议和、个人间的重大事件，以及和外族交往商定协议等，都必须盟誓。诅咒是一种借用鬼神力量来护卫自己、攻击仇敌的巫术仪式。

毕摩作法时，口念经文，摇铃舞扇，如醉如痴，甚为神秘。表演绝技时更是出神入化，滚油捞物、沸水泼身、含油喷火、舌舔烧红的铧口、吃火炭等，样样精彩绝伦，异常惊险，令人瞠目结舌。由于其极具艺术观赏性，因此被称为“中华彝族魔术奇观”。

7.3.4.5 苏　尼

苏尼也是彝族重要的神职人员，是彝族民间驱鬼除邪的人。据说喝酒后能见鬼怪的活动、行踪。此类巫师并非世承家学，亦非拜师受业，一般是得了重病后，胡言乱语、乱蹦乱跳者，被认为有苏尼神附体，日久治愈而成苏尼。苏尼的法术主要有捉鬼、赶鬼和招魂三项，主要法器为羊皮鼓。作法时一手持火把，一手摇羊皮鼓，全身战栗，且唱且跳，假托有神降临附体，边跳边厉声“驱鬼”，直至口角生沫、声嘶力竭扑倒在地为止。有的还练就一副纯熟的特技，如用口叼上百斤的死羊旋转不止，将燃烧的竹节吞入腹中等。

7.3.5 凉山彝族禁忌文化

彝族人普遍认为鬼害怕狗，狗能辟邪，平常不准杀狗，更不能吃狗肉。也禁食马、熊等动物的肉。彝族人从来不吃蛇肉。如果家里看见了蛇，不能打它，而要用火钳轻轻地把它夹到野外放生，甚至还要请毕摩作法。如果人在野外遇上蛇，一定要绕道而行。此外，彝族认为看到蛇交尾是不吉利的，也要请毕摩作法。彝族饮食方面的禁忌，在彝族文献《尔比尔吉》中有充分的反映：“即使粮绝，也不能用麻籽来烤酒；即使畜绝，也不能用家猫来宴客；即使姻绝，也不能兄妹来成家；即使羊死光，也不剪猫毛来织服装；即使鸡死光，也不用斑鸠来招魂；即使猪死光，也不能杀狗来过年。”彝族忌用餐后把汤匙扣于碗盆的边沿上。

彝族禁止跨越火塘或踩踏锅庄石。忌讳触摸男子的“天菩萨”（头上的蓄发），犯忌者要宰牲、打酒谢罪赔礼。忌讳影子被人踩踏。忌讳言死，如有人去世称“老了”。禁忌在室内吹口哨，大声喧哗，尤其是夜间在别人家里。参加祈雨仪式时，禁止男子戴帽、女子打包头。忌讳女人跨过男人的衣物，更不能从男子身上、头上跨过。忌讳女客上楼，妇女上房顶。忌讳妇女送自己的首饰、衣物给别人。

7.3.6 凉山彝族民间艺术

彝族人民喜歌善舞。彝谚说：“不会跳舞的只有石牛，不会唱歌的只有木头。”民间乐器别具特色，有口弦、月琴、葫芦笙、彝箫等，男女老幼普遍用口弦、月琴来表达自己的感情。彝族民谚说：“口弦会说话，月琴能唱歌。”彝族音乐舞蹈形式丰富多彩，分宫廷舞、祭祀舞、征战舞和劳动舞，其中多数是产生于生产劳动中的舞蹈。火把节的“朵洛荷”舞、锅庄舞、对脚舞、披毡舞、芦笙舞和儿童舞等是在节日或在婚嫁欢乐场面中常见的舞蹈。

凉山彝族文学艺术丰富多彩。流传很广的民间文学有史诗《勒俄特依》，歌颂勇敢和智慧的化身——英雄支呷阿洛。训世诗有《玛木特依》，通过对主人翁一生的叙述，宣扬奴隶社会的道德规范。叙事诗有《阿莫尼惹》，以一个妇女的自述，揭露等级婚姻、买卖婚姻的残酷无情。爱情长诗有《幺表妹》。此外，还有大量的格言谚语、神话故事、历史故事、童话和寓言等。

彝族传统工艺美术有漆绘、刺绣、银饰、雕刻、绘画等。刳木漆绘的盆、盘、碗、勺等，内外涂有黑、红、黄三色彩漆，绘有云纹、水波、牛眼、马齿等图案。彝族妇女服装上刺绣的花草、蝴蝶、小鸟等各种精美鲜艳的图案，都很有特色。

7.3.7 凉山彝族节庆文化

凉山彝族节日众多，有选美节、牧羊节、尝新节等几十个传统节日，常年沐浴在节日的欢乐之中，火把节和彝族年是最盛大的节日。有的节日是由对祖先的祭祀、对英雄的纪念和对未来的祝颂等仪式演变而来的，有的节日是直接来源于生产、生活或爱情传说。

7.3.7.1 彝族年

彝族年是凉山彝族人民古老的传统节日，具体日期因地区而异。根据彝历来择日，一般在秋收后的彝历兔月（农历十月）内，由当地懂历法的长者或毕摩推算择日确定。彝族始祖承袭了“万物有灵”及原始图腾崇拜意识，据此而制定出了以虎、兔、龙、蛇、马、羊、猴、鸡、狗、猪、鼠、牛这十二属相纪日的历法，将一年分春、春夏之交、夏、秋、冬共五季十个月，每月三十六天。记日时不用阿拉伯数字，而是用虎、兔、龙、蛇、马、羊、猴、鸡、狗、猪、鼠和牛这十二属相轮流记日。记日以虎为首，用三个属相周期记完全月。十月历虽然规定了每年十个月共三百六十天，但每年实际上有三百六十五天，剩下的五天规定为“过年日”。十月历每隔三年就多出一天，该年就有六天“过年日”，全年也就有三百六十六天，即闰年。

彝族年按彝历计算，属猴、虎的日子为佳，属狗、鼠的日子次之，忌用属猪、龙的日子。以“它波”日为最好，因为“它波”是“六姐妹星”和月亮交错的日子，二十八天交错一次。“它波”的后七天内都算“吉日”，忌用“它波”的前七天。

按彝族传统习惯，过年后七天之内不能做农活。因此在年前要把东西准备好。彝族谚语称彝族年是嘴巴的节日。节日里家家户户杀猪宰羊、敬天祭祖，祈求风调雨顺、五谷丰登。中年男子互相邀约，成群结伙到各家庆贺丰收、祝贺新年。每到一家，主人都以好酒相待，共饮“转转酒”。有的地方则老少欢聚在一起，听老人传古，缅怀祖先业绩，预祝来年兴旺。有的地方则要在天井、场院栽一棵枝杈长得多、长得旺的青松，并铺一地松毛，象征清洁、平安、长寿、发达。青年人还在村寨场坝上或村边坡地上吹奏弹跳、对歌乐舞，或举行斗牛、赛马、射箭、摔跤、荡秋千等文体活动，相互恭贺。

7.3.7.2 火把节

彝族人民崇拜火，特别是在高山彝区，人们对火的依赖性很强。他们认为火是一种可以驱散黑暗中的一切鬼邪，能给人带来吉祥和平安的神，于是产生了崇火思想，把一切都视为火神作用的结果。彝族人民世世代代与火相伴，与火有着天然的联系和深厚的感情，并通过祭火活动表示对火的崇拜。凉山彝族有“天干地支十二年，要数今年最吉祥；春夏秋冬十二月，要数这月最吉祥；一年三百六十五，要数今天最吉祥”的传统观念，将农历六月二十四日视为彝族大吉大利的虎月虎日，这一天即彝族人民传统的火把节。火把节历时三天，是大小凉山最热闹、最吉祥、最隆重的日子。

在中国最大的彝族聚居区大小凉山，关于火把节由来的传说很多，其中影响最大、流传最广、最具代表性的是彝族英雄斗败天神恶魔、团结民众与邪恶和灾害抗争的故事。传说天上的恩梯古兹（彝族神话中的天神）派哄锣到凡间收苛捐杂税被杀后，为了报复，放出害虫到民间祸害人们，而凡间的人们毫不妥协，在农历六月二十四日这天，相邀用火把焚烧害虫，最终战胜了天神。于是彝族人民把这天称为火把节。

但据史书记载，火把节源于唐朝。唐时西南六诏中南诏最为强大，南诏王为统一六诏，设计将其他五诏的王诱至南诏都城大理杀害。居于今西昌地区的邆赕诏王在去大理前，其夫人白节怕他遭南诏王杀害，特地在邆赕诏王手臂上套了一个铁手镯。邆赕诏王被南诏王烧死在松明楼后，白节夫人领兵打到大理，根据铁手镯找到了丈夫的骨灰，在六月二十四日这一天命令士兵烧起松枝火把照着丈夫的灵魂回家。彝族人为了纪念这一悲壮的历史事件，就把六月二十四日定为火把节，历代相传，相沿成习。

传统的火把节主要有三方面的社会意义。一是以火色占农，祈求丰收。火把节期间，彝族各村寨都要杀猪宰羊举行隆重的祭祀活动，以传统方式击打燧石点燃圣火，燃起火把，走向田野，祭天地、祭火神、祭祖先、驱除邪恶，祈求六畜兴旺、五谷丰登，燃火把，烧掉一切不吉之源。二是除病免灾、驱逐晦气。凉山彝族人民认为，火炬可以驱灾除邪，故点燃火把后还要挨家换户走，边走边往火把上撒松香，人们谓此为“送祟”。节日当晚除杀猪宰羊外，还要牺牲一只黄色仔鸡，并用一烧红石块浇以清水，以热气驱逐晦气，祈求全家安康，家业兴旺。三是娱乐性功能。彝族谚语称火把节是眼睛的节日，节日期间的活动内容有赛马、赛歌、摔跤、射箭、拔河、选美、荡秋千以及斗牛等。除上述各种在白天进行的娱乐活动外，每日夜晚，青年男女还欢聚一堂，高擎火把，载歌载舞，尽情欢乐。普格、布拖等地是火把节的发源之地，被称为“火把节之乡”。

7.4 四川羌族旅游文化

羌族是古羌人的后裔。据说“羌”字含有“牧羊人”的意思。羌族自称“尔玛”，意为本地人，被称为“云朵上的民族”。羌族是我国最古老的民族之一，具有悠久的历史和丰富的文化。在汉代以前，“羌”是对中国古代西部游牧民族的泛称。在甲骨文中，“羌”是唯一一个关于民族（或氏族、部落）称号的文字，是中国人类族号最早的记载。羌族主要分布在阿坝州的汶川县、理县、茂县，绵阳市的北川县、盐亭县和平武县等地，总人口约 30 万。四川是我国唯一的羌族聚居区。

7.4.1 羌族饮食文化

羌族的主食是玉米和土豆，辅以小麦、青稞和荞麦。常年多食用青菜、白菜、圆根叶子泡制的酸菜。烹调方法比较简单，最常见的方法是玉米粥内加蔬菜。其次是玉米面或麦面做的馍馍或玉米蒸蒸，或以玉米面拌和大米蒸熟而食，以玉米面为主的称为“金裹银”，以大米为主的称为“银裹金”。或把土豆洗净蒸熟，剥皮后在石臼中捣成泥，拌蜂蜜吃。也可切成条块煮入酸菜汤。羌民很少吃新鲜猪肉，一般是在年底杀猪，内脏作为年节的上馔，猪肉则被割成数块，吊在屋梁之上熏干，称为“猪膘”，存放一年到数年不等，存放得越久远、颜色越黄越珍贵。羌族特别讲究药膳，较为典型的药膳菜有羊肉附片汤、羊归汤、猪肉加杜仲 1 ~ 2 两清炖、黄芪炖鸡、虫草炖鸭。

羌族男子普遍吸食自种的味浓的兰花烟（草烟）。无论男女老少，均喜饮自酿的咂酒。正如一首羌谚所云："无酒难唱歌，有酒歌儿多，无酒不成席，无歌难待客。"咂酒的制法是用青稞煮熟拌上酒曲，封入坛内，发酵 7～8 天后即可饮用。羌族饮咂酒，不用酒具，而是将酒坛开封，用一根细竹管咂吸，咂饮时以长幼为序，轮流咂饮，并不断地注入凉开水，直到味淡为止。另一种被称为蒸蒸酒的饮料是将玉米面蒸熟拌酒曲酿制而成，饮用时既有酒香又能顶饭，类似汉族的醪糟。羌族以"九"为吉，故宴席时都要摆九大碗，菜肴与川菜相同。炖全鸡时习惯用竹签撑起鸡头，使之昂起，以鸡头招待上宾。

7.4.2 羌族服饰文化

在羌族的服饰中，最能体现其民族特色的是羊皮褂、挑花刺绣和云云鞋。

羊皮褂是羌族人的主要服饰标志或象征之一。羌族人无论男女都穿自织的麻布长衫，外套羊皮褂子，包头帕，裹绑腿，束腰带。这种羊皮褂既可以防寒、遮雨，穿过树林时又是防刺护身的外套，劳动休息时还可当坐垫。羌民们的腿上常裹以牛羊毛制作或麻织的绑腿，它能保温、滤水、护腿，利于远行，也是腿部健美的标志。脚穿布鞋、皮鞋或满耳子草鞋。束腰带，腰带上系吊刀、皮裹兜子和火镰。皮裹兜子用来装钱或兰花烟，串亲戚时，则系扎花的布裹兜子。火镰是出门必备的引火工具，外嵌珊瑚和银饰，内装取火用的白石、铁镰与野棉花。

羌族妇女善于运针走线，刺绣挑花。羌族挑花刺绣的色彩以黑、白对比居多，且多用丝绵线，显得朴素大方，清爽明快。纹饰图案不但生动，而且寓意深刻，如牡丹象征幸福；瓜果粮食象征丰收；鸟巢象征喜庆；狮、猪等地位象征欢乐；鱼、龙象征吉祥等。这些图案的装饰性和实用性很强，在服饰的围腰、衣襟、袖口、头帕、钱包、香包、鞋底、鞋帮、腰带等处几乎随处可见。究其装饰部位，均为易损处。图案既有美化之功能，又借助密密麻麻的针脚，增强了衣物的耐磨性能，延长使用寿命，因而具有实用价值和保存价值。

羌族不论男女都喜穿"云云鞋"。这种鞋子状似小船，鞋尖微翘，鞋帮上绣有各色云彩式的图案，故名"云云鞋"。羌族人穿的云云鞋有吉祥的寓意和神奇的传说：远古时候，有一支羌人在从北方往南迁徙的途中，遇到强悍的戈基人并与之发生遭遇战。羌人屡战皆败，只好登云云鞋驾云逃走。后来羌人得到神的启示，用白石和棍棒打败了用麻秆和雪团作武器的戈基人，赢得了这片土地。所以羌人把云云鞋看作是吉祥鞋，云云鞋还是羌族青年男女传递爱情的信物，成为独具羌民族特色的艺术品。

7.4.3 羌族居住文化

羌族建筑手艺高超，砌墙时不绘图、不吊线，信手而成。壁面平整，棱角分明，结构匀称。屋有立柱、大梁，椽子上加油竹或树枝，上糊泥土盖顶，坚固耐用。庄房的外形绝大多数为堡垒式，形似四棱台，基部比较宽大，往上逐渐收缩，最高处为一方形的石板小堆，中插一小树枝，称为房背，在房背四周，常围以矮墙。庄房是用石片砌成的独具风格的平顶房屋，一般分为三层，高的有五六层。底层圈养牲畜，二层住人，除卧室外，还有起居室，中有锅庄和神龛，是全家做饭和聚会的地方。中层起居大堂中间用石料砌一火塘，用于取暖做饭。火塘上置三个精制石桩或置铁三足架，用以置铁锅等。火塘里的火种，长久保存不熄，有“万年火”之称。三四层则贮藏粮食、杂物。若系二层，则人居楼下，牲畜圈舍另设屋外。无论二层、三层或多层，住居的房顶平台用途都很广，晒粮、脱粒、老人散步、妇女针织、儿童游戏都可以在这里。住屋的窗户均为木制，少而且小，虽利于防寒、防盗，然而影响光线和空气流通。

羌族一般是三五十户聚居成一个寨子，主要分布在高山和半山台地上，故称山寨或“羌寨”。羌寨除建筑在易守难攻的地方外，在住屋的旁边，一般建有坚固的高达数丈至十余丈的碉楼，用以防御敌患和储存粮食、柴草。

7.4.4 羌族宗教文化

7.4.4.1 白石崇拜

羌族宗教信仰最大的特色是白石崇拜，这种崇拜从先秦一直延续至今。白石是一种乳白色的石英石，羌人认为它是神的代表，除火神以锅庄（火塘）为代表外，其余均以一种白色石英石为象征，被广泛加以供奉。其起因见于羌族民间传说羌戈大战。在远古的时候，羌人迁徙至岷江上游地区，与身强力壮的土著戈基人发生战争，在屡战屡败、已准备弃地远迁时，羌人在梦中得到了天神的启示，用坚硬的白石和木棍打败了戈基人。于是羌族奉天神为本民族的最高保护神，以白石为天神的象征，顶礼膜拜。羌人视白石为各种神之所在，能辟邪和保佑人畜平安。屋顶上若只供一块白石，则代表天神；若供奉三块，则还有山神和羊神；若是五块，则另有地神、猎神。每个村寨附近都有一片供有白石的“神林”，属于山寨公祭的圣地；屋顶小“勒克西”（塔）是各家私祭的圣地。正月初一拿白石进屋，象征进宝；年节间走亲访友，送一块白石，喊一声“财来了”，亦同此意；打猎时供奉白石，以祈求猎获丰盛。此外，由于对白石的崇拜，羌人以白为洁，以白为善。

7.4.4.2 羊图腾崇拜

“羌”作为一个民族的得名即来源于羊及牧羊活动，因此羊图腾崇拜也是羌族崇拜的一个显著特点。羊被视为同本群体有亲属关系或其他特殊关系的图腾，为历代羌族人敬奉。他们以两羊角象征羊神，供于壁上；或将头发梳成羊角状，或头戴羊角，或供奉“羊身人面”偶像，以诸多方式表示对羊的崇拜。羌族人的婚、丧、生、养都必须有羊的参与。例如，羌族人的一夫一妻制起源于一只羊头上的左右两羊角的启示；每当小孩出世时要用羊毛线标定一棵同生根；在冠礼上将白羊毛线作为始祖的赠品，赠予受礼者等。尤为重要的是，羊在羌文化主体——巫（许）及其连接的神灵世界中占着极其重要的地位，特别是在祭山、祭天、还愿等祭祀活动中，羊是必不可少的祭品，以血为盟必须要有羊血，许多重要法器中的羊皮鼓更是呼唤神灵、战胜邪恶的法宝。

7.4.4.3 多神信仰

羌区至今仍保留原始宗教，信奉万物有灵和祖先崇拜，认为诸神拥有无边的法力，支配和主宰着人畜安危、五谷丰登和民族兴衰。因此，敬神、祈福、驱鬼、辟邪就成为羌族宗教活动的主要内容。羌族崇敬的神灵大致可分四大类。一是自然界诸神，如天神、地神、山神、树神、火神、水神、羊神、马神、牛神和其他牲畜神。二是家神，主要是祖先神，表现为对本家族祖先、人类祖先、男性主宰神、女性主宰神的崇拜。因神位多设在屋角，亦称“角角神”，如男神、女神、管孩子神、平安神、门神、灶神、仓神等。受汉文化影响，也有在家神神龛上书写有天地君亲师或其他字样者。三是工匠神，如石匠神、建筑神、铁匠神、木匠神等。四是寨神，即地方神，有阴神、阳神、正神、邪神和碉神等。

在羌族诸多祭神仪式中，最为经常的是祭天神，而最隆重的则是祭山神。山神是仅次于天神的重要神祇，祭祀由祭师——释比（羌语称为“许”）主持，妇女禁止参加，全寨所有的男人不得缺席，祭祀时必须杀牛或羊并举行隆重的宗教仪式。受白石崇拜的影响，这些神均以白石为代表，供奉白石即为供奉诸神。代表各路神祇的白石供于不同的地方，如在山上、地里、屋顶上或者庙里，以此区别诸神。如代表最高神天神的白石即供奉于屋顶。

7.4.5 羌族禁忌文化

以前很多羌族人不食牛肉，牛死后剥皮埋葬，堆“牛坟”，意为为牛脱去毛皮，下世可变人，不再受人驱使。目前禁食牛肉的习俗已普遍改变，但羌族人仍视耕牛为“衣食父母”，禁吃耕牛肉，也禁吃马肉、母猪肉、羊肉和姜；小孩禁吃猪尾、猪蹄。羌民吃家常馒头时，切忌掰开分食，只许一口一口地咬食；吃烧馍时，忌用手去拍打馍上的灰；忌将剩饭倒在菜内；饭后禁将筷子横放碗上，也不能倒扣酒杯。羌族设宴，忌 10 碗，因“10”与“石”同音，石碗乃猪狗之碗。

羌族人尚火，羌民家里都设有一火塘，于是围绕火塘产生了诸多禁忌。火塘位子不能乱坐，男女有别，尊卑有序，只有年长者才能坐火塘“上八位”。女儿、儿媳一般坐在进门的左右两侧，便于进出端茶倒水，做好服务。不能在老人和客人面前随意走动，否则会被视为不懂规矩的人。家里来客人，主人家一般会安排在上八位（神位下面的座位）的两侧，主人坐中间。所以客人进火塘得听主人安排座位为宜，否则会被视为不拘小节、不懂规矩、没有礼貌。羌人火塘之上的三脚架的三足分别代表三位神灵，所以羌人禁忌跨火塘和脚踩三脚架，忌脱鞋烤足、跷脚、横跨火塘中间，向火内吐唾沫，忌在三脚架上烘烤尿布袜子等衣物。如家有病人，会在门口挂上红纸条等物，以示客人勿进。羌人喜在火塘里烧馍等食物，火塘边上不能脱鞋烤足，不能吐痰，不能洒泼水在里面，因此，端茶倒水时应注意。羌族忌讳在家中戴草帽、打雨伞、扛锄头、夜间吹口哨。饭后不能把筷子横放在碗上，也不能倒扣酒盅；忌坐门槛和楼梯。

节日或宗教祭祀活动中，“开坛酒”由年长者先喝，之后大家才能分享。否则，会被羌民视为不敬，会遭到天神或家神的惩罚。春节的除夕之夜不能吃蔬菜，否则耕田里会长很多的杂草；大年初一不能扫地，不能动刀，所有的生活食品必须提前准备好；正月初一到初九不能下河取水。大年三十这一天，每家每户都要贴门神对子（春联）和年画。如不贴，这户人家会破败衰落，也会被人看不起。在“牛王节”或“马王节”的时候不能让牛或马劳动，否则要开罪菩萨。

在羌族地区，每一个寨子都有自己的神林，任何人都不可出入神林中，出入神林会被认为是冒犯树神、山神。神林中的神树不能攀爬，更不能用刀、斧雕刻伤及树皮；神林中的树木不能随意砍伐，否则家里会有“破败”；羌寨周围和田边地角的青草灌木也不能随意砍伐和刈害，否则当年庄稼会被风吹倒，粮食颗粒无收。如有人违反，首先要对当事人罚款，然后再到树林外举行“打稻草人”仪式。届时，将把准备好的稻草人吊在树上，由寨子里有威望的老人带领全寨老少用弓箭射击稻草人，用木棍打稻草人，表示向“神林”中的山神、树神等赔罪，祈求能够宽恕羌民，不要降灾难于民。

7.4.6 羌族文学艺术

羌族创造了大量具有民族风格的文化艺术。民歌与民间故事内容广泛，语言生动。传说故事如《开天辟地》《羌戈大战》《日夜想红军》等都是珍贵的文学、历史资料。羌族是一个历史悠久而又能歌善舞的民族。舞蹈以羌族锅庄“跳沙朗”最流行，传统的祭祀风俗舞“跳盔甲”“腰带舞”极富浓郁的民俗风格。歌舞时还常常以羌笛、小锣、手铃、唢呐、羊皮鼓等乐器伴奏。羌笛是秦汉时游牧西北高原的古羌人制造的一种乐器，可见其历史的古老。盛唐诗人王之焕在《凉州词》中，就有“羌笛何须怨杨柳，春风不度玉门关”的诗句。羌族还以独特精湛的建筑艺术著称于世，除碉楼（古称邛笼）外，还有索桥、栈道以及掘井、筑堰等。羌族的刺绣、挑花，图案新颖，古朴大方，是羌族传统的手工艺品。

7.4.7 羌族节庆文化

羌族有自己的传统节日，多与农事活动和宗教信仰有关，其中最主要者为四月初一“祭山会”和十月初一的过年（现称“羌年”或“小年”）。

7.4.7.1 祭山会

祭山会或称“祭山大典”、山神会、塔子会、山王会。它是古羌人祭祀山神和祈求保佑人畜兴旺、五谷丰登、林木茂盛、地方太平的节日活动，一直流传至现代。祭山会这天，每家房顶上插杉树枝，室内神台上挂剪纸花并点松光、烧柏枝。在祭祀天神时，释比敲着羊皮鼓唱史诗，并宰羊作祭。寨中男女老少要喝咂酒、唱酒歌、跳锅庄，这是一种祈祷丰年的活动。

7.4.7.2 羌历年

羌历年，羌语称为“日美节”，是羌族最隆重的传统节日。农历十月是羌历一年之始。过年时，羌寨一律停止劳动，出远门的人都要尽量赶回家里团聚。凡有条件的人家都要在年前杀猪宰羊，家家户户蒸“瓦达”、煮猪膘、饮咂酒。“瓦达”是一种用麦面做的三叉形大蒸饺，其馅为肉粒和豆腐。有的人家还用面粉做成牛、羊、鸡、鸟等形状的祭品，用以祭祀祖先和神灵。有的先民则在自家墙壁上刻画起白色的“卍”字格，以示祈祷人畜兴旺，五谷丰登。在新年这一天，全寨男女老少都要穿上节日盛装。青壮年男子还在彩色腰带上插上一支两尺多长的油竹竿，竿内装有三根野鸡翎子，显得十分英武，并结队载歌载舞，到每家祝贺新年；或以寨子为单位，由老年人领唱，合唱喜庆歌，欢跳“沙朗”或“盔甲舞”，畅饮顺酒，直至深夜尽兴才散。历史上过羌历年时，颇具浓厚的原始宗教色彩，要请巫师跳神至神坛，然后杀牛宰羊祭祀天神，并撒血于坛前。祭毕，由四名男子抬着白石神遍游全寨。接着是大家拿着巫师分给的牛羊肉回家煮食，并邀请亲友欢度年节。

此外，具有羌族自身浓郁民族特色的节庆活动还有成人礼、五月五妇女节等。

8 四川饮食旅游文化

在四川旅游，最具地方特色的饮食文化主要有川菜文化、茶文化、酒文化。本章介绍四川饮食文化的概况、川菜的形成发展和特点、川茶文化和川酒文化等基础知识。这些知识与本书其他章节内容相互关联，共同组成丰富的四川旅游文化体系。

导游证网课

8.1 四川饮食文化概况

中国有句古话："民以食为天。"饮食既是人们所有生存方式和社会活动的基础，又是文化的载体和表现形式。在人们的旅游活动中，饮食又是六大要素之一，它所蕴涵的文化直接反映出旅游的特色和质量。

四川位于长江上游，境内山川环绕、沃野千里、物产丰富，自古有"天府之国"之称。粮食果蔬畜禽肉，冬虫夏草山珍味，江河鱼虾中华鲟，酱醋井盐麻辣油，应有尽有，皆属上品，物产丰富，地灵人杰；又因蜀道艰险，历代受战乱影响较少。四川人民得以在漫长的历史中，创造和发展出独具特色的饮食文化。川菜、川酒、川茶在全国乃至全世界享有盛誉，有"吃在四川"之称。

8.1.1 四川饮食文化发展概况

四川饮食文化历史悠久，5 000 多年前已出现早期烹饪。在四川新都战国墓中，可以发现各种古代生活饮宴器具如敦、豆、甑等。特别是装祭祀食品的铜鼎，造型精美大方，工艺程度相当之高，说明在 2 000 多年前，这里的先人已开始追求饮食制作的美感，领略精美器皿对于美食的作用了。

秦通过向巴蜀地区移民、修筑著名的都江堰，改善了成都平原自从农业开发伊始长期存在的水患，使成都平原成为沃野千里的天府之国，巴蜀地区农业获得飞速发展，为四川盆地奠定了良好的经济基础。到了汉代就更加富庶，烹饪原料和调料不断丰富。西汉时国家统一，商业都比较发达，更促进饮食文化发展。三国时期虽然全国范围内处于分裂状态，但四川相对稳定，为饮食业的发展创造了良好的条件，川菜雏形出现。

汉代，成都为中国西南最大的商业中心城市，众多酒肆饭馆也开始分布于四川盆地内。在彭山、崇州、新都等处出土的汉画像砖和画像石中，有多幅反映宴饮、酿酒的画面。《蜀都赋》中曾言："吉日良辰，置酒高堂，以御嘉宾。金罍中坐，肴烟四陈。觞以清醥，鲜以紫鳞。"可见，汉代四川饮食即开始主辅料搭配，讲究营养成分，还有音乐伴饮，筵席气氛相当浓烈。

西晋时，四川形成了"好滋味""尚辛香"的饮食习俗。

隋唐时期是中国文化的高峰期，四川盆地饮食文化也空前繁荣，不仅讲究色、香、味、器，还重视菜肴的造型。杜甫诗中曾有描绘："刀鸣脍缕飞""鲜卿银丝脍""无声细下飞碎雪"。许多文学家、艺术家也都是烹饪大师和美食家，如李白、杜甫。

隋唐五代后饮食文化进一步发展，技艺更精，内涵更丰富。宋辽金元时期，饮食作为世俗文化的浓缩，受到更多文人的关注。入蜀的陆游，在《剑南诗稿》中称赞四川饮食的诗作达 50 余首。他常流连忘返于蜀中饮食，说："剑南山水尽清晖，濯锦江边天下稀。烟柳不遮楼角断，风花时傍马头飞。芼羹笋似稽山美，斫脍鱼如笠泽肥。客报城西有园卖，老夫白首欲忘归。"更为后人所知的是大名鼎鼎的美食家苏轼，不仅诗文俱佳，而且能亲自做得一手好菜，《东坡志林》中有"予在东坡，常亲执枪匕，煮鱼羹以设客，客未尝不称善"的记载，并总结出"慢着火，少着水，火候足时它自美"的烹饪经验。

明清时期，川菜菜系已基本形成，饮食烹饪制作的质量较前代也大有进步，川菜更趋于精良，色、香、味、形、器各方面都已成熟，形成刀工细、火候精、造型美、色泽艳、味道鲜、香味浓，品类多的系统特征。清代末年傅崇矩的《成都通览》一书，所记的成都各种菜肴与风味小吃达 1 328 种之多，重要作料辣椒就有十多种，如七星椒、灯笼椒、满天星等。这一时期，四川饮食得到极大的丰富和发展。

四川饮食文化的发展不仅依靠其丰富的自然条件和传统习俗，而且还得益于善于广泛吸收外来经验。无论对宫廷、官府、民族、民间菜肴，还是对教派寺庙的菜肴，它都一概吸收消化，取其精华，充实自己。秦灭巴蜀，"辄徙"入川的显贵富豪带进了中原的饮食习俗。其后历朝治蜀的外地人，也都把他们的饮食习惯与名馔佳肴带入四川。四川饮食文化的发展还依赖于人们的风俗习惯。据史学家考证，古代，贵族豪门嫁娶良辰、待客会友，无不大摆"厨膳""野宴""猎宴""船宴""游宴"等名目繁多的筵宴。到了清代，民间婚丧寿庆，也普遍筹办"家宴""田席""上马宴""下马宴"等，因而造就了一大批精于烹饪的专门人才，使烹饪技艺世代相传，长盛不衰。在长期的探索与发展过程中，善吃的四川人，创造出独具特色的四川饮食文化的精神与境界，也赋予了川菜一种不可抗拒的魅力。

8.1.2 四川饮食文化的特征

（1）内涵丰富广博。首先，四川饮食文化历史悠久，底蕴深厚。在四川，每一种美食，每一样菜品，不仅蕴含了丰富科学的饮食营养和烹饪知识，还蕴含着饶有兴味的传说与故事；而每一个传说与故事背后，又蕴藏着一段悠久的历史史实。在四川享受川味美食，无疑就是在品味一种文化，饱尝一段历史。其次，风味多样，特色浓郁。在四川境内由于地理位置不同，气候和物产差异，相应的烹饪技法和饮食口味便不相同，地方特色浓郁的菜肴、小吃和糕点异彩纷呈；另外四川少数民族众多，宗教信仰不同，造就了独具特色的民族和宗教饮食习俗和文化，如彝族饮食、藏羌饮食、道家酒菜等。最后，层次丰富，适应性强。四川饮食在历史发展中形成了不同的档次层级。高级宴会饮食，烹制复杂、工艺精湛、原料讲究、气派壮观；普通宴会饮食，要求就地取材、荤素搭配、汤菜并重、加工精细、经济实惠、朴素大方；大众便餐，以烹制快速、经济实惠为特点；家常饮食，要求取材方便、操作易行，是深受大众喜爱并且食肆餐馆和家庭大都能够烹制的菜肴和小吃。不同层次的饮食既各具风格特色，又互相渗透和配合，形成一个完整的体系，对各地各阶层甚至对国外，都有广泛的适应性。

（2）对“味”孜孜以求。一部写于4世纪中叶的中国现存最早的地方志《华阳国志》中，能读到这样的文字：“蜀之为国……其卦值坤，故多班彩文章。其辰值未，故尚滋味。德在少昊，故好辛香。……其山林泽渔，园囿瓜果，四节代熟，靡不有焉。”当时蜀地的调味品已经有卤水、岩盐、川椒、“阳朴之姜”之类。四川人非常善于运用各种调味料和调味品制作美食，对美味的追求力图做到极致。从选料开始，无论是原料的选择还是调料的选用都要严格筛选，许多川菜对辣椒的选择就很注重，如麻辣、家常味型菜肴，必须用四川的郫县豆瓣；制作鱼香味型菜肴，必须用川味泡辣椒等。四川人对美味的孜孜以求使得川菜有了“一菜一格，百菜百味”的特色和美誉。

（3）“化平凡为神奇”。“化平凡为神奇”的关键就在“化”字上，把平常之物化为神奇，甚至把腐朽之物也化为神奇。黄豆属平常之物，但在四川却神奇地出现了无土栽培的黄豆芽或黄豆制成的豆浆、豆腐、豆腐皮、豆筋、豆花、豆腐脑、豆腐粉、豆豉、豆油、豆酱、酱油等一系列食品。仅豆腐一物，四川人就可以烹制出闻名世界的麻婆豆腐等近200种豆腐菜。这就是“化”的神奇之处。

四川饮食文化特色鲜明，这与四川人善吃密不可分，善吃表现在把吃和生存、发展、享受融为一体。四川人的吃，不仅仅是吃食物本身，也是在吃文化、吃科学、吃艺术。饮酒讲酒中趣，饮茶讲茶中性，吃菜讲菜中味，宴聚则讲饮食的味外之味与超值享受。善吃的四川人，又特别讲究饮食味道和饮食情趣，把食与自然、食与社会、食与健康、食与烹调、食与艺术等融合起来。强调饮食之道法自然，视养生食治为同一事；强调饮食生活与人的生存享受水乳交融，寓人文教化于饮食活动之中，形成了具有四川特色的饮食文化。

8.2 川菜文化

四川历来物华天宝、人杰地灵。相对独立的地理环境、广袤的土地、优雅的田园、安宁祥和的生活，使四川人创造了独特的川菜文化。

8.2.1 川菜简介

川菜即四川地区的菜肴，起源于四川、重庆，以麻、辣、鲜、香为特色，是中国汉族八大菜系之一，也是最有特色的菜系，主要流行于西南地区和湖北地区。在中国大部分地区都有川菜馆，因其餐馆和食客数量多、分布范围广，被誉为民间最大菜系，冠以“百姓菜”之称。并以其别具一格的烹调方法和浓郁的地方风味享誉中外。

川菜的风格朴实而又清新，具有浓厚的乡土气息。川菜原料多选山珍、江鲜、野蔬和畜禽，善用小炒、干煸、干烧和爆、烩等烹调法，以“味”闻名，味型多样，富于变化，口味清鲜，醇浓并重，其中鱼香、红油、怪味、麻辣较为突出。

川菜具有取材广泛、调味多样、菜式适应性强三个特征。由筵席菜、大众便餐菜、家常菜、三蒸九扣菜、风味小吃等五个大类组成一个完整的风味体系，在国际上享有“食在中国，味在四川”的美誉。

8.2.2 川菜发展历史

川菜发源于我国古代的巴国和蜀国。它经历了从春秋至两晋的雏形期、隋唐到五代的较大发展期、两宋出川传至各地，至清末民国初年形成菜系四个阶段。其后，从辛亥革命到抗日战争，中国烹饪各派交融，使川菜内涵更加丰富。

川菜是一个历史悠久的菜系，川菜的出现可追溯至秦汉，川菜系的形成大致在秦始皇统一中国到三国鼎立之间。当时四川政治、经济、文化中心逐渐移向成都。其时，无论烹饪原料的取材，还是调味品的使用，以及刀工、火候的要求和专业烹饪水平，均已初具规模，已有菜系的雏形。秦惠王和秦始皇先后两次大量移民蜀中，同时也带去中原地区先进的生产技术，这对发展生产有巨大的推动和促进作用。秦代为蜀中奠定了良好的经济基础，到了汉代就更加富庶。张骞出使西域，引进胡瓜、胡豆、胡桃、大豆、大蒜等品种，又增加了川菜的烹饪原料和调料。西汉时国家统一，官办、私营的商业都比较发达。以长安为中心的五大商业城市出现，其中就有成都。三国时魏、蜀、吴鼎立，刘备以四川为“蜀都”。虽然全国处于分裂状态，但蜀中相对稳定，为商业，包括饮食业的发展，创造了良好的条件，使川菜系在形成初期便有了坚实的基础。

唐宋时期，川菜更加受欢迎。诗人陆游曾用“玉食峨眉木耳，金齑丙穴鱼”的诗句赞美川菜。唐代诗仙、诗圣都和川菜有不解之缘。诗仙李白幼年随父迁居绵州隆昌，即现在的四川江油青莲镇，直至 25 岁才离川。在四川生活的近 20 年中，他很爱吃当地名菜焖蒸鸭子。厨师宰鸭后，将鸭放入盛器内，加酒等各种调料，注入汤汁，用一大张浸湿的绵纸，封严盛器口，蒸烂后保持原汁原味，既香且嫩。天宝元年（742），李白受到唐玄宗的赏识，入京供奉翰林。他以年轻时食过的焖蒸鸭子为蓝本，用百年陈酿花雕、枸杞子、三七等蒸肥鸭献给玄宗。皇帝非常高兴，将此菜命名为“太白鸭”。诗圣杜甫长期居住四川草堂，在《观打鱼歌》中赞美了四川鲂鱼。

宋代川菜已经形成流派并越过巴蜀境界，进入东都，为世人所知。两宋时的京城开封、杭州，都出现了“川饭”馆，宋代孟元老着《东京梦华录》载当时东京的饮食有北馔、南食与川饭，“有川饭店，则有插肉面、大燠面、大小抹肉、淘煎燠肉、杂煎事件、生熟烧饭”。宋代也有两位大文学家、词人对川菜有千丝万缕的情思，即北宋的苏轼与南宋的陆游。苏轼，号东坡，四川眉山人，年少即享大名，创东坡肉、东坡肘子，能用普通的原料烹饪出佳肴，更注重饮食与文化的结合。南宋时，著名诗人陆游两度入蜀，在蜀地 8 年创作了 200 首吟咏蜀州的诗篇。他常出没于成都的酒楼，饮酒吟诗，过着放荡不羁的名士生活，被指责“燕饮颓放”，不理政事，最后被罢官。他却从“燕饮颓放”中取出“放”字，自号放翁，这就是陆放翁的由来。陆游对川菜兴味浓厚，离蜀多年后还念念不忘。“归心日夜逆江流，官柳三千忆蜀州”道出了陆游对蜀州的深深怀念。

元、明、清建都北京后，随着入川官吏增多，大批北京厨师前往成都落户，经营饮食业，使川菜又得到进一步发展，逐渐成为我国的主要地方菜系。明末四川受到毁灭性重创。清初，清王朝颁诏鼓励百姓移民四川，湖南、湖北、广东等省的移民队伍源源涌向四川，史称“湖广填四川”。人口的增长，使得依赖灌溉的稻麦在平原低地相对饱和，从美洲传入的玉米、红薯、马铃薯迅速覆盖了四川的丘陵、半高山地，四川的饮食结构更趋丰富。湖广填四川使四川的人口结构发生根本性变化，并使四川成为饮食文化的汇集之地。嘉庆年间，辣椒传入，川菜用辣椒调味，使巴蜀时期就形成的“好滋味”“尚辛香”的调味传统进一步发展。晚清以来，川菜逐步形成地方风味极其浓郁的菜系，具有取材广泛、调味多样、菜式适应性强的特征。

抗战期间，大量人口内迁。大量入川者，把各地的烹饪原料、烹饪方法和菜点都带进了四川，川菜完成了与中国其他菜系最全面、彻底的交流。抗战胜利后，川菜在中国广泛传播。

辣椒传入四川的 150 年间，持续传承川菜文化精神，与其他菜系融汇交流后，形成拥有自身明显特点的基本味型和复合味型。由筵席菜、大众便餐菜、家常菜、三蒸九扣菜、风味小吃等五类菜肴组成完整的风味体系。

改革开放后，川菜进入又一次发展高峰。随着四川对外输出劳动力的潮流，大量厨师外出务工，到达外地后发扬川人不怕苦累、敢于创新的精神，将川菜与当地菜系进行交流与结合，使川菜大发展的脚步走向全国。1979 年以后，川菜厨师出国表演川菜厨艺，拉开了川菜大规模走向世界的序幕。“走出去，把川菜推向世界”的同时，世界也把国外的先进理念回馈给川菜。川菜直接与世界对话，大放异彩。

深厚的文化底蕴，丰富多样的生态原料，融汇古今的烹饪方法，广博宏大的味型谱系，独一无二的麻辣风格，五味调和、百味生香、以味为魂，对味的不懈努力和完美追求使川菜备受世人喜爱。

8.2.3 川菜流派

川菜，又可分为以川西成都乐山为中心的上河帮，川南自贡为核心的小河帮，以及川东重庆为中心的下河帮。

1. 上河帮

上河帮是以成都和乐山为核心的蓉派菜系，其特点是亲民平和、调味丰富、口味相对清淡、多传统菜品。蓉派川菜讲求用料精细准确，严格以传统经典菜谱为准，其味温和，绵香悠长，同时集中了川菜中的宫廷菜、公馆菜之类的高档菜，通常颇具典故。菜品精致细腻，多为流传久远的传统川菜，旧时历来作为四川总督的官家菜，一般酒店中高级宴会菜式中的川菜均以成都川菜为标准菜谱制作。

川菜中的高档精品菜基本集中在上河帮蓉派。名厨黄敬临在清宫御膳房时创制的高级清汤菜，常常用于代表厨师厨艺最高等级的“开水白菜”便是成都川菜登峰造极的菜式。老成都公馆菜也是川菜中清淡高档菜的代表。

著名菜品有开水白菜、麻婆豆腐、回锅肉、宫保鸡丁、盐烧白、川式粉蒸肉、青城山白果炖鸡、夫妻肺片、蚂蚁上树、蒜泥白肉、芙蓉鸡片、锅巴肉片、白油豆腐、烧白（咸烧白、甜烧白）、鱼香系列（肉丝、茄子）、鲃泥鳅系列（石锅鲃泥鳅）、盐煎肉、干煸鳝片、鳝段粉丝、酸辣鸭雪、东坡肘子、东坡墨鱼、清蒸江团、跷脚牛肉、西坝豆腐、魔芋系列（雪魔芋、魔芋烧鸭）、简阳羊肉汤、干烧岩鲤、干烧桂鱼、雅安雅鱼全席宴等。涉及的上河帮火锅吃法有串串香、冷锅鱼，干锅有盆盆虾、盆盆鸡等。

近些年，上河帮以海鲜食材及东部河鲜为原料创制了新派川菜，如香辣蟹、碧绿椒麻桂鱼、卞氏菜根香的泡椒墨鱼仔和泡菜半汤桂鱼；以四川山珍为主的山珍川菜，譬如石渠白菌炖土鸡、松茸素鳕鱼卷佐素鱼香茄子、松茸鸭翅。

四川各地小吃通常也被看作是川菜的重要组成部分。川菜小吃主要以上河帮小吃为主，以川西坝子为中心，诸如四川泡菜系列、凉粉系列、川北米粉、红薯粉系列、锅盔系列、豆花系列、面食系列（担担面、香辣牛肉面）、青城山老腊肉、蛋烘糕、叶儿粑、三大炮、泡椒凤爪、冒菜、盐边牛肉、冷锅串串、盐包蛋、乐山甜皮鸭、彭山甜皮鸭、怪味鸡块、棒棒鸡、百味鸡、青椒鸡、九味鸡、钵钵鸡、盐水鸭、夫妻肺片、樟茶鸭、怪味兔头、红星兔丁、陈皮兔丁；以创始人姓氏命名的赖汤圆、龙抄手、钟水饺、吴抄手、老麻抄手、蒋排骨、韩包子、温府豆汤饭、老妈蹄花等。

火锅，作为川菜的一个极为重要的分支，发源于下河帮的重庆川菜，在川菜各派系中均各有特色火锅。上河帮由于口味略温和，火锅主要为清油火锅、鸳鸯火锅、梭边鱼火锅、著名的冷锅鱼（源于泸州宜宾，在成都发扬光大至全国各地）等。

2. 小河帮

小河帮是以川南自贡为中心的盐帮菜。其特点是大气、怪异、高端（其原因是源自盐商）。自贡盐帮菜又分为盐商菜、盐工菜、会馆菜三大支系，以麻辣味、辛辣味、甜酸味为三大类别。盐帮菜以味厚、味重、味丰为其鲜明特色，最注重和讲究调味。除具备川菜“百菜百味、烹调技法多样”的传统之外，更具有“味厚香浓、辣鲜刺激”的特点。盐帮菜善用椒姜，料广量重，选材筋道，煎、煸、烧、炒，自成一格；煮、炖、炸、熘，各有章法。尤擅水煮与活渡，形成了区别于其他菜系的鲜明风味和品位。在盐帮菜的嬗变和演进中，积淀了一大批知名菜品，人见人爱，其中一些菜品更不胫而走，纳入了川菜大系，摆上了异地餐桌。清末盐商李琼圃撰著的《琼圃菜谱》便记载了各色盐帮菜的烹饪要诀，惜已失传。盐帮菜的代表性菜品不下百种，包括水煮牛肉、火鞭子牛肉、富顺豆花、火爆黄喉、牛佛烘肘、粉蒸牛肉（或名牛肉蒸笼）、风萝卜蹄花汤、芙蓉乌鱼片、无汁葱烧鲤鱼（又名“合浦还珠”）、火爆毛肚、谢家黄凉粉、郑抄手、酸辣冲菜、李家湾退鳅鱼、冷吃兔、冷吃牛肉的冷吃系列、跳水鱼、鲜锅兔、鲜椒兔、牛佛烘肘等等。

除了自贡盐帮菜，其他川南城市也各具特色，例如内江有著名的球溪鲶鱼系列，宜宾则是冷锅鱼、兔火锅的发源地，小吃也非常有名。宜宾的特色小吃有：宜宾燃面、竹海名菜、李庄白肉、猪儿粑、泥溪芝麻糕、柏溪潮糕、兔火锅。泸州的特色小吃有：白糕、伦敦糕、黄粑、猪儿粑、窖沙珍珠丸、两河桃片、合江烤鱼、姜氏卤菜一绝、老牌鸭子、朱氏炸酱。

小河帮同时也是水煮技法的发源地，自古就有水煮牛肉的吃法。水煮技法经由下河帮川菜派得以发扬光大，成就了水煮鱼、水煮肉片等水煮系列精品川菜。

小河帮重辣，火锅有鲜锅兔火锅，同时发明了冷吃做法，譬如冷锅鱼，在引入到成都后，经由这个饮食重镇发扬光大，成了一种非常流行的新吃法。

3. 下河帮

下河帮以重庆、达州、南充为中心，下河帮川菜大方粗犷，以花样翻新迅速、用料大胆、不拘泥于材料著称，俗称江湖菜。达州南充川菜以传统川东菜为主，如酸萝卜老鸭汤、烧公鸡。重庆川菜则结合了川东精品川菜的影响，加上长江边码头文化，生发出不拘一格的传扬风格。同时，受到了民国时期和三线建设时期大量江浙移民的影响，部分重庆菜口味相对四川川菜，带有淮扬菜和上海菜浓油赤酱的特点。部分渝派川菜易学易做，开胃下饭，因其亲民和开胃的特点，近几年来在全国范围内大受欢迎，不少的川菜馆主要菜品均为渝派川菜。

其代表作有酸菜鱼、毛血旺、口水鸡、干菜炖烧系列（多以干豇豆为主）、水煮肉片和水煮鱼为代表的水煮系列、辣子鸡、辣子田螺、豆瓣虾、香辣贝和辣子肥肠为代表的辣子系列、泉水鸡、烧鸡公、芋儿鸡和啤酒鸭为代表的干烧系列。

风靡海内外的麻辣牛油火锅发源于重庆码头，是川菜中的“重头戏”，在海内外享有盛誉。麻辣火锅从重庆起源，在川菜各派系中独具特色。

下河帮小吃主要是以达州、南充等传统川东历史名城为中心，譬如达县灯影牛肉、阆中张飞牛肉。

8.2.4 川菜烹调

1. 调味方法

川菜重调味。其一，调味品复杂多样，有特点，讲究川料川味。四川境内江河纵横，四季常青，烹饪原料丰富：既有山区的山珍野味，又有江河的鱼虾蟹鳖；既有肥嫩味美的各类禽畜，又有四季不断的各种新鲜蔬菜和笋菌；还有品种繁多、质地优良的酿造调味品和种植调味品，如自贡井盐、内江白糖、阆中保宁醋、德阳酱油、郫县豆瓣（被誉为川菜之魂）、茂汶花椒、永川豆豉、涪陵榨菜、叙府芽菜、南充冬菜、新繁泡菜、成都地区的辣椒等，都为各式川菜的烹饪提供了良好的物质基础。此外，四川的酒和茶，品种质量优异，对四川饮食文化的发展也有一定的促进作用。川菜有“三香三椒三料，七滋八味九杂”之说。三香是指葱、姜、蒜；三椒是指辣椒、胡椒、花椒；三料是指醋、郫县豆瓣酱、醪糟；七滋是指：酸、甜、苦、辣、麻、香、咸；八味是指鱼香、麻辣、酸辣、干煸、辣子、红油、怪味、椒麻；九杂是指用料之杂。其二，以多层次、递增式调味方法见长。其三，味型多样。

2. 烹饪方法

川菜的主要烹饪方法有爆、煮、熘、干煸、煎、锅贴、炸（软炸、酥炸等）、油淋、炝、烘、炖、烧（红烧、白烧、葱烧、酱烧、干烧等）、烩、焖、煨、㸆、蒸（清蒸、粉蒸等）、烤、卤、拌、泡、渍、糟醉、冻、炒（生炒、熟炒、小炒等）等。川菜常用炒、滑、熘、爆、煸、炸、煮、煨等手法，尤其是小煎、小炒、干煸和干烧有其独到之处，很多菜式都采用"小炒"的方法，特点是时间短、火候急、汁水少、口味鲜嫩，合乎营养卫生要求。菜肴烹饪看似简单，实际上包含着高度的科学性、技术性和艺术性，显示出劳动人民的无穷智慧和创造能力。

3. 烹调特点

川菜菜品繁多，花式新颖，做工精细，烹调讲究，味多味美，受到人们的喜爱和推崇，这与其讲究烹饪技术、制作工艺精细、操作要求严格是分不开的。川菜烹调有四个特点：一是选料认真，二是刀工精细，三是合理搭配，四是精心烹调。

8.2.5 川菜特点

川菜特点是麻、辣、香、鲜、油大、味厚，享有"一菜一格，百菜百味"的美誉。川菜有麻、辣、甜、咸、酸、苦六种基本味型。在六种基本味型的基础上，又调配变化为多种复合味型，其中最为著名的当数鱼香、麻辣、辣子、陈皮、椒麻、怪味、酸辣诸味。在川菜烹饪过程中，如能运用味的主次、浓淡、多寡，调配变化，加之选料、切配和烹调得当，即可获得色、香、味、形俱佳的具有特殊风味的各种美味佳肴。

川菜的复合味型有 20 多种，仅辣味就可以与其他味型组合形成更丰富的味道：麻辣、煳辣、鲜辣、香辣、糟辣、酸辣。表 8-1 列出了川菜主要味型及口味特点和典型菜品，其中很多菜品也是川菜的代表菜。

表 8-1　川菜的主要味型和典型菜品

主要味型	口味特点	典型菜品
红油味	咸鲜辣香，回味略甜	红油鸡片、大刀耳片
怪味	咸甜酸辣麻鲜香	怪味兔丁、怪味花生
酸辣味	汁酸带辣，咸鲜味香	酸辣鱿鱼、乔面蹄花
家常味	咸鲜微辣，味厚醇香	回锅肉、魔芋烧鸭
姜汁味	姜味浓郁，咸中带酸	姜汁热窝鸡、姜汁菠菜

主要味型	口味特点	典型菜品
荔枝味	咸鲜为主，略带酸甜	锅巴肉片、菜根排骨
椒麻味	咸鲜醇厚，香麻俱重	葱椒土鸡、碧波鸭卷
糖醋味	甜酸味浓，回味咸鲜	糖醋排骨、糖醋里脊
蒜泥味	蒜味浓郁，咸鲜味厚	蒜泥白肉、蒜泥黄瓜
麻酱味	咸鲜醇正，芝麻酱香	麻酱响皮、麻酱凤尾
芥末味	咸酸鲜香，“冲”味浓郁	芥末鸡丝、芥末春卷
煳辣味	香辣咸鲜，回味略甜	宫保兔花、宫保鸡丁
咸鲜味	咸鲜清香，本味浓郁	白果炖鸡、神仙富贵鸭
酱香味	酱香浓郁，咸鲜带甜	京酱回锅肉、酱烧苦瓜
烟香味	咸鲜醇浓，香味独特	樟茶仔鸭、烟熏排骨
五香味	浓香咸鲜，五味俱全	香酥仔鸡、卤味拼盘
香糟味	糟味醇香，回甜宜人	香糟肉、醉豆花、糟蛋
甜香味	纯甜而香，滋润可口	甜烧白、香酥茗梨
陈皮味	陈皮芳香，麻辣回甜	陈皮兔丁、陈皮烧肉
咸甜味	咸甜并重，回甜悠长	板栗烧鸡、樱桃肉
椒盐味	香麻而咸，浓郁椒香	香酥乳鸽、椒盐带鱼
鱼香味	甜酸味兼之，姜葱蒜味突出，咸鲜香辣	鱼香肉丝、鱼香茄子
麻辣味	麻辣咸香，味厚爽口	麻婆豆腐、水煮肉片

资料来源：根据成都川菜博物馆展示资料整理而得。

川菜完美地体现了四川文化的火辣与平和。川菜内涵深远、兼容并蓄、独树一帜。千百年来，川菜养育了司马相如、李白、杜甫、苏轼、陆游等文人墨客。扎根民间，勤于交流的川菜因此得以行于江湖、盛于庙堂。

8.2.6 川菜代表

1. 著名代表菜品

经典川菜有开水白菜、宫保鸡丁、干烧鱼、鱼香肉丝、回锅肉、麻婆豆腐、夫妻肺片、樟茶鸭子、干煸牛肉丝、怪味鸡块、灯影牛肉、鱼香肉丝、糖醋排骨、水煮牛肉、锅巴肉片、咸烧白、鸡米芽菜、糖醋里脊、东坡肘子、辣子鸡、香辣虾、麻辣兔头、水煮鱼等。其中“灯影牛肉”制作方法与众不同，风味独特；是将牛后腿上的腱子肉切成薄片，撒上炒干水分的盐，裹成圆筒形晾干，平铺在钢丝架上，进烘炉烘干，再上蒸笼蒸后取出，切成小片复蒸透。最后下炒锅炒透，加入调料，起锅晾凉，淋上麻油才成。此菜呈半透明状，薄如纸，红艳艳，油光滑，放在灯下可将牛肉片的红影子映在纸上或墙上，好似演灯影戏。“夫妻肺片”是成都地区人人皆知的一道风味菜。相传 20 世纪 30 年代，有个叫郭朝华的小贩，和妻子制作凉拌牛肺片，串街走巷，提篮叫卖。人们谑称其为“夫妻肺片”，沿用至今。

2. 川味小吃

川味小吃有燃面、担担面、宋嫂面（成都）、甜水面、炉桥面、豆花面（成都）、牌坊面、牛肉毛面、鸡丝凉面、砂锅煨面、什锦烩面、豌豆扯面、崇庆荞面（崇州）、铜井巷素面（成都）、龙抄手、过桥抄手、韩包子（成都）、水煎包子、叉烧包子、芝麻酥包、米包子、烤米包子、钟水饺（又名荔枝巷水饺）、花士林蒸饺（南充）、玻璃烧卖、白糖蒸馍（阆中）、开口笑、猪油麻花（民间小吃）、焦皮酥、罗汉酥、核桃酥、烤方酥、千层酥、荷叶饼、豌豆饼、酒粮饼、顺江薄饼、香山蜜饼（白居易被贬为江州司马，创制，白居易号香山居士）、三鲜塔丝饼、红苕鸡腿、鲜肉锅盔（彭州名小吃，源于彭州军屯乡，又称军屯肉锅盔）、赖汤圆（成都）、鸡油大汤圆（川东）、粉子醪糟（醪糟小汤圆）、叶儿粑（川西）、三合泥（成都）、糖油果子、三大炮糍粑（川中）、麻圆、糍粑块（民间小吃）、荷叶楂、苕枣、会理饵块、大足醪糟、涪陵油醪糟、油茶、炒米糖开水（民间）、黄糕、白糕、冻糕、蒸蒸糕、白果糕、马蹄糕、蛋烘糕、猪油发糕、烫面油糕、鸡蛋熨斗糕、酸辣粉、顺庆羊肉粉（南充）、安岳米卷、羊肉米粉、川北凉粉、梓潼片粉、洞子口张凉粉、豆腐脑水粉（内江）、鸡丝豆腐脑、淋汁豆花。

四川小吃丰富多彩，遍布全省各地，层出不穷的小吃为川菜菜品和味型的多样化提供了取之不尽的源泉。传统名小吃源自民间，经过师徒或父子手把手多年传承，通过实践的沉淀、选择而留传。

8.3 川茶文化

8.3.1 川茶文化起源

作为世界三大饮料之首的茶叶（另两种是咖啡和可可），目前是 100 多个国家和地区不可缺少的饮料。茶的故乡在中国，世界种茶、饮茶的发源地是中国，因而中国人也就拥有世界上独一无二的茶文化。然而，就中国本土而言，不同的地域又有各不相同的饮茶传统。而四川是中国最早种茶、饮茶的地区之一。川茶是四川人民为世界文明所做出的又一贡献。

早在秦汉以前，四川一带已盛行饮茶。公元前1122年至公元前1116年，巴蜀地区就有以茶叶为“贡品”的记载。西汉时，茶是四川的特产，曾通过进贡传到京城长安。原来我国古代四川东、鄂西就是茶树的发祥地，而这里正是三皇五帝最早生息之地。神农氏是“三苗”“九黎”部族之首领。在《史记·吴起传》与《说苑》等古籍中有“三苗氏，衡山在其南，岐山其北，左洞庭之坡，右彭蠡之川”的记载，这说明神农氏的部族发源在四川东部和湖北西部山区，这正是今日大神农架的地域。

从现存的历史资料可以考证出，氏族社会“三苗氏”生息之地，产茶历代不衰，如南北朝时，《刘琨购茶书》中提到安州（今湖北安陆）；《桐君录》中提到酉阳（今湖北黄冈东）、巴东（今重庆奉节）；《荆州土地记》中提到武陵（今湖南常德），都盛产茶叶。唐代的史料中提到湖北江陵、南漳、四川彭景、安景、邛崃等地盛产茶。陆羽《茶经》中提茶叶品质不详的十一州中就有鄂州即今湖北武昌。由此可见，《神农本草经》记载：“神农尝百草，日遇七十二毒，得茶而解之”的事应发生于我国中原。即使从《王褒僮约》所记载的饮茶、卖茶的事实看来，我国汉代以前，川东鄂西地区生产和利用茶叶的事业已相当发达。不难设想从采野茶到人工栽培茶树，从自给自用到“产、供、销”的过程，需要多长时间，所以说巴蜀人栽培茶树的历史是悠久的。

8.3.2 川茶文化发展历史

巴蜀是我国最早栽茶和饮茶的地区之一。据《华阳国志》记载，川茶在周武王时（约公元前1058年）已被列为贡品，“国有芳弱（竹），香茗”。秦汉时期，蜀人又称茶为荼（间茶）、葭、萌；外地人称其为茗等。清初学者顾炎武考察研究中国古代茶事，得出如下结论：“自秦取蜀而后，始有茗饮之事。”他指出各地对茶的饮用，是在秦国吞并巴、蜀以后才慢慢传播开来的。秦入巴蜀后，巴蜀的种茶技术开始外传。从文献记录看，秦汉时期巴蜀人饮茶已极普遍。扬雄的《蜀都赋》说成都“百华（花）投春，隆稳芬芳，蔓茗荧郁，翠紫青黄”，这揭示出当时蜀人普遍种茶、饮茶。汉宣帝年间（前57—54年）蜀人王褒所著《僮约》有“脍鱼炰鳖，烹茶尽具”“武阳买茶，杨氏担荷”的记载，反映当时的成都一带，饮茶已成为风尚，也有了专门的茶具。四川产茶已初具规模，制茶方面也有改进，茶叶具有色、香、味的特色，并具备多种用途，如药用、丧用、祭祀用、食用、或为上层社会的奢侈品；由于茶叶消费的需要，茶已经商品化，还出现了如武阳（今四川省彭山区）一类的茶叶市场。西汉时茶是四川的特产，曾通过进贡传到京城长安。《华阳国志》又说什邡县（今四川省什邡市）山出好茶，南安也出好茶，产茶的地区还有涪陵、湔底道等，至汉代蜀中以产茶闻名的地区已有数处，已开始形成不同的地方品种，当时巴蜀人饮茶，选烹煮，表明它最初是从草药发展而来，即它是从巴蜀土著民族的医术，或巫术发展而来。当时制茶主要靠日晒，一般不用锅炒。在四川盆地内，茶叶容易霉烂，加之茶叶上可能有虫卵，故须烹煮。

春秋战国后期及西汉初年，我国历史上曾发生几次大规模战争，人口大迁徙。特别在秦统一四川后，促进了四川和其他各地的货物交换和经济交流，四川的茶树栽培，制作技术及饮用习俗，开始向当时的经济、政治、文化中心陕西、河南等地传播，陕西、河南成为我国最古老的北方茶区之一。其后沿长江逐渐向中下游推移，再次传播到南方各省。据史料载，汉王至江苏宜兴茗岭“课童艺茶”“汉羡实茶”，汉朝名士葛玄在浙江天山设“植茶之圃”，说明汉代四川的茶树已传播到江苏、浙江一带了。

到唐代，四川已有规模相当大的茶园，且名闻全国。在全国产茶的 7 个区 31 个州中，四川占了 8 个州，川茶大量外销。据唐代陆羽《茶经》和李肇《唐国史补》等历史资料记载，唐代名茶约 50 多种，其中有 18 种出自四川，说明四川茶业兴旺。在唐代，蜀中有 8 大名茶，即“雅州之蒙顶，蜀州之味江，邛州之火井，嘉州之中峰，彭州之堋口，汉州之扬村，绵州之善目，利州之罗村”。其中以蒙顶、味江地方的川茶最出名。陆羽在《茶经》中有 10 多处写到川茶，历代诗人对川茶也多予吟咏。唐代最负盛名的茶是蒙顶茶。“扬子江中水，蒙山顶上茶”是白居易赞颂蒙顶茶的一句诗，有口皆碑，广为传颂。至宋代，巴蜀地区各处多是成片的茶园，川茶的产量仍居全国首位，年产量达 15 000 吨左右。在宋以前的封建王朝就实行了以茶治边的政策，川茶大量运输到西藏等少数民族地区。到宋王朝，更是借茶马互市来保证战马的需要。到明代和清代，川茶产量落后于江苏、浙江。中华人民共和国成立后，川茶生产迅速发展，种茶地区达 150 多个县，年产量名列全国前茅。

茶史资料表明，中国的茶业，最初始于蜀，兴于蜀，其后向东部和南部逐渐传播开来，最终遍及全国。蜀地为中国茶业文化的摇篮。

8.3.3 茶马古道文化

1. 茶马古道简介

茶马古道源于古代西南边疆的“茶马互市”，兴于唐宋，盛于明清，第二次世界大战中后期最为兴盛。因康藏属高寒地区，海拔都在三四千米以上，糌粑、奶类、酥油、牛羊肉是藏民的主食。在高寒地区，需要摄入含热量高的脂肪，但没有蔬菜，糌粑又燥热，过多的脂肪在人体内不易分解，而茶叶既能够分解脂肪，又能防止燥热，故藏民在长期的生活中，创造了喝酥油茶的高原生活习惯，但西藏不产茶。而在内地，民间役使和军队征战都需要大量的骡马，但供不应求，而西藏和川滇边地则产良马。于是，具有互补性的茶和马的交易即“茶马互市”便应运而生。这样，西藏和川滇边地出产的骡马、毛皮、药材等和川滇及内地出产的茶叶、布匹、盐和日用器皿等开始交换，在横断山区的高山深谷间南来北往，流动不息，并随着社会经济的发展而日趋繁荣，形成一条延续至今的“茶马古道”。

“茶马古道”是一个有着特定含义的历史概念，它是指唐宋以来至民国时期汉、藏之间以进行茶马交换而形成的一条交通要道。具体说来，茶马古道主要分南、北两条道，即滇藏道和川藏道。滇藏道起自云南西部洱海一带产茶区，经丽江、中甸（今香格里拉市）、德钦、芒康、察雅至昌都，再由昌都通往卫藏地区。川藏道则以今四川雅安一带产茶区为起点，首先进入康定，自康定起，川藏道又分成南、北两条支线：北线是从康定向北，经道孚、炉霍、甘孜、德格、江达、抵达昌都（即今川藏公路的北线），再由昌都通往卫藏地区；南线则是从康定向南，经雅江、理塘、巴塘、芒康、左贡至昌都（即今川藏公路的南线），再由昌都通向卫藏地区。以上所述只是茶马古道的主要干线，也是长期以来人们对茶马古道的一种约定成俗的理解与认识。事实上，除以上主干线外，茶马古道还包括了若干支线，如由雅安通向松潘乃至连通甘南的支线；由川藏道北部支线经原邓柯县（今四川德格县境）通向青海玉树、西宁乃至旁通洮州（临潭）的支线；由昌都向北经类乌齐、丁青通往藏北地区的支线，等等。

因此历史上的茶马古道并不只一条，而是一个庞大的交通网络。它是以川藏道、滇藏道为主线，辅以众多的支线、附线构成的道路系统。地跨川、滇、藏，向外延伸至南亚、西亚、中亚和东南亚，远达欧洲。三条大道中，以川藏道开通最早，运输量最大，历史作用较大。

2. 川藏茶马古道

川藏茶马古道始于唐代，东起雅州边茶产地雅安，经打箭炉（今康定），西至西藏拉萨，最后通到不丹、尼泊尔和印度，全长近 400 千米，已有 1 300 多年历史，具有深厚的历史积淀和文化底蕴，是古代西藏和内地联系必不可少的桥梁和纽带。

唐宋时期，内地输往西藏的茶叶主要是青藏道。从明代开始，川藏茶道正式形成，川藏茶道的兴起，促使川藏沿线商业城镇的兴起，巩固西藏和内地的联系，川藏茶马道既是一条经济线，也是一条政治线、国防线。

我国茶叶产于南方，四川则是我国种茶、饮茶的发源地。秦汉以前，只有四川一带饮茶和产茶。到唐代形成了我国盛产茶叶的局面，并从唐代开始，四川绵州、蜀州、邛州等地的茶叶，就开始流入西藏地区，开始了藏族人民饮茶的历史，出现了茶叶输往西藏的道路。在唐代，青藏道是西藏地区与中原地区往来的主要交通道。唐代，吐蕃王朝对外扩张，除南线争夺南诏外，几乎都是经青海地区，北线争夺河西、陇右，西线争夺安西四镇，东线争夺剑南。唐蕃之间的和亲、问聘等使臣往来，都是由天水、大非川、暖泉、河源、通天河到逻些（今拉萨）。文成公主和金城公主也是经青海入藏。总之，唐代中原与西藏地区的交通大道是青藏道而不是川藏道。唐代内地茶叶输往西藏的茶道自然是青藏道。随着吐蕃王朝的瓦解，宋代藏族地区处于分裂状态，青藏道已失去军事要道和官道的作用。但自唐代茶叶传入西藏以后，茶叶所具有助消化，解油腻的特殊功能，使肉食乳饮的畜牧人民皆饮茶成风。西北各族纷纷在沿边卖马以购买茶叶，而宋朝为了获得战马，便决定在西北开展茶马贸易，出卖茶叶，购买战马。北宋熙宁以后便在四川，在当地设置茶马司，将四川年产 3 000 万斤①茶叶的大部分运往甘肃、青海地区，在当地设置数以百计的卖茶场和数十个买马场，并规定名山茶只许每年买马，不得他用，每年买马达 15 000 匹以上。从而使青藏道由唐代的军事政治要道成为茶道。故《西藏志》的作者陈观浔说，唐宋以来，内地差旅主要由青藏道入藏，“往昔以此道为正驿，盖开之最早，唐以来皆由此道”。

从明朝开始，川藏茶道正式形成。早在宋元时期官府就在黎雅、碉门（今天全）等地与吐蕃等族开展茶马贸易，但数量较少，所卖茶叶只能供应当地少数民族食用。至明朝，政府规定于四川、陕西两省分别接待杂甘思及西藏的入贡使团，而明朝使臣亦分别由四川、陕西入藏。由于明朝运往西北输入西藏的茶叶仅占全川产量的 1/10，即 100 万斤，用于支付在甘青地区“差发马”所需茶叶，其余大部分川茶，则由黎雅输入西藏。而西藏等地僧俗首领向明廷朝贡的主要目的又是获取茶叶。因此，他们就纷纷从川藏道入贡。“秦蜀之茶，自碉门、黎雅抵朵甘、乌思藏（今西藏），五千余里皆用之。其地之人不可一日无此。”（《明太祖实录》卷 251）于是洪武三十一年（1398）五月，在四川设茶仓四所，“命四川布政使移文天全六番招讨司，将岁输茶课乃输碉门茶课司，余就地悉送新仓收贮，听商交易及与西蕃市马”。天顺二年（1458），明朝规定今后乌思藏地方该赏食茶，于碉门茶马司支给。又促使乌思藏的贡使只得由川藏道入贡，不再由青藏的洮州路入贡。到成化六年（1470），明廷更明确规定乌思藏赞善、阐教、阐化、辅教四王和附近乌思藏地方的贡使均由四川路入贡。而明朝则在雅州、碉门设置茶马司，每

① 1 斤 = 0.5 千克。

年数百万斤茶叶输往康区转至乌思藏，从而使茶道从康区延伸至西藏。而乌思藏贡使的往来，又促进了茶道的畅通。于是由茶叶贸易开拓的川藏茶道同时成为官道，从而取代了青藏道的地位。

清朝进一步加强了对康区和西藏的经营，设置台站，放宽茶叶输藏，打箭炉成为南路边茶总汇之地，更使川藏茶道进一步繁荣。这样，在明清时期形成了由雅安、天全越马鞍山、泸定到康定的“小路茶道”和由雅安、荥经越大相岭、飞越岭、泸定至康定的“大路茶道”，再由康定经雅江、里塘、巴塘、江卡、察雅、昌都至拉萨的南路茶道和由康定经干宁、道孚、炉霍、甘孜、德格渡金沙江至昌都与南路会合至拉萨的北路茶道。这条由雅安至康定、康定至拉萨的茶道，既是明清时期的川藏道，也是今天的川藏道。川藏道崎岖难行，开拓十分艰苦。由雅安至康定运输茶叶，少部分靠骡马驮运，大部分靠人力搬运，称为“背背子”。行程按轻重而定，轻者日行 40 里[①]，重者日行 2～30 里。途中暂息，背子不卸肩，用丁字形杵拐支撑背子歇气。杵头为铁制，每杵必放在硬石块上，天长日久，石上留下窝痕，至今犹清晰可见。从康定到拉萨，除跋山涉水之外，还要经过许多人烟稀少的草原、茂密的森林、辽阔的平原，要攀登陡峭的岩壁，两马相逢，进退无路，只得双方协商，将瘦弱马匹丢入悬崖之下，而让对方马匹通过。要涉过汹涌澎湃的河流、巍峨的雪峰。长途运输，风雨侵袭，骡马驮牛，以草为饲，驮队均需自备武装自卫，携带幕帐随行。宿则架帐餐饮，每日行程仅 20～30 里。加上青藏高原天寒地冻、空气稀薄，气候变化莫测，民谚说：“正二三，雪封山；四五六，淋得哭；七八九，稍好走；十冬腊，学狗爬。”形象地描述了行路难的景况。川茶就是在这艰苦的条件下运至西藏各地的，川藏茶道就是汉藏人民在这样艰苦的条件下开拓的。川藏茶道的开拓，也促进了川藏道沿线市镇的兴起。大渡河畔被称为西炉门户的泸定，明末清初不过是区区“西番村落”，境属沈村，烹坝，为南路边茶入打箭炉的重要关卡。康熙四十五年（1706）建铁索桥，外地商人云集泸定经商。到宣统三年（1911）设为县治，1930 年已有商贾 30 余家，成为内地与康定货物转输之地。

康定在元时还是一片荒凉原野，关外各地及西藏等处商人运土产至此交换茶叶布匹，只得搭帐篷、竖锅桩，权作住宿之处，明代才形成一个村落。随着藏汉贸易南移，该地逐渐发展成为边茶贸易中心。雍正七年（1729）置打箭炉厅，设兵戍守其地，番汉咸集，交相贸易，成为闹市。从此“汉不入番，番不入汉”的壁垒打破，大批藏商越静宁山进入康区，大批的陕商和川商也涌入康区。内外汉番，俱集市茶。这个因茶叶集市而兴起的城市，藏汉贸易以“锅庄”为媒介。雍正至乾隆时期，锅庄由 13 家发展为 48

① 1 里 = 0.5 千米。

家，商业相当繁荣。成为西陲一大都市，此外还有里塘、巴塘、道孚、炉霍、察木多（昌都）、松潘等地都是在清代茶道兴起而发展为商业城镇的。总之，川茶输藏是促进川藏交通开拓和川藏高原市镇兴起的重要因素。川藏线既是一条经济线，也是一条政治线、国防线。它把我国内地同西藏地区更加紧密地连接在一起，使近代的外国帝国主义势力再也无力把西藏从我国分离出去。

鸦片战争以后，英帝国主义为了侵略西藏，力图使印茶取代华茶在西藏行销。他们认为一旦印茶能取代川省边茶的地位，英国即可垄断西藏的政治与经济。为此，英帝国主义甚至用武力入侵拉萨，强迫印茶输藏。从此，川茶又成为反对英国侵略西藏的武器。反对印茶销藏，保护川茶销藏，成了反对英国侵略西藏的重要内容。

当时西藏人民为了国家利益，宁愿以高出印茶十来倍的价格购买川茶，而拒食印茶。西藏地方政府面临印茶销藏带来的政治经济危机，更是竭力主张禁止印茶入藏。十三世达赖喇嘛还亲自出面向清廷呼吁，要求清朝政府配合行动，制止印度茶销藏。清朝四川总督刘秉璋更是主张力禁印茶销藏，以免后患。奉命与英国谈判《藏印通商章程》的清廷大臣张荫棠从川藏茶利、汉藏经济、政府收税，以及茶农茶商利益考虑，也反对英国在西藏倾销印茶，保护川茶销藏。其后川督赵尔丰为了反对英帝侵略西藏，保卫边疆，在雅安设立边茶公司，支持西藏人民抵制印茶。公司改良茶种，整顿川茶，在打箭炉设立分公司，打破边茶不出炉关的限制。并在里塘、巴塘，昌都设立售茶分号，减少中间环节，迅速将川茶运往西藏。四川茶叶成为汉藏民族共同反对英帝国主义侵略西藏、倾销印茶的斗争武器。民国时期，由于国内内战，印茶乘机大量销入西藏，西藏地方上层在英帝国主义的煽动下进攻川边地区，四川与西藏发生军事冲突。双方的亲密联系有所削弱，唯川茶仍畅行于川藏之间。在当时的特殊历史条件下，川茶更成为一种“国防商品”，成为沟通内地与西藏的重要经济联系，并借此增进了西藏地方政府与中央的政治关系和汉藏民族团结。

3. 茶马古道旅游文化

茶马古道这一存在于中国西南地区、以马帮为主要交通工具的民间国际商贸通道，是中国西南民族经济文化交流的走廊。它是一个非常特殊的地域称谓，是一条世界上自然风光最壮观，文化最为神秘的旅游绝品线路，它蕴藏着开发不尽的文化遗产。2013年 3 月，茶马古道被列为第七批全国重点文物保护单位。现在茶马古道游成为独具特色的主题旅游项目，旅游者在逼仄陡峭的山路上骑马欣赏沿途美丽的风光，是茶马古道游的特别推荐，除此之外还可感受沿途浓郁的民族风情气息。

8.3.4 川茶种类

川茶的品种较多，有红茶、绿茶、茉莉花茶等。

四川的红茶又叫川红，分工夫红茶和红碎茶两种，茶叶品质优良，远销欧美，多次在国际上获奖。“川红工夫”与“祁红”“滇红”并称为中国三大红茶，曾享誉中外。早在20世纪50年代，“川红工夫”（俗称四川红茶）在国际市场面市便享有“赛祁红”的美誉，还获得多项国际奖项，其品质也一直受到国际、国内的好评。

绿茶有名山的蒙顶茶，雅安的峨眉毛峰，峨眉山的峨芯、竹叶青等名茶。

川西人则爱喝茉莉花茶。碧潭飘雪是茉莉花茶的一种，采用早春嫩芽为茶坯，与含苞未放的茉莉鲜花混合，手工精心窨制而成，花香、茶香交融，并保留干茉莉花瓣在茶中，此茶极富观赏性。外形匀整，紧细挺秀，色绿带黄，白毫显露，花干洁白。干闻有茉莉花清香。用盖碗冲泡，只见朵朵百花漂浮其上，犹如天降瑞雪，黄绿明亮的茶芽，布满茶杯的下半部分，颇具观赏性和美感。品饮茶汤，鲜爽回甘，二泡以后，茶味花香更加明显，三泡四泡，香味犹存。

8.3.5 四川名茶

四川多大山，再加上得天独厚的自然地理环境，气候综合条件极好，平原易野、水旱从人、物产丰富。因此四川名茶众多，其中蕴含的川茶文化也相当浓厚与独到。现代四川的名茶有以“紧卷多毫、色泽翠绿、鲜嫩油润、香气清雅、味醇而甘”而扬名中外的名山区蒙顶山茶，雅安的峨眉毛峰、金尖茶、雨城银芽、雨城云雾、雨城露芽，成都市的青城雪芽、文君嫩绿等。

根据品牌和美誉度，四川有口皆碑的“十大名茶”有：竹叶青、叙府龙芽、龙都香茗、仙芝竹尖、绿昌茗雀舌、花秋御竹、佛泉今生相依、巴山雀舌、芝龙洪河茶、蒙顶山甘露。

1. 蒙顶山茶

蒙顶山茶产于四川省邛崃山脉之中的蒙顶山。蒙顶山地处名山区，名山区位于四川盆地西南边缘，素有“仙茶故乡”“天然氧吧”之称。蒙顶山因“雨雾蒙沫”而得名，古称蒙顶山“仰则天风高畅，万象萧瑟，俯则羌水环流，众山罗绕，茶畦山径，异石奇花，足称名胜”。蒙顶山云盘雾盖，高山云雾出佳茗，林木苍翠，“恶草不生生淑茗”。

蒙顶山茶是川茶中的最佳品种，是蒙顶山各类名茶的总称，是中国十大名茶之一，不仅供国内销售，国外也享盛名。正是“万紫千红花色新，春报极品味独新。银毫金光冠全球，叶凝琼香胜仙茗”。蒙顶山产茶，已有 2 000 多年历史。从西汉时起，蜀人就开始在蒙顶山种植茶树。蒙顶山有五峰，状如莲花，最高的叫作上清峰。该地区群山巍巍，常年阴雨连绵，云雾覆盖，树木苍翠，气候和土壤条件都适合茶叶的生长。据有关史料记载，早在西汉时一位名叫吴理真的农民“携灵茗之种，植于五峰之中，高不盈尺，不生不灭，迥异寻常”，当年种下的茶树在不断的实践中培育出了“雷鸣”“雾钟”“雀舌”等名茶。据《名山县新志》载：蒙顶山茶茶叶细长而嫩，网脉对分，味甘而清，色黄而碧，多饮长寿，又曰“仙茶”。唐白居易咏蒙顶山茶曰：“扬子江中水，蒙山顶上茶。”蒙顶山茶因而得名。陆羽也在《茶经》中品评天下名茶曰：“蒙顶第一，顾渚第二。”称赞四川的蒙顶山茶是天下第一茶，是茶中绝品。从唐朝开始，蒙顶山茶已作为贡茶，“蒙茸香叶如轻罗，自唐进贡入天府”。唐代元和年间，蒙顶五峰被辟为“皇茶园”。每到春天茶树抽芽之时，当地县令便选择吉日，沐斋更衣，于上清峰上焚香跪拜。然后由十二名僧人采摘茶叶，每芽只取一叶，共采三百六十五叶。众寺僧盘坐诵经，由制茶僧精心炒制。制成茶后，盛入两只银瓶内，入贡京城，供皇帝祀祖之用。另外，又在蒙顶山菱角峰下采摘被称为“凡种”的茶叶精制成茶，贮于 18 只锡瓶，陪贡入京，称之为“陪茶”“凡茶”，供帝王宫内饮用。这种贡茶礼仪，自唐代中期开始，至清末停供，蒙顶山茶在这 1 000 多年间年年皆为贡品，奉献皇室享用。

据中外茶叶专家近几年的考证，蒙顶山茶是世界上最早出现的名茶。唐宋以来，川茶因蒙顶山茶而名闻天下。唐代黎阳王在《蒙顶山白云岩茶》诗中称颂蒙顶山茶“应是人间第一茶”。可见，蒙顶山茶是中国最古老的名茶品种之一。因此，人们称它为“茶中故旧，名茶先驱”。蒙顶山茶香气清高持久，滋味醇厚鲜爽，条形细紧显毫，色泽碧绿光润，芽毫毕露；茶汤清亮、滋味鲜醇回甘深泛绿、浅含黄，茶叶条条伸展开来，一芽一叶清晰可见，具有高山茶的独特风格。清代名士赵恒曾在《拭蒙茶诗》中这样描述和称赞蒙顶山茶：“色淡香长品自仙，露芽新掇亲手煎。一壶沁入诗脾后，梦醒甘回两颊涎。”

蒙顶山茶品种较多，按大类分有散茶和成型茶。散茶中有雷鸣、雾种、雀舌、白毫等；成型茶中有龙团、凤饼等。现在，蒙顶山茶主要产品有蒙顶山黄芽、甘露、石花、万春银叶、玉叶长春、毛峰、雀舌等名茶体系，其中蒙顶黄芽、蒙顶甘露、蒙顶石花被列为国家礼品茶。

蒙顶山茶中品质最佳的是蒙顶甘露、蒙顶黄芽。蒙顶甘露采摘细嫩、制工精湛、外观美观、内质优异。采摘标准为单芽或一芽一叶初展的细嫩鲜叶。甘露形状纤细，紧卷多毫，浅绿油润，叶嫩芽壮，芽叶纯整，汤黄微碧，清澈明亮，香馨高爽，嫩香馥郁，味醇甘鲜。蒙顶黄芽是中国黄茶之珍品，选择明前单芽为原料，运用独特的“包黄”工艺，精心制作，约 1 万个芽头才能加工成 500 克茶叶；采摘于春分时节，当茶树上有10%左右的芽头鳞片展开，即可开园。选采肥壮的芽和一芽一叶初展的芽头，要求芽头肥壮匀齐，外观扁平挺直，色泽黄润，金毫显露，汤色黄中透碧，香气甜香鲜嫩，滋味甘醇鲜爽，叶底全芽嫩黄，为蒙顶山茶中的极品。

2. 峨眉名茶

峨眉名茶历史悠久，唐代就有“峨山多药草，茶大好，异于天下”的记载，白芽茶被列为贡品。宋陆游曾写《煮茶》一诗，内有“雪芽近自峨眉得，不减红囊顾诸春”之句，与“杭州龙井、福建闽红同负盛名，驰誉海内外”。明代峨眉山白水寺（今万年寺）种茶万株，采制入贡。现代峨眉竹叶青是 20 世纪 60 年代创制的名茶，其茶名是陈毅所取。竹叶青是产自峨眉山 800 ~ 1 500 米海拔的典型高山绿茶，采摘单芽或一芽一叶初展的鲜叶为原料，经鲜叶摊放、杀青、做形、摊凉、分筛、辉锅等工艺精制而成。竹叶青条索扁平光滑，挺直秀丽，色泽嫩绿油润，香气清高，经久耐泡，汤色清澈明亮，香气清香馥郁，回味甘甜。

峨眉茶叶品种主要有“峨蕊”“龙井”“竹叶青”“云雾茶”等，具有圆直均匀、沏汤碧绿澄明、进口微涩、回味甘甜、清香醇厚、久留口舌等特点。尤其“峨蕊”茶，采用一等叶精工制成，外形卷结、叶底嫩匀；“竹叶青”以“外形绿、当汤色绿、叶底绿”三绿的特点畅销国内外，久享盛誉。

“峨蕊”茶产于峨眉山净山寺、黑水寺及普兴、符文一带，因其外形紧细、白毫显露、形似花蕊而得名。宋代诗人苏辙将其形容成“春芽大麦粗”，说明其大小如麦粒一样，这是对“峨蕊”最形象的描述了。该茶条索紧细卷曲，密布茸毫，色泽嫩绿鲜润，冲泡后内质香气馥郁，滋味浓醇，汤色黄绿明亮，叶底明亮匀嫩。

“竹叶青”盛产于海拔 800 ~ 1 200 米的峨眉山山腰的万年寺、清音阁、白龙洞、黑水寺一带。这里群山环抱，终年云雾缭绕；翠竹茂密，茶树生长十分适宜。炒制基本工序包括杀青、三炒三凉、做形、干燥等。成品扁平、两端尖削、形似竹叶，色泽翠绿，青秀悦目，清香鲜爽，味醇回甘，汤色明亮，叶底嫩匀明亮。

“峨眉雪芽”，唐时名“峨眉白芽”“峨眉雪茗”。宋以来，又有“雪香”“清明香”等雅称。自古以来誉称峨眉名茶中的精品。7 世纪之前，即以中国十大名茶的显赫地位，记录于茶圣陆羽的《茶经》和李肇的《唐国史补》等古籍之中。“峨眉雪芽”盛产于峨眉山海拔 800 ~ 1 200 米处，常年云雾空蒙的赤城峰、白岩峰、玉女峰、天池峰、竞月峰下和万年寺一带。冬寒未解，新芽却披着朝霞晚翠破雪而出。宛如慧眼微合，虽小芽一叶，细细观之却有得禅静之妙。春雨初霁，僧人口念弥陀，净心采摘。必用拇指和食指之尖，轻掐其芽，否则嫩芽蔫而不鲜，其茶色味顿然而逊。年轻女尼所采之茶尤称妙品，她们既有一颗妙善的慈悲心，又有飞针走线、巧绣陀花雨的佛性；玉手纤纤，禅心净净，虔诚诵偈，采供佛前，这是任何茶乡、茗山无法相比的。唐初李善在其《昭明文选选注》中写道："峨眉山，茶尤好，异于天下。"唐代著名诗僧贾岛畅饮了"峨眉雪芽"之后，在《送朱休归剑南》诗中咏出了"新芽抽雪茗"的美誉。1174 年，南宋著名诗人陆游任成都文化教育参议官代理嘉州（今乐山市）通判，与峨眉山的别峰大师结成忘年之交。1181 年的阳春三月，大师听说陆游调任崇州，深感"相见时难别也难"，虽方外之交也不免离情依依，便差寺里小僧送去刚从中峰寺后白岩峰下采摘焙制而成的"峨眉雪芽"一盒，以为道别之仪。陆游高兴之余请来了两位茶道名士，取了丁东井的清泉，品茗于万景楼下的林樾中，吟出了他的百首茶诗中的佳作："雪芽近自峨眉得，不减红囊顾渚春。旋置风炉清樾下，他年奇事记三人。"

近年来，峨眉山西峰之下，又培育了茶族新秀"沫若香茗"。沫若既是人名，又是水名，更是茶名，三者璧合，实为难得。

3. 峨眉毛峰

峨眉毛峰，产于四川省雅安县凤鸣乡，原名凤鸣毛峰，后改名为峨眉毛峰。采摘单芽或一芽一叶的鲜叶为原料，采用烘炒结合的工艺加工而成，品质优良。条索细紧圆直，锋苗挺秀鲜嫩，绿润显毫，香气扑鼻，汤色黄绿明亮，味浓醇爽口回甘，叶底嫩绿匀整。

4. 青城茶

青城山不仅产茶历史悠久，而且茶叶花色品种也十分丰富。唐朝陆羽所著的《茶经》中就有对青城茶的记载，五代时期毛文锡在《茶谱》记载："青城，其横源、雀舌、鸟嘴、麦颗，盖取其嫩芽所造。"青城雪芽是 20 世纪 50 年代在发掘古代名茶生产技艺的基础上，按照青城茶的特点，吸取传统制茶技术的优点，提高、发展、创制而成的。青城雪芽形直微曲，白毫显露，芽叶嫩绿油润，汤色黄绿鲜亮，气味鲜香持久，滋味回甘浓厚，叶底嫩匀鲜绿，色香味形都极为优异。

5. 宜宾红茶

川红原产自宜宾，我国著名茶叶专家吕允福先生赞誉"宜宾是川红之乡"。宜宾红茶为我国著名的三大工夫茶之一，与"祁红""滇红"齐名。

宜宾红茶主要有两种，一为四川工夫红茶，以香高、味浓、形美而享誉国内外市场。其特点是生产季节早、采摘细嫩、做工细致，尤以早白尖一级工夫红茶品质最佳。素以

"条索紧细、色泽乌润、香气鲜爽、滋味醇厚、汤色红艳、叶底红匀"驰名国际。20世纪50年代即在英国伦敦等国际市场上获得好评，1985年获世界食品金质奖。现畅销欧、美、非各大洲，经久不衰。

二为红碎茶，乃鲜嫩茶叶经揉紧切碎而成为匀整的颗粒状，其特点是"颗粒紧结匀齐、色泽鲜、香气浓、汤色红艳、滋味特醇"。1986年，红碎茶在第25届世界食品评选会上获银质奖，畅销英国、美国、法国、澳大利亚、新加坡、巴基斯坦、日本等国家。

6. 其他名茶

四川浦江县依托良好的生态环境和区位优势，已被评为"国家级茶叶标准化建设示范区"。主要产品为浦江雀舌。

四川旺苍县地处四川盆地北缘、米仓山南麓，气候温暖湿润，土壤富含硒、锌，当地种茶已有2 000多年的历史。如今，旺苍已被国家认定为四川省首个绿色食品原料（茶叶）标准化生产基地。旺苍县境内共有35个乡镇生产绿茶，是川东北优质富硒富锌茶的核心区域。主要产品是米仓山茶。

四川省攀枝花市米易县百灵山一带海拔1 800米至3 800米之间的高山茶园中盛产一种原生态的高山有机绿茶——国胜茶。该茶以国胜乡百灵山古茶树茶园之传统优良茶树品种——小叶茶种的嫩尖、嫩芽为原料，用一流的现代机械设备和先进的科学技术精制而成，是国家级认证的高山无污染有机绿茶。其叶形秀美、细嫩翠绿、香气怡人、韵味无穷，汤色碧绿明亮，滋味鲜爽甘醇，有"型美、叶嫩、汤清、香长、味醇、回甜"的美誉，带有纯天然兰花香味，制法纯天然，堪称"绿色仙茗，茶中珍品"。

8.3.6 茶馆文化

正因为四川产茶，四川茶业名闻古今，所以，四川人大多对茶情有独钟，品茗之风盛行，茶馆更独具特色。茶文化在四川演变成独具巴蜀特色的"茶馆文化"。四川茶馆之所以引人注目，是由于它具有丰富的社会功能：休闲、聚会、娱乐等。四川人爱进茶馆是因为四川人喜欢"摆龙门阵"，即在熙来攘往的茶馆中，一边品饮四川的盖碗茶，一边海阔天空地畅聊，茶余饭后，佐以茶点小吃和曲艺表演，谈笑风生，实为人生之乐。四川人在茶馆最喜欢品茶论道，其茶嗅之清香扑鼻，品之浓香绕舌，品后余香不散，边品边聊天，其乐无穷。旧时华阳县中兴镇有一家"兴盛居"茶馆，在柱子上贴着一副对联："邂逅相逢，坐片刻不分你我；彳亍而来，品一盏漫话古今。"此联言简意赅，道出了四川茶馆饮茶人的情景和心态。茶馆是人们聚会小憩的场所，在那里品茗消遣，说古道今，叙话家常，交流信息，畅叙平生之快事，排除心中之郁闷。旧时成都有家兼营酒食的茶馆，门口挂着这样一副对联："为名忙，为利忙，忙里偷闲喝碗茶去；求衣苦，求食苦，苦中作乐打壶酒来。"

四川茶馆遍布城乡，茶馆的椅子是用竹子制作的，坐垫用竹篾条编成，柔软舒适，又有扶手和靠背，平稳贴身，聊天不累，打盹不摔。国内其他省份茶具多用壶和杯，而四川人则喜欢用"盖碗杯"泡茶，俗称喝盖碗茶。"盖碗杯"由茶盖、茶碗、茶船（茶托）组成。据说，茶船是四川发明的。唐德宗建中年间（780—783），四川节度使兼成都尹崔宁之女，饮茶时生怕茶杯烫手，用碟子托着，又怕茶杯倒，便用蜡将杯子固定在蝶子中间。不久，崔宁命工匠以漆环代蜡做茶碟，并用以招待宾客，用者均感方便。从那以后，茶碟便演变为茶托，愈制愈精，多达百余种。由于四川饮茶的历史久远，西汉时便有"烹茶尽具"的记载。唐朝时，茶具也颇具特色，当时的四川瓷窑很出名，大邑县出产的茶碗，贻质洁白、雅致悦目。杜甫在题为《杜少陵集韦处乞大邑瓷盏》的诗中称赞："大邑烧瓷轻且坚，扣如哀玉锦城传。君家白碗胜霜雪，急送茅斋也可怜。"

茶馆内有专司泡茶和添开水的"堂倌""茶博士"，技艺高超。品茶人落座后，"堂倌""茶博士"一手提水壶，一手夹着一摞茶具，来到桌前一挥手，茶船满桌开花，恰到好处地在客人前停下，接着把装好茶叶的茶碗放在茶船上，冲茶盖碗。冲茶技艺干净利落，令人叫绝，只见水柱临空而降，泻入茶碗，翻腾有声，须臾之间，戛然而止，茶水恰与碗口齐平，碗外无一滴水珠。这既是一门绝技，又是一种艺术的享受，也是四川茶馆一道独特的风景线。

四川茶馆一直以来都极为兴盛。不论是风景名胜之地，还是闹市街巷之中，到处可以看到富有地方特色的民间茶馆。茶客往往一杯香茗、一碟小吃，便可坐上半日，在与亲友纵论畅谈之中，巴蜀大地的茶文化也被体现得淋漓尽致。

8.4 川酒文化

川酒，指产于中国四川地区的白酒，因四川产酒量大和知名品牌众多而闻名国内外。

酒的历史同茶的历史一样源远流长。中国是世界上酿酒历史最早的国家之一，自酒诞生的那天起，它便以独特的方式浸润着整个社会，并一直伴随着中国文明的发展。宋代人窦革著《酒谱》记载酒之源的传统说法有"仪狄作酒""杜康作酒"，传说仪狄、杜康都是尧舜禹时代的人；另一种说法比这两个人还早，说是神农、黄帝时就有了酒；

还有一种说法更早，早到“天有酒星，与天地并矣”。根据现代考古发掘的成果，早在 6 000 年前的新石器时代，中国就酿制出了世界上最早的粮食酒，我们的祖先就已经开始饮酒。广汉三星堆新石器晚期文化遗址出土了大批距今 4 800 多年前的陶制酒器，说明那时蜀人酿酒已达到一定水平，饮酒已逐渐成风。在此后的数千年岁月中，川酒不断发展，产生了众多名品，人们在饮酒过程中也获得了许多情趣，形成了丰富多样的川酒文化。

8.4.1 川酒文化的发展历史

1. 夏商周至汉晋时期

蜀人酿酒历史十分悠久，并且与当时的中原地区有一定的交流。晋代常璩的《华阳国志•蜀志》载九世开明帝“始立宗庙。以酒曰醴，乐曰荆。人尚赤，帝称王”。至开明九世（约为前 436—前 406），蜀地受中原文化影响，称酒为“醴”，当是改从中原王朝礼乐的一种体现。广汉三星堆遗址出土了众多酒器，也说明了蜀人酿酒历史的悠久。巴人善酿清酒，《华阳国志 · 巴志》载秦巴刻石为盟时说：“秦犯夷，输黄龙一双。夷犯秦，输清酒一钟。”秦昭襄王特别欣赏巴人的清酒。

至汉代，四川地区的农业在兴修水利的基础上有了很大发展。充裕的粮食，为酿酒提供了丰富的资源，巴蜀的酿酒业快速发展起来。西汉时，蜀郡成都人司马相如与临邛卓王孙之女卓文君当垆卖酒，成为千古流传的佳话。东汉时，蜀郡酿酒业发达。《史记 · 货殖列传》说：“通邑大都，酤一岁千酿。”汉代成都是全国五大经济城市之一，每年酒产量当在千瓮以上。蜀地生产的酒多，销售量也大。成都地区多次出土了反映蜀地买卖酒以及宴饮风俗的画像砖，场面热闹而生动。画像砖上出现了形象的制酒图，直观地告诉人们此时巴蜀地区已有较大型的酿酒作坊，并且更为先进的酒——蒸馏酒也已问世。晋代左思的《蜀都赋》言：“若其旧俗，终冬始春。吉日良辰，置酒高堂，以御嘉宾。金罍中坐，肴烟四陈，觞以清醥，鲜以紫鳞。羽爵执竞，丝竹乃发。巴姬弹弦，汉女击节。……合樽促席，引满相罚，乐饮今夕，一醉累月。”蜀中达官贵人在一年之中各个节日都设宴饮酒，并且还有歌舞助兴，欢乐祥和。

2. 隋唐两宋时期

隋唐时期，四川境内没有受到大规模战争的破坏，在长时期相对安定的社会条件下，加上巴蜀人民的辛勤劳动和良好的自然条件，四川的经济尤其是城市商业的繁荣超过了前代。成都城内有东、南、西、北市等经常性市场，还有花市、蚕市、药市、灯市等专业性、季节性市场，其后还出现夜市。不少到过成都的诗人都在诗中描绘了成都的繁荣，李白《上皇西巡南京歌》言："九天开出一成都，万户千门入画图。"唐代繁荣的商业、奢华的生活促进了四川酒业的发展，呈现出一个崭新的局面，主要表现在三个方面：第一，四川酒肆、酒家数量多，特别是成都地区更多。唐代诗人张籍《成都曲》诗："锦江近西烟水绿，新雨山头荔枝熟。万里桥边多酒家，游人爱向谁家宿。"酒肆、酒家多，说明酿酒、卖酒的商家多，也说明买酒、饮酒的人多。第二，四川的酒品质好。唐诗中随处可见称赞四川酿制的酒美、酒香的诗句。杜甫《戏题寄上汉中王三首》言："蜀酒浓无敌，江鱼美可求。"岑参《酬成少尹骆谷行见呈》言："成都春酒香，且用俸钱沽。"方干的《蜀中》说："游子去游多不归，春风酒味胜余时。闲来却伴巴儿醉，豆蔻花边唱竹枝。"蜀酒之美美在酒浓，美在酒香。第三，四川名酒众多。根据江玉祥教授的最新研究："剑南春"出现于中国的盛唐时期，它是唐代剑南道春酒群体的代名词。剑南春酒的特点为浓香味美，其中著名品牌约有七个，即成都"烧春"、云安"曲米春"、汉州（今广汉）"鹅黄"、郫县（今郫都区）"郫筒"、戎州（今宜宾）"重碧"、射洪"春酒"、青城山道家"乳酒"。汉州"鹅黄"和郫县"郫筒"都属于酴醾型蜜酒，这两种醇酽馨香的酴醾型春酒（特别是汉州"鹅黄"）在唐德宗以前曾作为贡酒献纳朝廷，每年要向皇帝贡献相当于现在 200 ~ 600 千克的巨量。唐朝的皇帝常常用四川进贡的酴醾酒大宴新科进士以及赏赐大臣。这些名酒不仅在当时位居全国之冠，而且影响到日后川酒的历史地位和名声。

宋代时，朝廷对酒实行榷禁，酒税成为四川财税的最大来源，有力地促进了四川地区经济文化的发展。此时，四川各地酒业发展开始出现不平衡现象，经济富裕的成都、泸州等地较为发达。据《文献通考》记载，1077 年以前，赵宋王朝每年征收商税额在十万贯以上的郡、州，全国共 26 个，泸州就是其中之一。而在泸州的赋税中，酒税就占了 1/10，每年都在一万贯以上，足以证明当时泸州酒业的兴盛。据有关材料记载，宋代时，蜀中知名的酒品主要有锦江春、鹅黄酒、荔枝绿、蜜酒、昌陆酒、郫筒酒等。宋代大诗人黄庭坚谪官戎州时，就有陶醉于"王公权家荔枝绿，廖致平家绿荔枝"以及"春碧酒""安乐泉"（"雪曲"）等酒的故事。陆游在四川 8 年里所创作的诗歌，几乎每一篇都散发着酒香，并且用诗歌称赞川酒品质好、纯净透明："水精盏映碧琳腴，月下泠泠看似无。"

3. 元明清时期

元代时，朝廷在全国实行酒禁，但唯独对四川没有实行酒禁，使四川地区的酒业在经历了宋末战乱之后能够得到迅速恢复和发展。此时，四川仍以保持和创造名酒著称。如古已有之的名酒郫筒酒、鹅黄及安酒等，虽经战乱却仍未失传。明代时，川酒继续保持着名酒众多的特色，而且四川名酒进入了重要的发展时期。除成都之外，泸州和宜宾两大名酒基地开始出现，泸州老窖在万历年间（1573—1620）奠基，建立起泸州老窖池群；而宜宾则出现了“温德丰”“德盛福”“长发升”等一批酿酒作坊，大量酿造品质优良的川酒。

清代时，四川名酒及其酿造工艺走向成熟，四川酒业空前兴旺，当今的四川名酒在清代时基本上都已闻名全国，如泸州大曲（今泸州老窖）、杂粮酒（今五粮液）、绵竹大曲（今剑南春）、全兴大曲等。古僰道上的叙州府，从汉代就开始酿酒，酒业历兴不衰，明代酿酒糟坊“温德丰”所酿的“杂粮酒”，以大米、糯米、荞子、高粱、玉米五种粮食为原料混合酿制而成，由于酿技精绝，成为酒中佳品，在各家中独占鳌头，至清代后期已名满蜀中，经清末举人杨惠泉更名为“五粮液”，成为蜀中名酒。川陕道上的绵竹县，酿酒历史悠久、工艺精湛，到清代康熙年间，人们又在原有白酒的传统工艺基础上酿制出新一代名酒——清露大曲，称为绵竹酒，产品迅速风靡川西平原并享誉省外。清代著名文史大家李调元称“天下名酒皆尝尽，却爱绵竹大曲醇”。到清代末年，绵竹境内有曲酒作坊上百家，绵竹酒业达到一个历史的高峰。除了酿酒业发达，清代的四川到处都有酒店，不仅有专营酒菜的号铺，还有许多酿酒坊也直接开店卖酒，配有各色下酒菜肴。在四川境内，大街小巷、路旁村口都有酒店、酒摊，即使郊野渡口的鸡毛小店也卖酒，四处游走的零售担子更是不绝于途。

4. 近代以后

近代以后，川酒的发展更加突飞猛进，并且形成了四川名酒产区，呈带状分布，以万里长江第一城宜宾为中心，北溯岷江，上至成都、绵阳，南顺长江达泸州并沿赤水河至古蔺。这个四川名酒产区生产着数量巨大的四川名酒，一直延续至今，名扬天下。

8.4.2 川酒文化源远流长

川酒文化历史悠久，并不断发展，得益于川酒的以下优势。

（1）地理环境和原料优势。四川良好的气候、水土、生态环境和优质的酿酒原料为川酒的品质奠定了重要基础，这是川酒最大的优势。

（2）品牌和规模优势。20 世纪 80 年代，绵竹剑南春、泸州老窖特曲、宜宾五粮液、成都全兴大曲和古蔺县郎泉牌郎酒、射洪县沱牌曲酒“六朵金花”，荣膺了国家金奖名酒光荣称号。20 世纪 90 年代，全国有 17 家名酒厂，四川就有 6 家，占全国名酒厂的 35%，这是川酒的又一优势。

（3）技术和人才优势。四川拥有独特而成熟的名优白酒酿造技术，五粮液、剑南春、郎酒、水井坊、沱牌等白酒传统酿造技艺都被列入国家级非物质文化遗产名录。此外，四川还有一批在酒类行业多年勤奋工作、学有所长、理论联系实际、能够解决生产实际问题的专家、教授、企业家、科技工作者和技术骨干，这些良好的人才资源为四川白酒产业的可持续发展提供了智力支撑。

8.4.3 川酒之“六朵金花”

四川有获得历届中国名酒评比名酒称号的白酒六种，号称“六朵金花”，分别是五粮液、泸州老窖、剑南春、沱牌曲酒、全兴大曲、郎酒。

1. 五粮液

五粮液酒是浓香型白酒的杰出代表。以高粱、大米、糯米、小麦和玉米五种粮食为原料，以“包包曲”为酒曲，经陈年老窖发酵，长年陈酿，精心勾兑而成。它以“香气悠久、味醇厚、入口甘美、入喉净爽、各味谐调、恰到好处、酒味全面”的独特风格闻名于世，以独有的自然生态环境、638年的明代古窖、五种粮食配方、酿造工艺、和谐品质、“十里酒城”等六大优势，成为当今酒类产品中出类拔萃的珍品。

五粮液酒的前身是“荔枝绿”，由宋代宜宾姚氏家族私坊酿制。采用大豆、大米、高粱、糯米、荞子五种粮食酿造的“姚子雪曲”是五粮液的雏形。1368年，宜宾人陈氏继承了姚氏产业，总结出陈氏秘方，时称“杂粮酒”。1909年，“利川永”烤酒作坊老板邓子均，又采用红高粱、大米、糯米、麦子、玉米五种粮食为原料，酿造出了香味纯浓的“杂粮酒”，由晚清举人杨惠泉改名为“五粮液”。据记载，1909年，宜宾众多社会名流、文人墨客汇聚一堂。席间，“杂粮酒”一开，顿时满屋喷香，令人陶醉。这时晚清举人杨惠泉忽然间问道：“这酒叫什么名字？”“杂粮酒。”烧酒坊邓子均回答。“为何取此名？”杨惠泉又问。“因为它是由大米、糯米、小麦、玉米、高粱五种粮食之精华酿造的。”邓子均说。“如此佳酿，名为杂粮酒，似嫌俗。此酒既然集五粮之精华而成玉液，何不更名为五粮液？”杨惠泉胸有成竹地说。“好，这个名字取得好。”众人纷纷拍案叫绝，五粮液就此诞生。此酒沿用和发展了“荔枝绿”的特殊酿制工艺。因为使用原料品种之多，发酵窖池之老，更加形成了五粮液的喜人特色。它还兼备“荔枝绿”“清而不薄、厚而不蚀、甘而不哕、辛而不螫”的优点。

五粮液是中国最高档白酒之一，同时也是中国三大名酒之一。现在五粮液由宜宾五粮液集团有限公司酿制。川酒甲天下，精华在宜宾。闻名遐迩的“万里长江第一城”、中国历史文化名城、中国酒都、美酒圣地——宜宾，气候温润，空气湿润，雨水充沛；土壤肥沃，土层丰厚，黏软适度，回潮性好，非常适合多种酿酒微生物的生长，盛产各种优质的酿酒原料；更有丰富的地下良泉，水质纯净、甘洌。因此，形成了十分适于酿造美酒的得天独厚的绝佳的生态酿造环境。

2. 泸州老窖

泸州老窖是中国最古老的四大名酒之一，被誉为“浓香鼻祖，酒中泰斗”。其1573国宝窖池群1996年成为行业首家全国重点文物保护单位，传统酿制技艺2006年又入选首批国家级非物质文化遗产名录，世称“双国宝单位”，旗下产品“国窖·1573”被誉为“活文物酿造”“中国白酒鉴赏标准级酒品”。泸州老窖开放式操作的工艺特点铸就了其制曲和酿酒微生物的纷繁复杂以及发酵的多途径香味物质代谢，孕育了泸州老窖酒特有的丰富呈香呈味物质，共同营造出“国窖·1573”“无色透明、窖香幽雅、绵甜爽净、柔和协调、尾净香长、风格典型”的风格特点和泸州老窖特曲（原泸州大曲酒）“窖香浓郁、饮后尤香、清洌甘爽、回味悠长”的浓香正宗。

泸州老窖酒的酿造技艺，发源于古江阳，秦汉时期开始发展，逐渐孕育，兴于唐宋，并在元、明、清三代逐渐定型及成熟。2 000多年来，世代相传，形成了独特的、举世无双的酒文化。“泸州老窖酒传统酿造技艺”由大曲制造、原酒酿造、原酒陈酿、勾兑尝评等多方面的技艺组成。

据泸州出土文物考察，泸州酒史可追溯到秦汉时期，这可从泸州出土的汉代陶角酒杯、汉代饮酒陶俑以及汉代画像石棺上的巫术祈祷图上得到证明。宋代，泸州以盛产糯米、高粱、玉米著称，酿酒原料十分丰富。《宋史食货志》记载，宋代也出现了“大酒”“小酒”之分。所谓“大酒”，就是一种蒸馏酒。从《酒史》的记载可以知道，大酒是经过腊月下料，采取蒸馏工艺，从糊化后的高粱酒糟中烤制出来的酒。而且，经过“酿”“蒸”出来的白酒，还要储存半年，待其自然醇化老熟，方可出售，即史称“侯夏而出”。这种施曲蒸酿、储存醇化的“大酒”在原料的选用、工艺的操作、发酵方式以及酒的品质方面都已经与泸州浓香型曲酒非常接近，可以说是今日泸州老窖大曲酒的前身。元明时期，泸州大曲酒已正式成型，清《阅微堂杂记》记载，元代泰定元年（1324）泸州也酿制出了第一代泸州老窖大曲酒。明代洪熙元年（1425）的施进章研究了窖藏酿酒。现在可考的唯有明代万历年间的舒聚源作坊窖池，距今也有400多年的历史，它利用前期以酒培植窖泥，后期以窖泥养酒的相辅相成的关系，使微生物通过酒糟层层窜入酒体中而酿造出净爽、甘甜、醇厚、丰满的泸州老窖酒。该糟房留传下来的窖池即现在仍在使用的泸州老窖明代老窖池。

3. 剑南春

剑南春是中国传统名酒，浓香型白酒，自古以“芳香浓郁”而著称。该酒以高粱、大米、糯米、小麦、玉米“五粮”为原料，经千年酿酒秘技精工锤炼，荟萃五粮精华，玉液澜波，香思刻骨。剑南春产于四川省绵竹市。唐代时人们以“春”名酒，西蜀文化古城绵竹在唐代属剑南道，故称“剑南春”。陕西三原县人朱煜，因见绵竹水好，便移居至此，办起了最早的曲酒作坊“朱天益酢坊”。据《绵竹县志》记载，当时的绵竹大曲达到了“味醇香，色味白，状若清露”的美妙境地。现在剑南春在品质保证上形成了规范，从原料进库开始，保管、粉碎、配料、加工、储藏、勾兑、尝品、包装出厂，共有 260 多个环节。

绵竹酿酒历史已有 4 000 余年，广汉三星堆蜀文化遗址出土的陶酒具和绵竹金土村出土的战国时期的铜罍、提梁壶等精美酒器，东汉时期的酿酒画像砖等文物，《华阳国志·蜀志》《晋书》等史书记载都可证实：绵竹产酒不晚于战国时期。唐朝，百业兴旺，绵竹成熟酿酒技艺下诞生的“剑南烧春”倾动朝野。唐人李肇的《唐·国史补》对天下名酒记载道：“酒则有……乌程之若下，剑南之烧春……”剑南烧春更作为宫廷御酒而被载于《后唐书·德宗本记》。这是唯一载入正史的四川名酒，也是中国至今唯一尚存的唐代名酒。因此，剑南春一直以“唐时宫廷酒，盛世剑南春”为传承宗旨。相传李白为喝此美酒曾在这里把皮袄卖掉买酒痛饮，留下“士解金貂”“解貂赎酒”的佳话。至宋代，绵竹酿酒技艺在传承前代的基础上又有了新的发展，酿制出“鹅黄”“蜜酒”。北宋苏轼称赞蜜酒“三日开瓮香满域”“甘露微浊醍醐清”，其酒之诱人可见一斑。明末清初，战乱不断，人口锐减，绵竹农业荒芜，经济萧条。依附于农业发达而产生的剑南春传统酿造技艺受到巨大威胁。直到清康熙年间才逐渐恢复，出现了朱、杨、白、赵等较大规模的酿酒作坊。剑南春酒传统酿造技艺得到进一步的发展。清末，绵竹酿酒作坊已有上百家，著名大曲坊已增到 18 家，绵竹商贸因此更为昌盛。

4. 沱牌曲酒

沱牌曲酒产于川中射洪县。该酒以优质高粱、糯米为原料，以优质小麦、大麦制成大曲为糖化发酵剂，以老窖作发酵池，采用高、中温曲，续糟混蒸混烧，贮存勾兑等工艺酿制而成。沱牌曲酒具有窖香浓郁、清洌甘爽、绵软醇厚、尾净余长的特点，尤以甜净著称的独特风格，属浓香型大曲酒。

射洪县是唐代著名诗人、文章家陈子昂的故乡。县境内山川秀丽、气候温和、物产丰富、盛产美酒，素称名酒之乡，历代名酒迭出。唐时“射洪春酒”以寒绿著称，名驰“剑南道”。诗圣杜甫到此驻足，留下赞美诗章。宋代，“射洪春酒”以纯净、透明、甘、醇、甜诸味调匀而知名。明代，县人酿“谢酒”，清冽馨香，名噪蜀中。清代，“射洪春酒美”，谢酒称“佳酿”。民国年间，县南柳树镇太安酢坊在继承唐代“春酒”、明朝“谢酒”的传统酿造技术的基础上采用新的配置方法和制作方法，酿出“春酒寒绿、谢酒醇、浓香清冽”的曲酒。1946 年新春，酒坊邀请地方名人雅士品酒，当地名人取“沱泉酿美酒，牌名誉千秋”之意，提议将此佳酿命名为“沱牌曲酒”，这一提议得到众人支持，并以石印商标为记。从唐时春酒、明代谢酒到今天的沱牌曲酒，经过数百年经验积累，经历了几个不同历史阶段，一脉相承，形成了今天的中国名酒——沱牌曲酒，正是“上品如今出射洪，子昂故里沱牌香”。

相传，沱牌曲酒的名称是这样来的：清光绪年间，邑人李吉安在射洪城南柳树沱开酒肆一爿，名“金泰祥”。金泰祥前开酒肆，后设作坊，自产自销。由于李氏得“射洪春酒”真传，并汲当地青龙山麓沱泉之水，酿出的酒味浓厚、甘爽醇美，深得饮者喜爱，取名“金泰祥大曲酒”。于是金泰坊生意日盛，每天酒客盈门，座无虚席，更有沽酒回家自饮或馈送亲朋者。金泰祥一时名声大噪，方圆百里，妇幼尽知。前来沽酒者络绎不绝，门前大排长龙。由于金泰祥大曲酒用料考究、工艺复杂、产量有限，每天皆有部分酒客慕名而来却因酒已售完抱憾而归，翌日再来还须重新排队。店主李氏见此心中不忍，遂制小木牌若干，上书“沱”字，并编上序号，发给当天排队但未能购到酒者，来日凭沱字号牌可优先沽酒。此举深受酒客欢迎。从此，凭“沱”字号牌而优先买酒成为金泰祥一大特色，当地酒客乡民皆直呼“金泰祥大曲酒”为“沱牌曲酒”。民国初年，清代举人马天衢回乡养老，小饮此酒顿觉甘美无比，又见沱字号牌，惊叹曰：“沱乃大江之正源也！金泰祥以沱为牌，有润泽天地之意！此酒将来必成大器！”遂乘兴写下“沱牌曲酒”四字，吩咐李氏以此为酒名，以顺酒客乡民之心，寓“沱泉酿美酒，牌名誉千秋”之意。并预言沱牌曲酒将来必饮誉华夏、造福桑梓！店主李吉安欣然允诺。从此将“金泰祥大曲酒”正式更名为“沱牌曲酒”，沿用至今。

5. 全兴大曲

全兴大曲，酒质呈无色透明，清澈晶莹，窖香浓郁，醇和协调，绵甜甘冽，落口爽净，系浓香型大曲酒。全兴牌全兴大曲酒是四川省成都全兴酒厂的产品，该酒选用优质高粱为原料，以小麦制成中温大曲，采用传统老窖分层堆糟法工艺，经陈年老窖发酵，窖熟糟香，酯化充分，续糟润粮，翻沙发酵，混蒸混入，掐头去尾，中温流酒，量质摘酒，分坛贮存，精心勾兑等工序酿成。

成都全兴大曲的前身是成都府大曲。成都市位于四川盆地西北部，平畴千里，土地肥沃，气候温和，农业兴盛，自古以来就有“佳酿之乡”的美称。远在西周末年至春秋时期，成都平原的先民们辛苦劳作，粮食丰收，渐渐形成了酿酒敬老的传统。三国时的刘备建蜀汉于成都，曾下禁酒令，对于家有酿酒器具者都要处罚，可见当时酿酒饮酒之风已成民间习俗。唐代，成都酿造的名酒就更多了。诗人张籍在《成都曲》中吟道：“万里桥边多酒家，游人爱向谁家宿。”当时的万里桥就是现在的成都南门大桥。据史料记载，当时这一带街上酒旗招展、酒家林立，客人饮酒后可以在酒店留宿。雍陶诗云：“自到成都烧酒熟，不思身更入长安。”南宋时，成都的酿酒业更为兴旺。据史料记载：全兴烧坊始建于清代乾隆五十一年（1786），距今已有200多年的历史。当时就以酒香醇甜、爽口尾净而远近闻名，畅销各地。全兴老字号作坊正式建于清道光四年（1824），迄今已有160多年的历史。

6. 郎　酒

郎酒，一个拥有百年历史的中国白酒知名品牌，是我国名酒园中的一株新秀。得天独厚的郎酒，因“四宝”——自然美境、优质水源、千年工艺、天宝洞藏而家喻户晓，先后荣获国家产品质量金质奖章、金爵奖和“中华老字号”等称号。1979年被评为全国优质酒；1984年在第四届全国名酒评比中，郎酒酒液清澈透明，以“酱香浓郁，醇厚净爽，幽雅细腻，入口舒适，甜香满口，回甜味长”的独特香型和风味而闻名全国。郎酒香型素有“一树三花之称”，指的是浓香型、酱香型、兼香型，其中精品郎酒是酱香型白酒代表。

四川郎酒产地为四川省泸州市古蔺县二郎镇。此镇地处赤水河中游，四周崇山峻岭围绕。就在这高山深谷之中，有一清泉流出，泉水清澈、味甜，人们称它为“郎泉”，因取郎泉之水酿酒，故名“郎酒”。前135年，汉武帝把二郎滩一带生产的“枸酱酒”钦定为贡酒。北宋年间，二郎滩生产的优质大曲“凤曲法酒”被载入史册。古蔺郎酒已有100多年的酿造历史。据有关资料记载，清朝末年，当地百姓发现郎泉水适宜酿酒，开始以小曲酿制出小曲酒和香花酒，供应当地居民饮用。民国时期，经贵州茅台荣和酒房酒师张子兴指导，由小曲改用大曲，开始用茅台工艺酿造回沙大曲。1932年，取名“回沙郎酒”，酒质尤佳。1933年，“回沙郎酒”更名为“郎酒”。从此，郎酒的名声越来越大，声誉也越来越高。位于郎酒厂约2 000米处的蜈蚣崖半山腰间有两个山洞，一名天宝洞，一名地宝洞，都是储藏郎酒的天然酒库。

7. 川酒新金花

2011年，由中国酒类流通协会、四川省酒类流通协会、四川日报报业集团《川商》杂志社、川商理事会联合众多媒体发起了寻找“川酒新金花”大型推选活动，评选消费者心中的“川酒新金花”。经过公开、公平、公正的评选，绵阳丰谷酒业、宜宾红楼梦酒业、四川金六福酒业、四川金盆地酒业、泸州国粹酒业、绵竹东圣酒业六家川酒二线品牌企业被正式授予川酒新金花称号。从此，川酒军团中便正式多出了“新六朵金花”。川酒高速发展和文化传承，不仅要依靠“六朵金花”名酒企业，还需要更多川酒新秀尽快成长，才能实现川酒共同发展。

相对定位国际的“六朵金花”，“新六朵金花”着实显得更为低调务实、贴近大众。丰谷酒业作为中国白酒业的一匹黑马，创新推出和应用“低醉酒度”技术，开启了健康饮酒的新时代，以酒质优异、风格独特、服务精细、创新营销而成为川酒新秀的典型代表，受到全国消费者的青睐；红楼梦酒业所生产的“梦”“红楼梦”“红楼梦金钗酒”等系列产品以优良的品质深受消费者喜爱，并荣获各级各类表彰和荣誉；金六福酒业依托邛崃得天独厚的黄色黏土、优质红粱、纯净无污染的天然泉水等自然条件和独特的微生物环境，秉承厚积千年的酿酒工艺，精酿出了地道的好酒，其福酒系列、六福人家系列、福星酒系列产品畅销全国，酒香醉遍神州；四川金盆地酒业是四川八大原酒企业，主要生产销售“金盆地”“一品江山”“崇阳”等系列浓香型白酒，传承种酒文化，满足消费者的个性化需求；泸州国粹酒业生产的“国粹”牌国粹酒系列产品是泸州酒地理标志保护产品，已销往全国各大、中、小城市，并且远销韩国，受到广大消费者的喜爱；绵竹东圣酒业生产“东圣”等五个品牌三十余个系列酒产品，其中“中华年画酒”“古御堂虫草养生酒”“蜀汉王”等成为市场抢手货，深受消费者欢迎，产品认知度不断提升。

8.4.4 川酒文化与旅游

四川酿酒历史久远，白酒盛出，皆因四川丰饶富足、气候宜人，加上白酒厂区所经之处也都遍布酒遗址、作坊，造就了无数景观。四川很多古代生产酒、储藏酒的酒坊、酒池、酒窖，已成为文物。宜宾市五粮液老窖池遗址、泸州市泸州大曲老窖池和绵竹剑南镇剑南春酒坊遗址等均被列为全国重点文物保护单位。而与川酒相关的名人轶事，如文君当垆、饮中八仙等代代相传，使川酒文化更具吸引力。

现在，四川各大酒业集团更是积极保护和传承酒文化，打造和推出了不同类型的酒文化博物馆、公园景点和主题旅游等旅游产品，如五粮液酒文化博览馆、五粮液工业景区、郎酒十景以及四川金盆地集团兴建的川酒文博馆和首个用于藏酒的主题公园——“酒海桑田”种酒公园等，吸引旅游者纷至沓来。

9 四川大熊猫旅游文化

大熊猫是中国独有的野生动物，素有“国宝”与动物界的“活化石”之称，被誉为野生动物保护领域的“旗舰物种”。本章主要介绍古代大熊猫文化概况、大熊猫的发现、大熊猫的出国等历史知识和大熊猫的旅游线路等知识，为学生深入了解大熊猫旅游文化打下坚实的基础。

导游证网课

9.1 大熊猫文化概况

大熊猫在古代称呼多样。大熊猫直系祖先是始熊猫，有800万年历史，是全世界公认的自然遗产和动物“活化石”。在我国古代的许多著作中就有关于大熊猫的记载，其称呼有多种，主要有貔貅、貘、貊、驺虞、山熊、花熊、竹熊、白熊、华熊、花头熊、银狗、大浣熊、峨曲、杜洞尕、执夷、猛豹、猛氏兽及食铁兽等。最早记载大熊猫的文献是4 000年前的《尚书·牧誓》，称其为“貔”，陆玑注云：“貔似虎，或似熊，一名执夷，一名白狐，辽东人谓之白罴。”大熊猫在动物志中最权威记载是《尔雅·释兽》，称其为“貘”，书称“貘·白豹”。大熊猫还有其他不少别名、别号。由于它独产于我国，国外有人称它为华熊；由于它毛色以白为主，有人称它为白熊；由于它白色中夹黑，有人称它为花熊；由于它以食竹为主，有人称它为竹熊；由于它与熊有亲缘关系而又有些像猫，有人称它为大猫熊；大熊猫栖息在深山幽谷的密密竹林之中，因而又获得了“竹林隐士”的别号。然而上面这些称呼都是古代流传于民间的俗名，不是动物界确认的学名。现代研究表明，从亲缘上讲，大熊猫与熊有某些亲缘关系，与猫则没有一点亲缘关系。所以，国外的科学家们一般将它归属于熊类或浣熊类。我国的动物学家们考虑到大熊猫要比熊类、浣熊类出现得早，而且也食性变了，专门向食竹方向发展，因此把大熊猫单列为熊猫科，而此科仅有一属一种，这样“大熊猫”就顺理成章地成了它的正式称号。

大熊猫在古代分布较广泛。在《后汉书》上记载有：“哀牢夷出貊兽。”哀牢夷就是现在的云南，这说明汉朝时，云南还有大熊猫。三国时吴国陆玑注疏的《毛诗》中记有“屠州有黑豹、白豹。今出建宁郡，毛黑白，臆似熊而小”。屠州指今天陕西合阳以东，建宁郡指的是今天福建的建瓯市。这说明三国以前陕西合阳以东和福建建瓯市有大熊猫分布。唐朝大诗人白居易的《貘屏赞》中说貘“生于南国”，表明当时江南一带，也有大熊猫的分布。到了宋朝，罗愿的《尔雅翼》中说貔貅“黔蜀中时有之”，黔蜀即指今天的贵州、四川。明末成书的《东周列国志》记载，有人在今湖北省江陵附近见到了貘。湖北省的地方志中也记载，大熊猫在长阳、秭归和巴东等巫山东麓的长江中游一带均有分布。到了清朝，四川盆地东南缘武陵山脉，从重庆的酉阳到湖南的大庸县都有分布。综上所述，在古代，大熊猫广泛分布在我国的陕西、河南、湖北、湖南、福建及云贵川等省。只是到了近一二百年，由于人类无限制的砍伐，大片树木和竹林被开垦，再加上气候变化、大熊猫繁殖能力低下等因素，大熊猫的分布区域和个体数量急剧下降，最后不得不退缩到川、陕、甘诸省的高山密林中过隐居生活。

大熊猫在古代具有崇高神圣的地位。古时人们把它当作神灵来崇拜，氏族社会中有的部落将貔当作图腾。传说黄帝曾指挥熊、罴、貔、貅、貙、虎六个氏族与炎帝作战，并用“如虎如貔”来比喻作战英勇的勇士。《汶川县志》说大熊猫的皮可以测吉凶，“睡在上面，突然不适，将不吉或有祸临头”。当今四川绵阳白马人仍然敬大熊猫为神。《礼记·曲礼上》记载：“前有挚兽，则载貔貅。”即在行军中，倘若前锋发现路有猛兽，乃举起画有貔貅的旗，以吓唬猛兽，并警示后面的士兵。汉代神怪小说集《神异经》也对被称为“貘”的大熊猫做了记述，称其食铁后只需饮水便可把铁消化，而排出之粪便形如橄榄果，像铁弹一样极为坚硬，足以射人致死，甚至可作兵器，用以作战。曹操的军旗上也有只活灵活现的大熊猫。如《三国演义》一首诗云：“十万貔貅十万兵，一人号令众难禁。拔刀割发权为首，方见曹瞒诈术深。”另《晋书·熊远传》上疏：“命貔貅之士，鸣檄前驱。”

大熊猫在古代是价值高贵的动物。《龙安府志》记载，传说 4 000 年前，龙安府的白马氏（今文县、平武、九寨沟一带）人将一只大熊猫献给治水的大禹，以报其功德。《诗经》中也提到过大熊猫，说它是一种珍贵的毛皮兽，“献其貔皮”，把它当作贡品。唐太宗在丹霄殿设宴赏赐 10 多名有功之臣时，曾把貘皮作为最高的奖赏赐给他们，还为一位功勋卓著、战死沙场的功臣火化了一张貘皮，让死去的功臣在天之灵受赏。明成祖永乐二年（1404），周王朱橚在来京时曾经献驺虞给朱棣，成祖很高兴。《古今图书集成》记载：明宣德四年（1429），宣德帝收到今安徽滁州进贡的两只大熊猫，极为高兴，并赐宴文武僚臣，令群臣观摩。

大熊猫在古代曾是和平的象征。西晋时代，大熊猫被称作“驺虞”。因为它不伤害、猎食其他动物，只吃竹子，是一种能与友邻和平共处的“义兽”，是和平的象征。打仗时只要一方举起画着熊猫的旗帜，就可以立即化干戈为玉帛，战争便会即刻停止。因为当时使用“驺虞旗”，就表明要求和解，停止冲突。而现在，大熊猫代表我国的形象，宣扬着为世界带来和平，也称“熊猫外交”。

大熊猫在古代被视作祛邪除病的神物。《埤雅》中说：“图其形可辟邪。”我国第一部解释词义的专著《尔雅·释兽》里说大熊猫像熊，产于蜀地，毛皮很厚，坐卧垫其上，可防湿气浸入人体。唐代大诗人白居易曾患上一种“头风病”，一吹风头便疼，后来便安放了一张画有一只当时称为貘的大熊猫的屏风，以此驱鬼神、避邪气。他还专门写过《貘屏赞》诗，在诗序里，白居易说：“貘生南方山谷中，寝其皮辟瘟，图其形辟邪。予旧病头风，每寝息常以小屏卫其头。”宋代罗愿疏注的《尔雅翼》里说，貘“毛黑白，臆似熊而小，能食蛇，以舌舐铁顿进数十斤。溺能消铁为水，有误食针铁者，服其溺则化”。明代李时珍所写的医学巨著《本草纲目》也写到貘有药用价值，其皮作睡垫可预防寒湿，可驱瘟疫，做成膏药贴在躯体上，能穿透肌肤防治肿瘤；特别是其尿加水后，可将误食的金属溶解。这些记载和传说，其中有些显然违背了科学常识，但却能说明大熊猫在人们的心目中的地位。

大熊猫在古代是高贵的宠物。汉代司马相如在《上林赋》中介绍了皇家射猎场“上林苑”，其苑内圈养了包括大熊猫在内的 40 多种珍奇异兽。公元前 180 年，汉文帝的母亲薄太后生前可能很喜欢大熊猫等珍禽异兽，因此在她死后埋葬的陵墓里还有大熊猫等异兽珍禽陪葬。唐代咸阳宫中的上林苑还饲养了 40 多只大熊猫，并将其皮作为珍品保存。

大熊猫具有众多的光环。大熊猫是国家一级保护动物，中国是世界上唯一拥有大熊猫资源的国家。大熊猫被誉为“中国国宝”和世界动物“活化石”，是全世界公认的自然遗产。早在 1961 年，大熊猫就成为世界野生生物基金会的标志。它的头上罩有“吉祥物”“世界动物明星”“友谊天使”“和平象征”等众多的光环。2006 年，大熊猫“晶晶”成为 2008 年北京奥运会的吉祥物。大熊猫和万里长城、秦兵马俑已成为中国旅游业走向世界的三大著名品牌。

9.2　大熊猫的历史

9.2.1　大熊猫的发现

世界上第一只大熊猫的发现地在雅安，科学界第一个发现大熊猫的人是法国阿尔芒·戴维。阿尔芒·戴维既是传教士，也是法国著名生物和博物学家。他著有《中国之鸟类》《戴维植物志》等著作，举世闻名的大熊猫、麋鹿、扭角羚、金丝猴、珙桐树（鸽子花树）、大卫两栖甲等就是他在中国发现的。

1867 年，法国传教士戴维到达雅安宝兴，担任穆坪邓池沟教堂的第四代神父。1869 年 3 月 11 日下午，戴维从野外返回教堂的途中，遇见一户姓李的猎户，邀请戴维到他们家中去用茶点。戴维突然看到墙上挂着一张黑白相间的动物皮，便意识到“这可能是生物学上一个新物种”。猎户告诉他，这种动物很温顺，一般不伤人，它吃山上的竹子，当地人叫“竹熊”“白熊”或“花熊”。戴维随后雇用了 20 个当地猎人去寻找这种动物。3 月 23 日，猎人们送来了第一只死亡的小“竹熊”。5 月 4 日，猎人们又捕到一只活体“竹熊”和 6 只“长尾巴猴”送给戴维。戴维给“竹熊”取名“黑白熊”，给“长尾巴猴”取名“仰鼻猴”（即现在的“金丝猴”）。

经过一段时间的悉心喂养，戴维决定将这只“黑白熊”带回法国，可是“黑白熊”

经不起长途山路的颠簸和气候的不断变化，没到成都就死了。戴维只好把它的皮制成标本，在 1870 年送回法国并在法国国家博物馆展出。展出时，参观的人络绎不绝，人们都不认识这种动物，甚至认为这个动物是假的。博物馆主任米勒·爱德华兹研究后认为：这种动物既不是熊，也不是猫，而是与中国西藏发现的小猫熊相似的另一种较大的猫熊，便正式给它定名为“大猫熊”。

戴维因此成为科学界第一个发现大熊猫的人。戴维发现了大熊猫，并将其引向了世界的科学界，其意义影响深远。如果没有戴维，大熊猫这个物种还要晚一些时候才会被世界科学界所知。更有讽刺意义的是，在戴维发现大熊猫之后的长达半个世纪的时间里，外国人一直在搜寻大熊猫，而绝大多数中国人却几乎对其一无所知。猎人可以任意捕猎大熊猫，政府也从来没有出台过任何保护的规定和措施。

9.2.2 大熊猫的出国

大熊猫的发现在西方世界引起轰动，掀起了阵阵“熊猫热”。此后，不断有探险家、动物学家、狩猎家、旅行家和收藏家到中国寻找大熊猫。

1891 年至 1894 年，俄国生物学工作者波丹宁和贝雷佐夫斯基等人率先来到四川平武和松潘一带获得了一张大熊猫皮，运回俄国制成标本，后转存于英国大英博物馆。

1897 年和 1910 年，英国人先后在四川平武、大凉山马边等地获得大熊猫标本送给大英博物馆。一只雄性大熊猫标本现保存于大英博物馆。

1916 年，以动物学家韦哥尔德为首的德国考察队在四川汶川捕获一只活体大熊猫幼仔。韦哥尔德是西方国家第一个在中国森林中捉到活体大熊猫的人。后来，他们又获得 4 只大熊猫的骨骼和一张大熊猫皮，存于柏林博物馆。

1926 年至 1928 年，美国总统富兰克林·罗斯福的两个儿子西奥多·罗斯福和克米特·罗斯福两次到四川宝兴捕猎大熊猫。他们先后杀死 4 只大熊猫制成标本运回美国，是世界上最先在中国开枪打伤致死大熊猫的外国人。

一时间，不少西方国家的博物馆里都有了大熊猫的标本。在充满着掠夺猎杀的长达半个多世纪的“熊猫热”里，始终没有一只活体大熊猫走入西方世界。

世界上第一个把活体大熊猫带出中国的，是美国纽约的一位女服装设计师，她名叫露丝·哈克纳斯。其夫威廉·哈克纳斯是一位动物学家和探险家，新婚不久便来到中国寻觅大熊猫。由于战乱，威廉未能进入大熊猫产区便病死在上海。露丝决心完成丈夫的遗志，于 1936 年 4 月启程前往中国。到达上海后，在美国出生并长大的杨昆廷帮助下，露丝组织了一个探险队，到四川省汶川县境内寻觅大熊猫。经过长期的寻找，最后在一个枯树洞中发现了一只熊猫幼仔。它出生只有 10 多天，体重约两磅半（约 1 134 克）。露丝认为它是个雌性的熊猫，为它取名“苏琳”。她带着苏琳迅速赶到成都，随即乘飞机到上海，并采取贿赂海关人员的办法，登上了到美国的轮船。在 1936 年圣诞节的前一天，到达美国旧金山。美国人为苏琳的到来举行了盛大的欢迎仪式。苏琳被送到美国许多大城市进行展出，所到之处无不引起轰动。在美国芝加哥展出期间，每天参观的人数达 4 万。《时代》杂志将它称为“20 世纪最惊人的科学发现”。

“苏琳”的出现，使大熊猫从博物馆走进大众，在美国大出风头，成为动物园的摇钱树。露丝所著的《淑女与熊猫》，更增加了世人对大熊猫及其故乡的神往，大熊猫也成了国际猎获的目标，在西方次掀起了第二次“熊猫热”。从 1936 年到 1941 年，仅美国就从中国弄走了 9 只活体大熊猫。英国人丹吉尔·史密斯在大熊猫产地生活了 20 多年，特别是于 1936—1938 年，在四川汶川收购了 12 只活体大熊猫，其中 6 只被带到英国。1936—1946 年的 10 年间，从中国运出的活体大熊猫共计 16 只，另外还有至少 70 具大熊猫标本存放在西方国家的博物馆里。据不完全统计，仅在 1869—1946 年，国外就有 200 多人次前来中国大熊猫分布区调查、收集资料。

1949 年 10 月，中华人民共和国成立后，结束了西方掠夺大熊猫的历史。大熊猫作为国际友好和平使者，成为和平、友谊的象征，一直是国家最珍贵的政治礼品。从 1957 年至 1983 年，我国先后赠送给苏联、朝鲜、美国、日本、法国、英国、德国、墨西哥、西班牙等 9 个国家共 24 只大熊猫。由于大熊猫的古老、稀少和观赏价值极高，其成为世界保护的高度濒危珍稀物种。为此，从 1983 年以后，中国政府再也不把大熊猫作为国礼赠送了。

作为地球上一个古老的物种，大熊猫一直未能解决自身繁殖的“五难”问题，即择偶难、怀孕难、产仔难、育幼难、成年难。据科学统计，78%的雌性大熊猫不孕，90%的雄性大熊猫不育。为此，我国非常重视大熊猫的保护与繁育工作。1963 年，我国在四川省汶川县的卧龙林区、南坪县（今九寨沟县）的白河、平武县的王朗、天全县的喇叭河等地建立了 4 个以大熊猫为主要保护对象的自然保护区。1987 年建立了成都大熊猫繁育研究基地。2006 年“四川大熊猫栖息地”还被列入世界遗产名录。到 2014 年，全国共为保护野生大熊猫及其栖息地生物多样性建了 67 个自然保护区。据全国第四次大熊猫调查结果显示，截至 2013 年年底，全国野生大熊猫种群数量达 1 864 只，圈养大熊猫种群数量达到 375 只。其中，四川省野生大熊猫种群数量最多，达 1 387 只。截至 2015 年，成都大熊猫繁育研究基地已繁育大熊猫 143 胎，214 仔，现存 152 只。

9.3 大熊猫旅游线路

四川是拥有大熊猫资源最多的地区。2019 年，四川省林业和草原局发布了三条四川大熊猫生态旅游精品路线。

第一条线路，大熊猫溯源之旅。这条线路从成都出发，追溯 150 年前法国传教士戴维发现并科学命名大熊猫的源头——四川宝兴县邓池沟，寻访宝兴熊猫古城、戴维旅游新村、李家大院遗址、邓池沟天主教堂、熊猫园等景点，探秘大熊猫的发现历史。

第二条线路，大熊猫科普之旅。这是为国内外访客、游客了解和沉浸式体验大熊猫科研、繁育、保护、圈养状况而度身定制的精品线路，可参观成都大熊猫繁育研究基地、熊猫谷、熊猫乐园、中华大熊猫苑、中国卧龙大熊猫博物馆、核桃坪野化培训基地、碧峰峡大熊猫基地、石棉栗子坪大熊猫野化放归之乡、大相岭大熊猫野化放归基地等。

第三条线路，大熊猫寻踪之旅。包括绵九环线和川西环线两条线路。其中，绵九环线途径青川、平武、九寨沟、松潘、茂县、北川、安州、绵竹 8 个熊猫县 15 个大熊猫自然保护区或森林公园。川西环线途径都江堰、汶川、小金、宝兴、荥经、洪雅 6 个熊猫县 12 个大熊猫自然保护区或森林公园等，跨越 150 年探秘神奇的“野生大熊猫王国”。

10 四川山水旅游文化

四川四周都是山，河流众多，号称“千河之省”，山水风光得天独厚。本章介绍四川山水文化资源、都江堰水旅游文化、九寨沟山水旅游文化等知识，为学生学习四川山水旅游文化奠定基础。

导游证网课

10.1 四川山水文化概况

孔子曰："知者乐水，仁者乐山。"从古到今，游山玩水是我们最常见的旅游活动。四川地域辽阔，面积为 48.6 万平方千米，居全国第五位。四川地形复杂，处于中国大陆地势三大阶梯中的第一级青藏高原和第二级长江中下游平原的过渡地带，地跨青藏高原、云贵高原、横断山脉、秦巴山地、四川盆地等地貌单元。全省最高点是西部横断山脉的主峰贡嘎山，海拔 7 556 米。最低点在南边泸州市合江县的长江之滨，海拔约 220 米，地势高低悬殊。

四川盆地四周皆山，周围横亘着秦岭、大巴山，巫山、乌蒙顶山、大娄山、峨眉山、邛崃山、龙门山，九顶山等。境内其他名山，如贡嘎山、四姑娘山、龙门山、西岭雪山、雪宝顶、二郎山、夹金山、华蓥山、千佛山、天台山、螺髻山、龙泉山、瓦屋山、光雾山等，它们或雄伟或险峻，或幽深或奇特，千姿百态，美不胜收。

四川水资源丰富，有大小河流 1 400 余条，号称"千河之省"。其中，有 343 条河流的流域面积在 500 平方千米以上。长江、金沙江、雅砻江、岷江、大渡河、青衣江、沱江、涪江、嘉陵江等河流风光各有特色。四川天然湖泊众多，有泸沽湖、邛海、叠溪海、龙池湖、木格措、五须海、长海、新路海等 1 000 余个湖泊，面积大于 1 平方千米的有数十处。有二滩、龚嘴、黑龙滩、朝阳湖、三岔水库、槽渔滩、升钟水库、继光水库、龙泉湖等大小水库 6 672 座，其中大中型水库 107 座。四川瀑布众多，其中瓦屋山兰溪瀑布高 1 040 米，有"世界第一高瀑布"之称；九寨沟诺日朗瀑布是最大的钙华瀑布。四川境内共有冰川 200 余条，总覆盖面积 510 多平方千米，著名的冰川有贡嘎山冰川、雀儿山冰川、夹金山冰川、折多山冰川等。

四川有温泉 900 多处，其中热水钻孔 114 个。著名的有雅安周公山温泉、海螺沟温泉、峨眉山灵秀温泉、筠连巡司温泉、海螺沟贡嘎神汤温泉、旺苍鹿亭溪温泉、广元盘龙温泉、攀西红格温泉、贡嘎山药王泉、康定二道桥温泉群、大邑花水湾温泉度假旅游区等。四川有大泉、暗河近 3 000 处，其中绵竹玉妃泉、松潘翡翠泉已被列为中国名泉。

四川独特的自然条件，孕育出的这些奇特的名山胜水，在不同季节呈现出不同的风光。春季时，山花烂漫、五彩缤纷；秋高气爽时，有光雾山、九寨沟、米亚罗、都江堰龙池等地的红叶秋色；冬季时，都江堰市龙池、大邑西岭雪山、峨眉山等地银装素裹，雪景迷人。

10.2 九寨沟旅游文化

10.2.1 九寨沟概况

九寨沟位于四川阿坝藏族羌族自治州境内，距成都450千米，是长江水系嘉陵江上游白水江源头的一条大支沟，地处青藏高原、川西高原、山地向四川盆地过渡地带。因有树正寨、则查洼寨、黑角寨、荷叶寨、盘亚寨、亚拉寨、尖盘寨、热西寨、郭都寨等九个藏族寨子的藏民世代居住于此而得名。

九寨沟有树正、诺日朗、剑岩、长海、扎如、大海6大景区，有树正沟、日则沟、则查洼沟、扎如沟4条旅游风景线，以3沟118海为代表，包括5处钙华滩流、12瀑、11段激流和17个瀑布群等水景为主要景点，与九寨12峰组成高山河谷等自然景观。其中，翠海、叠瀑、彩林、雪峰、藏情为九寨沟“五绝”。九寨沟以其独有的原始景观、丰富的动植物资源被东方人誉为“人间仙境”，西方人则把它誉为“童话世界”。美国跨国公司的总经理林德布雷游览了九寨沟后，惊叹道：“地球上有九寨沟这样的景观，是一大奇迹，是我们人类的一大幸运。”九寨沟是国家重点风景名胜区、国家5A级旅游景区、国家地质公园、国家自然保护区。1992年被联合国教科文组织纳入《世界自然遗产名录》，1997年被加入联合国教科文组织世界生物圈保护区网络，2001年摘取“绿色环球21”桂冠，成为世界唯一获得三项国际桂冠的旅游风景区。

10.2.2 九寨沟的翠海

九寨沟一大奇景是“海”，总共有108个海子，著名的海子有长海、五花海、犀牛海、镜海等。

长海在海拔3 000米以上，是九寨沟最高的湖泊，也是九寨沟所有湖泊中最大最深的。它南北长约8千米，东西宽约4.4千米，面积约200万平方米。长海水面宽阔，地表没有出水口，但是，在夏秋暴雨时，长海的水从不漫流，冬春久旱时，也从不干涸。隆冬时节，冰冻厚达60厘米左右。九寨沟的108个大小湖泊中，唯独长海中无鱼，因此，当地群众盛传长海中有“龙”。

五花海被誉为九寨沟诸多景点中最精彩的一个，有“九寨沟一绝”的美誉。五花海处在日则沟孔雀河上游的尽头，九寨沟的中心，海拔2 472米，湖水深5米。由于阳光、水藻和湖底沉积物的梦幻组合，呈现出鹅黄、黛绿、赤褐、绛红、翠碧等多种不同的色彩，显得五彩缤纷，因而被称为“五花海”。五花海最美丽的季节是秋天。在海子东南侧的最高点，有一块巨大的石头，叫作“老虎石”。站在老虎石上俯视，秋天的五花海俨然一只羽毛丰满的开屏孔雀：四周山坡上的彩林交织成锦，如火焰流金；湖面整体呈绿松色，不同水域色彩深浅不一，一团团、一块块，有鹅黄、墨绿、深蓝、藏青等，变幻缤纷，斑驳迷离。20 世纪 90 年代，九寨沟地区遭受连年旱灾，五花海上游的熊猫海已经干涸，但是，五花海却依然湖水丰盈。不仅如此，更令人奇怪的是，地处高寒地区的九寨沟，每到冬季，其他的湖水都已经封冻，但五花海一年四季从不结冰，似乎感觉不到冬季的来临。

犀牛海是九寨沟的第二大海，是景色变化最多的海子之一，其倒影几乎是众海之冠。犀牛海周围靓丽多彩的叶子与芦苇倒映在湖面上，让人几乎分不清湖面以及树丛的虚实。犀牛海被誉为九寨沟秋景之冠。传说古时候，有位身患重病的藏族老喇嘛，当他骑着犀牛经过这里时，饮用了湖水之后，顿感心旷神怡，病症竟然减轻了许多，他便长期饮用这里的湖水，身体很快痊愈。老喇嘛最后竟然骑着犀牛进入海中定居下来，从此，这个海子便被称为犀牛海。

“九寨归来不看水”是对九寨沟景色真实的诠释。九寨沟是水的世界，水是九寨沟的精灵，湖、泉、瀑、河、溪、滩、108 个海子，连缀一体，五颜六色，多姿多彩，构成一个个五彩斑斓的瑶池玉盆。九寨沟山偎水、水绕山，树在水边长，水在林中流，山水相映、林木相亲、景色秀美、环境清新，真不愧为人间仙境。

10.2.3 九寨沟的叠瀑

九寨沟是瀑布的王国，这里河道纵横，水流顺着呈台阶形成的河谷奔腾而下，构成数不清的瀑布。著名的瀑布有诺日朗瀑布、珍珠滩瀑布、熊猫海瀑布等。

诺日朗瀑布是九寨沟的标志，它位于树正沟的最末端，海拔 2 365 米，瀑布宽 320 米，高 24.5 米，是中国大型钙华瀑布之一，是迄今为止在我国发现的最宽的钙华瀑布，也是中国最宽的瀑布。“诺日朗”寓意瀑布雄壮的声势和魁伟的气魄。

诺日朗瀑布顶部平整如台，传说以前这里没有瀑布，只有平台。有一年，远游归来的扎尔穆德和尚带回了贝叶经、铁犁铧和手摇纺车。美丽的藏族姑娘若依果很快学会用纺车纺线，她把纺车架到三沟交界的平台上，让过往的姐妹们观看、学习，人们便叫这里为“纺织台”。凶残的头人罗扎认为她在搞歪门邪道，一脚把她和纺车踢下山崖。立刻，山洪暴发，把罗扎和帮凶冲下悬崖，纺织台就成了今天的瀑布所在地。滔滔水流自诺日朗群海而来，从瀑顶树丛中越堤而下，在高高的翠岩上急泻倾挂，银花四溅，水声隆隆，好似巨幅画帘凌空飞落，水势汹涌，气势磅礴，声震山谷，有“飞流直下三千尺，疑是银河落九天”的雄阔气势。崖壁上树木苍翠欲滴，一道道飞瀑落下有如珠帘，形成罕见的“森林瀑布”奇观。

珍珠滩瀑布是九寨沟众多的瀑布群中最为奇特的一个。珍珠滩瀑布宽 200 米，落差最大处可达 40 米。它和珍珠滩相连，珍珠滩在一处峭壁上方，滩上被万年流水融成许多圆形坑洞，经急速的流水冲进又反弹出而形成许多飞舞的水珠，个个晶莹剔透，在阳光下闪烁着绚丽夺目的光彩，就像一颗颗带彩的珍珠，成为九寨沟所有激流中水色最美、水势最猛、水声最大的一段。瀑面呈新月形，飞珠溅玉，气势雄伟、壮观。

10.2.4 九寨沟的彩林

九寨沟地势南高北低，山谷深切，落差较大。北缘九寨沟口海拔仅 2 000 米，中部峰岭均在 4 000 米以上，南缘达 4 500 米以上。九寨沟面积 64 297 公顷[①]，森林覆盖率超过 80%。其中原始森林有 30 000 顷，覆盖了景区一半以上的面积。内有高等植物 2 576 种，低等植物 400 余种，其中藻类植物有 212 种，首次在九寨沟发现的藻类达 40 余种。其中有 74 种国家保护珍稀植物，有 18 种国家保护动物，还有丰富的古生物化石、古冰川地貌。

九寨沟的秋叶名闻天下。随着季节的变化，九寨沟呈现出不同的奇丽风貌。特别是到了秋季，深橙的黄栌、金黄的桦叶、绛红的枫树、殷红的野果，深浅相间，错落有致，犹如天然的巨幅油画，令人眼花缭乱，给人“五彩缤纷看不足，层林尽染正金秋”的景象。当彩林倒映在清澈的湖面上，与湖水的斑斓绚烂交相辉映，更是别有一番风情。

10.2.5 九寨沟的雪峰

九寨沟周围群山环绕，其中有数十座雪峰。九寨沟的雪峰，层峦叠嶂，山势挺拔，眺望远方，皑皑雪峰，尽收眼底，艳阳之下的冰川，使人目眩。九寨沟高耸云端的雪山，还是天神的象征，在当地的许多传说中，山是代表英勇与力量的神山。

10.2.6 九寨沟的藏情

九寨沟原居民是安多藏族的一部分，他们以独特的生活方式适应高海拔山区环境的

① 1 公顷 = 10 000 平方米。

生存条件，形成独特的安多藏族文化。他们对宗教的信仰十分虔诚，庙里经常供奉着神佛，随处可见嘛呢堆、高耸的喇嘛塔和循环不息的转经轮。他们住三层藏寨木楼，身穿精美的藏族服饰，腰佩剽悍的腰刀，喝着香醇的青稞酒、酥油茶，献给客人洁白的哈达，跳着欢快的踢踏舞，玩着稳健的二牛抬杠。每年的藏历五月，通常为公历 6 月，这些原居民将相聚一起、共庆“日桑”佳节。除虔诚的集体讲经外，还要诵经敬山祭水。日桑文化节的高潮在最后一天，人们将所把经文、药材、刀箭放置于精美的宝瓶内，再由僧人带领各村寨信众前往神山顶、海子边，分别将宝瓶放置于最深的海底、最高的山顶等不同的八个方向。通过这种敬天神、山神、水神的形式，来祈祷风调雨顺、庄稼丰收、人畜平安等。

10.3 都江堰旅游文化

都江堰水利工程位于岷江中游，是全世界迄今为止，唯一留存、年代最久、以无坝引水为特征的宏大水利工程，是中国古代建设并使用至今的大型水利工程，被誉为“世界水利文化的鼻祖”。都江堰是四川山水旅游文化的重要组成部分，“拜水都江堰，问道青城山”是都江堰市的一句旅游宣传口号，反映了人们对都江堰的水文化、水文明的崇拜。

10.3.1 都江堰修建背景

10.3.1.1 地理环境

四川西部是大幅隆起、地域辽阔的川西山地和高原，东部是四周山地环绕、中间低陷的四川盆地，地势东低西高。四川号称“千河之省”，有大小河流 1 400 余条。历史上，蜀地水害十分频繁，水灾主要来源于岷江。岷江发源于松潘县境内岷山南麓，自北向南进入四川盆地，在宜宾注入长江。岷江全长 793 千米，流域面积达 135 881 平方千米，总落差 3 560 米，总水量年均 150 亿立方米左右，年均径流量为 868 亿立方米，是长江支流中水量最大的河流。岷江流域内川西山地是全国著名的多雨区，有“巴山夜雨”“西蜀漏天”之说。每年 5—9 月为雨季，其中近 50%的雨量集中在 6—8 月，盛夏暴雨易成洪灾。在都江堰市，岷江洪峰有时高达 7 000 立方米/秒。当岷江流到都江堰市开始进入成都平原时，流速骤然由快变慢，洪水极易泛滥成灾，使成都平原的许多地方沦为泽国。著名的金沙遗址、三星堆遗址皆与岷江洪水泛滥有关。岷江以其丰沛的水量哺育了古蜀文明，却又常常将古蜀文明毁于一旦。

10.3.1.2 治水基础

古蜀文明源于治水，一部治水史亦是一部古蜀史。从远古时期开始，勤劳、勇敢、富有智慧的巴蜀先民即在岷江流域定居，生息繁衍。他们识察水脉，平治岷江洪水，留下了诸多治水传说。大约 4 000 年前，治水英雄大禹就曾“岷山导江，东别为沱”，率先开展了对岷江的治理工作，在灌县（今都江堰市）穿凿一条泄洪水道，分岷江洪水向东，流入沱江。此外，古蜀王望帝杜宇、丛帝鳖灵都为岷江的治理和都江堰的修建做了大量的开拓性的工作。这些传说，反映了古蜀先民人定胜天的信心和改造自然的愿望，其创举开创了古蜀国水利建设的新纪元，为数百年后李冰修建都江堰水利工程直接奠定了基础。

10.3.1.3 历史需要

都江堰的创建，又有其特定的历史根源。战国时期，群雄角逐、诸侯争霸、战乱频繁，饱受战乱之苦的人民，渴望中国尽快统一。国家一统的趋势也日趋明显，出现了战国七雄——秦齐楚魏燕赵韩七个国家。这时，经过商鞅变法改革的秦国，一时名君贤相辈出，国势日盛，发展成为战国后期最富强的国家。他们正确认识到巴蜀在统一中国过程中特殊的战略地位，认为“得蜀则得楚，楚亡则天下并矣”。如果能得到巴蜀地区，既可得巴蜀人力物力，足以使秦国富国强兵，支持其争霸战争，又可充分利用巴蜀的有利地理位置，顺江东下夺取荆楚，进而夺取天下。在这种形势下，发生了秦灭巴蜀的大战。秦灭巴蜀后，秦国统一战争中最大的目标就是消灭楚国。但是，战争需要储备大量的物资作保障，为此，秦国非常重视兴修水利，大力发展农业生产。当时丞相范雎把目光投向了广袤的成都平原，将发展蜀郡的经济提上了日程。

10.3.1.4 人才保障

春秋战国时代是一个大动荡、大变革的时代，对人才提出了种种要求，也为各种人才的出现以及施展才能提供了有利条件。不仅出现了李悝、吴起、商鞅、范蠡等著名改革家，孔子、墨子、老子、荀况、韩非等思想家，管仲、晏婴、百里奚、文仲等政治家，孙膑、王陵、廉颇、李牧等军事家，苏秦、张仪、公孙衍等策士、纵横家，也出现了屈原、鲁仲连、蔺相如等品德和气节高尚、能主持正义的仁人志士，而且在工艺建筑、农学医学、文学艺术上等方面也出现了许多了不起的人才。李冰就是在这一时期涌现出的著名水利专家。

10.3.2 都江堰修建功臣

李冰出生在秦国，自幼喜欢读书、观察生活，对一些现象进行深入思考。《华阳国志·蜀志》记载：李冰"能知天文地理"。据说他在曾在自家的院子里插了一些竹竿，通过太阳照射竹竿的阴影来观察太阳运行规律，还在屋子上开天窗，以便观察月亮运行情况，因此李冰积累了大量的天文、地理、气象知识。不到 20 岁的时候，李冰开始到各地游学。他曾专门前往察看泾水和渭水是怎么进入黄河，怎样浇灌关中平原，如何做到泾渭分明等。他还到今天河南洛阳参观了据说是大禹时期的黄河治理工程。多年的游学经历，进一步开拓了李冰的视野，为日后修建都江堰水利工程打下了坚实的知识基础。

公元前 276 年，秦昭王委任知天文、识地理的李冰为蜀郡太守。李冰上任后，他亲自带领部属溯岷江而上，跋山涉水，考察岷江地势与水情。李冰在考察中发现，每当进入夏秋雨季，岷江水量大增，极易泛滥成灾。其他季节雨水不足又影响农业生产的发展，干旱成灾。因此控制岷江水流成为成都平原开发的关键所在。李冰决定将岷江水流分成两条，其中一条水流引入成都平原，这样既能分洪减灾，根治岷江水患，又能发展成都平原航运，灌溉农田，以此来发展蜀地农业生产，造福成都平原，为秦国统一中国奠定经济基础。在科学选址的基础上，李冰带领蜀地人民共同努力，历经 18 年，都江堰终于顺利完工，蜀中地区也从原来的旱涝灾害不断，神奇地变成了风调雨顺的"天府之国"。

晚年的李冰还来到四川什邡，率领民众开山修渠，疏导洛水（今石亭江）灌溉什邡、绵竹，不料却积劳成疾病逝于当地，并葬于什邡的章山之麓。20 世纪 90 年代中期，什邡人民为了永远纪念李冰，将李冰坟墓迁到了可俯瞰洛水的章山之巅，并投资修建了占地数千亩的李冰陵园，江泽民为李冰陵亲笔题词："创科学治水之先例，建华夏文明之瑰宝。"在 21 世纪初期，国家有关部门组织专家评选中国历史上最杰出的一百位科学家，李冰名列第一，是中国人民心目中的科技状元。李冰父子因修建都江堰水利工程将永远名垂千古。

为纪念李冰父子，在四川许多地方都建有川祖庙、川主宫或川王宫，尤以今天松潘县城东北的川主寺和都江堰市玉垒山麓的二王庙最为著名。

都江堰的二王庙修建于南北朝时期，原名崇德祠，寓意李冰治水有功。从宋、元开始的历朝历代，都敕封李冰父子为王，所以后来人们都把这里叫作“二王庙”。二王庙现占地面积约10 000平方米，建筑面积约6 000平方米。从正山门乐楼起，有主殿三重，配殿十六重，规模宏大。殿宇布局不受中轴线束缚，而是因地制宜，依山就势，高低错落，起伏有序。庙宇前部，有清末绘制的都江堰灌区流域图，赞颂李冰父子的匾联碑刻。中部有李冰治水六字诀“深淘滩，低作堰”石刻。后部有李冰殿和二郎殿，内立1974年新塑李冰父子像。二王庙从古至今香火旺盛，在历史上一直不乏官方主持的典仪活动，也有老百姓的民间祭拜活动，在每年农历六月二十四到二十六，还有以李冰父子为中心的二王庙庙会。

10.3.3 都江堰的精妙选址

李冰经过反复考察论证，决定把水利工程建在成都平原西北角的岷江处出山口的弯道中央，也就是今天的都江堰一带，便于对岷江水流进行控制。实践证明这一选址十分科学合理。

第一，落差适中的坡度。成都平原西北高、东南低，都江堰渠首正好位居平原高处，居于理想的自流灌溉地形之首。都江堰海拔在731米左右，而金堂海拔约440米左右，郫都区海拔在556米左右，新津海拔在454米左右。可见在岷江出山口的弯道中央的都江堰渠首与成都平原之间都有两三百米的落差，落差适中，水流速度也合适，在此修建都江堰水利工程，都江堰渠首以下平原皆能自流灌溉。后来事实证明，都江堰灌区的自流灌溉使得劳动轻松而效益高，妇女通常能胜任各种农活。外地人常羡都江堰灌区“农事不劳苦”“作懒庄稼”。这对成都平原民风民俗影响深刻而广泛，也是成都休闲文化高度发达的重要原因之一。

第二，因地制宜的地势。都江堰东部的成都平原形似一把张开的纸扇向东南倾斜，而都江堰水利工程恰好处在扇形平原的顶端，海拔700多米，而成都平原海拔400米左右，处于居高临下之势。在这里建水利工程就像给扇子安了个“扇子轴”，这把扇子一展开，像扇子毂似的向北、东、南三个方向辐射，使整个成都平原都能够浇灌。这种自然倾斜地形，是修建水利工程最有利的地形，它可以不打坝，只修堤，开渠引水灌溉。后来李冰还在整个灌区“数以亿计”的水渠上，都安装了轻便灵活的水门，可按需要控制水量大小，形成一个完整的灌溉网络，便于管理，又能确保丰收，比较彻底地、大规模地、科学性地治理了蜀中水患，为人、地、水三者协和统一的典范。自从李冰修建都江堰后，由秦至汉，随着人口增多，都江堰水利工程不断得到整治，成都平原耕地面积不断扩大，为“天府”之核心。

第三，自动调节的妙处。都江堰水利工程的鱼嘴和内江正处于弯道位置，能够形成弯道环流。弯道环流就是水流在弯道段内做曲线运动所产生的离心力，使表流指向凹岸，底流指向凸岸。利用弯道环流的原理能够自动分流，自动调节水流量，自动排沙。如鱼嘴分水堤东侧是岷江凹岸，也正是内江流经的部位，西侧是岷江的凸岸，也正是外江流经的部位。这里的弯道环流的表流流入凹岸，把凹岸被侵蚀的和过境的大量泥沙，由环流的底流再搬运到凸岸堆积，其中一部分泥沙在江心堆积形成规模宏大的江心洲（金刚堤），泥沙在洲头不断堆积、延伸，加之人工不断对它们修筑、加固和保护，形成金刚堤和鱼嘴。

10.3.4 都江堰的主体工程

李冰修建的都江堰的水利枢纽工程主要包括宝瓶口、鱼嘴、飞沙堰、百丈堤等水利设施。其中宝瓶口、鱼嘴和飞沙堰是都江堰的三大主体工程，其他建筑为附属设施。

第一步是凿穿玉垒山，开通宝瓶口。宝瓶口是都江堰系统工程的关键环节，位于玉垒山和离堆之间，它是人工凿成控制内江进水的咽喉，因它形似瓶口而功能奇特，故名“宝瓶口”。当时必须开凿玉垒山，才能打通宝瓶口，把岷江水引入成都平原。玉垒山是砾岩，相当坚固。2 250 多年前，当时还没有发明火药，工具多为铁器，用铁凿凿山，工程量非常大，进度非常缓慢，为此李冰十分苦恼。一天，李冰看见一老农在烧石灰，把石头烧红后泼上水，石头就会变得酥软。他顿时来了灵感，带着工人在玉垒山开凿了一条沟槽，堆上柴火，将石头烧红后泼上冰冷的岷江水，瞬间石头就噼里啪啦地裂开了。就这样，整整用了 8 年的时间，才开凿出了宝瓶口，开凿玉垒山分离的石堆叫“离堆”。为了控制岷江进入成都平原的水量，宝瓶口的宽度和底高都有极严格的控制。宝瓶口底宽 14.3 米，顶宽 28.9 米，高 18.8 米，峡口长 36 米。为了准确测定水位高低，李冰在岩壁上刻了几十条分划，取名“水则”，这是我国最早的水位标尺。《宋史》就有“则盈一尺，至十而止；水及六则，流始足用”的记载。

此外，李冰父子还在水边上凿了三个石人，用来测量水位的高低，还刻上控制水量的说明：水少的时候，不能让石人的脚露出来；水涨的时候，不能让水漫到石人的肩膀上。《华阳国志·蜀志》记载：“（李冰）于玉女房下白沙邮作三石人，立三水中，与江神要：‘水竭不至足，盛不没肩。’”1974 年 3 月，在分水鱼嘴附近发掘出一尊东汉建宁元年（168）所立李冰石像，高 3.9 米，肩宽 0.96 米，上刻“故蜀郡李府君讳冰”“造三神石人珍水万世”。1975 年又出土一尊石人。东汉所立三神石人与李冰造三石人可能都具有同样作用。当年李冰在开凿宝瓶口时是计算了成都平原的用水量的，如果太宽就会引发洪水；太窄，灌溉用水的问题就解决不了，最终的设计是宽窄恰到好处。宝瓶口与飞沙堰相互配合，严格控制着江水进入成都平原的流量。当洪水超过警戒线时，无论岷江发生多大的洪水，宝瓶口也拒之“口”外，概不容纳。清宋树森《伏龙观观涨》一诗云：“我闻蜀守凿离堆，两崖劈破势崔巍。岷江至此画南北，宝瓶倒泻数如雷。”通过飞沙堰自动将多余水量排入外江，使内江水位始终保持在安全水位上。这种稳定的进水量，对成都平原的农业、灌溉、防洪、运输等都产生了特大效益。宝瓶口景色瑰丽，有“离堆锁峡”之称，历史上被誉为“灌阳十景”之一。

第二步是江中筑堤，修建鱼嘴。宝瓶口引水工程完成后，虽然起到了分流和灌溉的作用，但因江东地势较高，江水难以流入宝瓶口，李冰父子又率领群众在离宝瓶口不远的岷江上游江心筑分水堰“鱼嘴”。“鱼嘴”实际上是一个人工筑成的狭长小岛，因为形状酷似鱼儿的嘴巴，故名“鱼嘴”。现在的“鱼嘴”已是钢筋混凝土建筑，而李冰修建“鱼嘴”时，并没有这些材料，只能用土石做基，而岷江江水十分湍急，石头一丢入岷江就被冲走了。如何在江中修建堤坝成为李冰比较头疼的事情。一天，李冰散步时看到一个小姑娘在河边洗衣服，突然一个浪头打来，装衣服的竹篓左右摇摆，眼看要被水冲走，她赶忙捡了一块鹅卵石，压在了竹篓里。李冰大受启发，他吩咐竹工们用川西盛产的竹子编成长长的竹笼横置坝边，里边塞满河边冲积的卵石，然后一个一个地沉入江底，在江心堆成一个形如鱼嘴的狭长小岛，造成了坚固耐冲又不积水的堤坝。鱼嘴把汹涌的岷江分隔成外江和内江，外江排洪，内江通过宝瓶口流入成都平原。

鱼嘴能自动调节水量，做到“四六分水”。李冰修建鱼嘴时，也是因地制宜，充分利用了韩家坝的稳固性和分水作用，在此基础上加工而成，做到事半功倍。由于这段河道的河床外高内低，再加上正有一个弯道，所以鱼嘴分水后在春耕季节江水流量较小时，主流就有约六成的水进入内江，首先保证了成都平原的农业灌溉用水。洪水季节，流量急增，水位大幅度提高，水势受河床弯道的制约明显减少。再加上外江一侧江面较宽，内江一侧江面较窄，内江的流量会自动低于外江，进水约四成，这样又在很大程度上解决了成都平原的防洪难题。鱼嘴利用地形、地势，巧妙地完成分流引水的任务，而且在洪、枯水季节不同水位条件下，起着自动调节水量的作用，从而完美地解决了枯水时内江航运、灌溉用水和汛期成都平原防洪问题。这种功用便是都江堰三字经中所说的“分四六、平潦旱”。

鱼嘴还能自动排沙，实现“二八排沙”。岷江上游每年被水流挟带下来的沙砾有 400

万～600万立方米。鱼嘴建立在大弯道的下面，外江处于凸岸，内江处于凹岸。鱼嘴正处于“正面取水”“侧面排沙”的理想位置。当洪水季节来临，水流挟带着大量的沙石。当它们到达大弯道时，会产生漩涡，将下层的沙石卷到水流上层，大部分便自动被带入外江一边而不进内江。而轻而浮面的表层清水进入漩涡后被离心力甩到了下层，冲向凹岸，也就是内江。这样进入内江的泥沙已经很少，只有20%左右。利用弯道环流原理，把上游带来泥沙的80%排走，大大减少了内江淤塞之害，使进入内江和成都平原的水基本上是清水。一个简单的鱼嘴同时解决了调水和调沙的难题，既能保证水量控制，又使整个工程不受泥沙淤积问题的困扰，这正是都江堰巧夺天工的魅力之所在。都江堰之所以到今天还能继续发挥功能，就在于它有这样一个效率极高的排沙系统。

第三步是筑飞沙堰，以泄洪排沙。分水堤筑好后能基本上解决成都平原涝旱问题，但遇特大洪水，宝瓶口又无闸门拦水，洪水仍会大量流入平原，威胁平原的安全。枯水严重时，因宝瓶口地势较高，内江的水也不能有效流入宝瓶口，影响平原的灌溉。同时内江流入宝瓶口的水，在宝瓶口时水流缓慢，大量泥沙沉积，长此以往制约着宝瓶口功能的发挥，同时还把大量河泥带到多如蛛网的渠道，影响渠道畅通。为解决这些难点，李冰领导百姓在鱼嘴分水堰和离堆之间修建起了一条长240米，高过内江河床2.15米的溢洪道，这就是飞沙堰，是内江泄洪排沙工程。当内江水量超过宝瓶口流量上限时，多余的水便从飞沙堰自行溢出。如果遇到特大洪水，飞沙堰还会自动垮塌，让江水回归岷江正流，保障内江灌区的安全。测量资料表明，内江流量越大，飞沙堰的泄洪能力越强。特大洪水时，从鱼嘴分进内江总干渠的流量可达宝瓶口流量的4倍，75%的内江水可从这里泄出。当枯水季节来临，水位低于飞沙堰时，它便成了一道天然节制闸，自动失去了泄洪功能，保证了成都平原的灌溉。飞沙堰的第二个作用是“飞沙”。经过鱼嘴的排沙作用后，流入内江的水里仍然含有一定量的沙石，水流在内江右侧飞沙堰附近形成变道环流，激沙入堰，排进外江，从而避免了宝瓶口前的泥沙淤积，起到“正面取水，侧面排沙”的良好效果。资料还表明，在飞沙堰第二次利用弯道流体力学原理，排走江水含沙量的约15%时，鱼嘴已排沙80%，流向成都平原的水流含沙量就只占5%左右了，从而进一步确保内江通畅。

为了约束水流的方向和保护堤岸，他们还在河道的两旁和中央，设计了许多条堤防。在分水鱼嘴上游江心里，有使江水对准鱼嘴流的百丈堤；在离堆左边，有防止内江的水冲入外江的人字堤；内江和外江以及各条支流旁边，都有堤防来防止江水漫溢和防止河岸被江水冲塌。

此外，李冰父子定下了每年“淘滩”和“修堰”的制度。修堰就是加固各条堤防，淘滩就是用工具淘去上游冲下来的积在河床里的沙石。每年秋天，岷江水量减少了，从霜降起，在分水鱼嘴的地方把外江的口子堵住，让水全部流入内江，先淘外江的河床，培修外江两岸的堤防。到了立春前后，又打开外江的口子，把内江的口子堵住，让水全部流入外江，再淘内江河床，培修内江两岸的堤防。他们又把治理河道的经验总结成六个字："深淘滩，低作堰。"作为后人治河的准则。滩淘得深，水流自然通畅，堤岸自然不必逐年增高。他们还在飞沙堰的对岸山脚下埋了石头凿成的犀牛，明代改埋卧铁代替。淘滩的时候必须淘到石犀牛露出来，才算到达深度的标准。

10.3.5 都江堰的神奇

10.3.5.1 设计科学

都江堰水利工程充分利用当地西北高、东南低的地理条件，根据江河出山口处特殊的地形，修建三大主体工程及附属设施。三大主体工程的设置巧妙地运用了地形、地势、河流弯道和水流态势，利用"凹岸取水""凸岸排沙"的原理，以"鱼嘴"分流分沙，筑"飞沙堰"泄洪排沙，凿"宝瓶口"限洪引水。三大主体工程之间，以及主体工程与附属工程之间，首尾相连、布局巧妙、相互依赖、功能互补、巧妙配合、浑然天成，形成布局合理的系统工程，科学地解决了江水的自动分流、自动排沙、控制水流量等问题，保证了防洪、灌溉、水运和社会用水综合效益的充分发挥。都江堰的修建，在不破坏自然环境的前提下，充分利用自然资源为人类服务，变害为利，使人、地、水三者高度和谐统一。

10.3.5.2 无坝引水

都江堰被誉为"世界水利文化的鼻祖"，是全世界至今为止，年代最久、唯一留存、以无坝引水为特征的宏大水利工程。在抗日战争时期，四川作为大后方，其贡献于抗战的粮食占全国征粮总额的 1/3，征兵额达到 300 余万人。四川能够为抗战提供大量的人力、物力和财力支撑，又全靠这都江堰。都江堰也因此遭受过日本侵略者的飞机轰炸，但由于没有堤坝，因此躲过一劫。从都江堰建成到现在 2 250 多年间，这一带发生 7 级以上的大地震有 16 次，即使 2008 年的汶川大地震，虽然距都江堰市仅有 20 千米，但由于没有堤坝，都江堰水利工程几乎完好无损。法国一家媒体为此专门发了一篇题为《世界上最古老的水利工程都江堰，经受住了时间和地震的双重考验》的报道。它不仅是中国水利工程技术的伟大奇迹，也是世界水利工程的璀璨明珠。

10.3.5.3 就地取材

都江堰修建、维护过程中所使用的马槎、竹笼、卵石、河方、木桩、羊圈等，主要材料为竹、木、卵石，其中需要量最大的卵石，在任何工段都俯拾皆是。其他竹、木，也是都江堰沿岸山、丘、平原盛产，可以保证按需供应。每年淘滩修堰时，必须造一个临时的拦河坝，人们就利用用三根大圆木扎成的三脚架“杩槎”来筑坝。许多杩槎连成一排横在江上，外面铺上竹席，用装满鹅卵石的竹笼压住杩槎的脚，再打上黏土，就可以把水挡住，成为一条临时的拦河坝。开堤的时候，只要把杩槎砍断即可。此外，都江堰所有工程的维修、整治，除极少数需要有一定技能外，绝大部分都是任何有劳力的人就可以操作的。这就保证了工程整治不致因劳力不足而延误。因此都江堰整治中，每项工程所需的费用之少，是世界上其他水利工程所不能比拟的。

10.3.5.4 造福千古

都江堰建成后，这一带的生产、生活发生了巨大变化。《华阳国志•蜀志》在总结都江堰的伟大成就时说：“于是蜀沃野千里，号为‘陆海’，旱则引水浸润，雨则杜塞水门，故记曰：水旱从人，不知饥馑，时无荒年，天下谓之‘天府’也。”都江堰水利工程建成后，把岷江和成都平原的水渠网络全部打通连接起来，又与长江相通，极大方便了水上航运。在秦国后来的统一战争中，巴蜀很好地承担了秦国大后方的责任，大批粮食和兵员经岷江，由成都源源不断地送到了东边的战场上，对秦国统一中国发挥了巨大作用。

自李冰修建都江堰水利工程后，四川人民代代都在不断地发展着李冰的事业，不断扩大灌溉面积。晋、唐至宋，都江堰由初期的灌田 4.67 万平方千米扩大到了 13.3 万平方千米，至明、清又增加到 20 万平方千米。早在汉代，成都就成为全国著名的五大都城之一，唐代更发展为全国最繁华的商业都会之一，时称“扬一益二”。意大利旅行家马可・波罗在其游记中描绘成都的水上运输时说：“河中船舶舟楫如蚁，运载着大宗的商品，来往于这个城市。”由此可见成都经济之繁荣。

从都江堰诞生至今，后人一直重视都江堰的维修、扩建和创新。曾经主持修复、整治和扩大都江堰工程者，从西汉文翁以来，有史实功绩可查，并具有代表性的人物就有 35 人以上。他们把都江堰的建设看作是“兴水农之政，为足民之大本”“食重则农重，农重则水利重，水利重则堰重”。但古堰的工程布局和“深淘滩，低作堰”“乘势利导，因时制宜”“遇湾截角，逢正抽心”等治水方略没有改变。

中华人民共和国成立后，当地政府充分发挥现代先进水工技术的作用，进行全局规划，重新布置都江灌溉系统，建成了大型的钢质节制闸、输水隧洞和调节水库等，使岷江水充分发挥作用。时至今日，都江堰已建设成为地跨岷江、沱江、涪江三个流域，面积 2.32 万平方千米，总体规划面积 1 500 万亩[①]，目前实灌 1 010 万亩的特大型灌区。都江堰灌区的保灌面积占四川全省总数的 30%，人口占全省总数的 27.5%，粮食总产量占全省的 28.3%（其中水稻产量占全省的 31%），灌区工业产值占全省的 44.6%，农业产值占全省的 30%，全省综合经济十强县中，灌区内占 8 个。都江堰以其历史跨度大、工程规模大、科技含量大、灌区范围大、社会经济效益大等特点享誉中外。2 200 多年来，至今仍发挥巨大效益，李冰治水，功在当代，利在千秋，都江堰不愧为文明世界的伟大杰作、造福人民的伟大水利工程。都江堰水利工程给后人创造的经济价值、文化价值和旅游价值，是无法用数字衡量的。

10.3.5.5　文化丰富

都江堰除了作为水利工程外，还承载着具有浓郁地域色彩的都江堰水文化，包括文物、水神学、水文学等，诸如挖掘出土的东汉李冰石像和“饮水思源”石刻；“伏龙观”“观景台”“二王庙”等处的人文景观；歌颂李冰父子降龙治水的民间传说和具有一定宗教神学色彩的祭祀活动；以及由此而产生的祭水、祭神、祭人的诗、词、书画等，一同形成了独具特色的都江堰水文化。1872 年，德国人李希霍芬来到都江堰以后，称赞“都江堰灌溉方法之完善，世界各地无与伦比”，并把都江堰水利工程介绍到国外。2000 年，都江堰被列入了世界遗产名录，世界遗产委员会评价时说：“建于公元前 3 世纪，位于四川成都平原西部的岷江上的都江堰，是中国战国时期秦国蜀郡太守李冰及其子率众修建的一座大型水利工程，是全世界至今为止，年代最久、唯一留存、以无坝引水为特征的宏大水利工程。”

① 1 亩≈667 平方米。

参考文献

[1] 亦闻，大蓁. 巴蜀红色故里寻[M]. 成都：四川人民出版社，2006.
[2] 龚自德，任昭坤. 重走红军长征路[M]. 成都：四川人民出版社，2006.
[3] 邓寿明. 红军长征在四川[J]. 四川党的建设（农村版）. 2005（9）.
[4] 冉燕. 红色旅游的理论及实践研究[D]. 成都：四川大学，2005.
[5] 张华州. “金碑”，铁流万里的记忆——瞻仰四川松潘“红军长征纪念碑”[J]. 红岩春秋，2009（1）.
[6] 谭炜. 高山仰止万众来仪——走进小平故居[J]. 资源与人居环境，2004.
[7] 国宝档案栏目组. 国宝档案[M]. 北京：中国民主法制出版社，2009.
[8] 刘小萌. 世纪存疑（历史考古卷）[M]. 太原：山西人民出版社，2001.
[9] 郑明武，陈慧. 拜水问道：都江堰与青城山[M]. 吉林：吉林出版集团有限责任公司，2011.
[10] 张建成. 奇山：佛教道教名山[M]. 汕头：汕头大学出版社，2015.
[11] 钱钧. 天府之国导游词[M]. 杭州：浙江人民出版社，2002.
[12] 狄登峰. 峨眉山旅游[M]. 北京：学苑音像出版社，2004.
[13] 汤明嘉. 圣地峨眉：文化与自然[M]. 成都：四川人民出版社，2007.
[14] 董晶. 在断崖上凿刻巨佛：乐山大佛[M]. 成都：四川少年儿童出版社，2009.
[15] 王志艳. 中国世界文化遗产:穿越时空的漫笔佛[M]. 北京:北京燕山出版社,2006.
[16] 李如嘉. 四川旅游文化[M]. 成都：四川科技出版社，2006.
[17] 尹华光. 旅游文化[M]. 北京：高等教育出版社，2008.
[18] 云峰. 川菜演义[M]. 北京：化学工业出版社，2010.
[19] 中国旅游. 中国西南美食之旅[M]. 上海：上海文化出版社，2013.
[20] 陈龙. 中国茶入门鉴赏一本通[M]. 北京：中国纺织出版社，2013.
[21] 于元，金开诚. 中国名酒[M]. 长春：吉林文史出版社，2012.
[22] 杨学军. 世界自然与文化遗产[M]. 延边：延边大学出版社，2006.
[23] 秦学颀，赵静. 中国旅游文化[M]. 上海：格致出版社，2014.

[24] 王先忠. 话说国宝大熊猫[M]. 成都：四川科学技术出版社，2005.
[25] 谢天开. 民间艺术十二讲[M]. 成都：四川大学出版社，2013.
[26] 成都文物考古研究所. 金沙：21世纪中国考古新发现[M]. 五洲传播出版社，2005.
[27] 马季. 藏族风情[M]. 西宁：青海人民出版社，2003.
[28] 木易. 青少年应该知道的青藏高原[M]. 兰州：甘肃科学技术出版社，2012.
[29] 王明德，王子辉. 中国古代饮食[M]. 西安：陕西人民出版社，2002.
[30] 杨志新，杨永建. 民族传统节庆[M]. 昆明：云南科技出版社，2006.
[31] 刘正发. 凉山彝族家支文化传承的教育人类学研究[M]. 北京：中央民族大学出版社，2007.
[32] 袁亚愚. 当代凉山彝族的社会和家庭[M]. 成都：四川大学出版社，1992.
[33] 林忠亮，李明. 巴山蜀水的民俗与旅游[M]. 北京：旅游教育出版社，1996.
[34] 蔡文君，杜学元. 浅析羌族禁忌的教育内涵[J]. 西北民族研究，2005（4）.
[35] 罗敏. 论羌族禁忌的形成与道德文化的构建[J]. 西南民族大学学报（人文社会科学版），2011（10）.
[36] 韩欣. 美食中国[M]. 天津：天津古籍出版社，2007.
[37] 唐寅昌. 四川旅游文化[M]. 成都：四川人民出版社，2005.
[38] 向卿青. 四川少数民族地区财政能力建设初探[D]. 成都：西南财经大学，2014.
[39] 张曦. 持颠扶危——羌族文化灾后重建省思[M]. 北京：中央民族大学出版社，2009.
[40] 张瑛. 西南彝族服饰文化历史地理暨民族服饰旅游资源开发研究[M]. 北京：民族出版社，2005.
[41] 谢世廉. 凉山彝族毕摩文化的非物质文化遗产性及法律保护机制研究[M]. 成都：电子科技大学出版社，2010.
[42] 张雪梅. 四川藏区藏传佛教现状调查[J]. 西北民族研究，2006（4）.
[43] 国家民委政策法规司. 中国民族指南[M]. 北京：海洋出版社，2000.
[44] 王治国. 四川概览[M]. 成都：四川科学技术出版社，1999.
[45] 徐君. 四川藏族风情[M]. 成都：四川出版集团巴蜀书社，2006.
[46] 何碧云. 四川名人故居旅游开发与保护研究[D]. 成都：四川师范大学，2013.
[47] 唐寅昌. 四川旅游文化[M]. 成都：四川人民出版社，2005.
[48] 李长之. 李白传[M]. 天津：百花文艺出版社，2010.
[49] 何岁莉. 李白游览诗研究[D]. 西安：陕西师范大学，2008.
[50] 孙千淇. 李白游仙诗论稿[D]. 长春：吉林大学，2015.
[51] 韩括. 李白的漫游创作及其传播学意义[D]. 西安：西北师范大学，2009.

[52] 朱像囡. 李白“游”研究[D]. 南宁：广西师范大学，2013.
[53] 常铖. 李白漫游期间诗歌论略[D]. 上海：华东交通大学，2012.
[54] 张厚余. 李白的婚姻[J]. 民主，2001（1）.
[55] 杨玉山. 李白婚姻考论[J]. 华夏星火，2005（8）.
[56] 李亦. 成都杜甫草堂. 河北企业[J]. 2003（6）.
[57] 周倩. 论杜甫诗歌的漂泊意识[D]. 南京：南京师范大学，2013.
[58] 周维扬，丁浩. 杜甫草堂史话[M]. 成都：天地出版社，2009.
[59] 莫砺锋，武国权. 杜甫[M]. 南京：南京大学出版社，2009.
[60] 周维扬，丁浩. 杜甫草堂诗选[M]. 成都：天地出版社，2009.
[61] 《唐代大诗人故事集》编委会，诗圣杜甫[M]. 武汉：武汉大学出版社，2012.
[62] 丁浩，周维扬. 杜甫草堂匾联[M]. 成都：天地出版社，2009.
[63] 程韬. 诗圣杜甫[M]. 郑州：河南文艺出版社，2010.
[64] 严文清. 三苏文化与中国诗书城[M]. 成都：四川大学出版社，2005.
[65] 葛晓音. 中国的名胜古迹[M]. 北京：中国国际广播出版社，2010.
[66] 童强. 苏轼[M]. 南京：南京大学出版社，2010.
[67] 杨翠琴. 论苏轼的旷适人生[D]. 内蒙古大学，2005.
[68] 黄玉峰. 千古风流人物：黄玉峰说苏轼[M]. 上海：复旦大学出版社，2012.
[69] 谢辉. 三国圣地武侯祠[M]. 成都：四川人民出版社，2007.
[70] 廖荣隆. 廖荣隆导游四川[M]. 成都：四川大学出版社，2004.
[71] 成都市群众艺术馆. 成都掌故[M]. 成都：四川大学出版社，2007.
[72] 罗哲文. 中国名陵[M]. 成都：百花文艺出版社：2006.
[73] 吴慧鹃，刘波，卢达. 中国历代著名文学家评传[M]. 济南：山东教育出版社，2009.